개정판 문학 속의 철학

개정판

문학 속의 철학

박이문 지음

일조각

개정판 서문

나는 일찍부터 시인, 작가, 사상가, 문필가로 살고 싶었고, 또 그러한 삶을 추구해왔다. 대학교 재학 시절, 시와 평론으로 등단한 이후 적지 않은 수의 시와 평론을 신문, 잡지 등에 발표했다. 지금 생각하면 스스로를 알아가기 위한 모색의 하나였을 것이다. 이후 대학교를 졸업하고 이화여자대학교 불문과에서 학생들을 가르치다가 1961년 늦가을, 4년 동안 일했던 학교를 떠나 생애 두 번째 파리행에 나섰다. 나에게는 보다 근본적인 것들에 대한 갈망과 열정으로 오른 유학길이었기에 돌아올 날은 기약할 수 없었다.

소르본대학에서 박사학위를 마치고 9년 만에 잠시 들른 서울은 모든 것이 달라져 있었고 역동적으로 변하고 있었다. 인문학계와 출판계도 마찬가지였다. 많은 기성 작가들은 물론 나와 함께 어울려 다녔던 문학도들이 활기차게 저서와 문학지를 출간하고 있었다. 나 또한 그 친구들의 부탁이나 권유에 의해 몇몇 문학지에 글들을 발표하면서 국내의 변화를 실감할 수 있었다. 이 『문학 속의 철학』이란 책은 이런 한국 사회와 나 자신의 변화 속에서 생겨났다.

책에 실린 15편의 문학작품은 책의 초판이 출간되었던 1975년 당시, 국내에는 아직 번역되지 않은 책이 대부분이었다. 따라서 책에 실린 각 작품의 인용문들은 모두 직접 번역했다. 지금 보니 다소 거친 문장들도 눈에 띄지만 한편으로는 당시의 역동적임과 솔직함을 담고 있어 수정 없이 그냥 싣기로 한다.

초판이 출간된 지 35년이란 긴 시간이 지나 개정판을 내게 되니 감개무량하다. 일조각과 나의 인연은 이 책의 역사만큼이나 오래되었다. 일조각에서의 첫 번째 책인 『시와 과학』이 1975년 출간되었고, 이어 같은 해에 『문학 속의 철학』이 출간되었다. 이 두 책과 더불어 이후 네 권의 책이 일조각에서 출간되었는데 당시 일조각의 사장으로 있었던 고故 한만년韓萬年 선생과는 서로 형, 아우로 칭할 정도로 마음을 나누던 사이였다. 돌아가신 분께 늦었지만 깊은 감사를 표하고 싶다. 또한 현재, 그분의 정신을 이어받아 일조각을 꾸려가고 있는 김시연 사장에게도 개정판 출간을 빌어 감사를 전한다.

이 개정판은 책의 표지만이 아니라 달라진 것이 몇 가지 있다. 첫째, 초판에 있던 오식이 교정되고 어색한 표현들이 보다 적절한 낱말로 대치되었다. 둘째, 한글이 보다 익숙한 독자들을 위해서 원래의 책에 사용되었던 한자를 한글로 대치했다. 그밖에도 여러 가지로 일조각 편집자들이 독자들의 책의 접근성을 높이는 방향으로 많은 신경을 쓴 것으로 안다. 그분들의 정성 어린 노고에 감사한다.

2011년 7월

일산 문촌 마을에서

박이문

초판 서문

이 작은 책 『문학 속의 철학』은 같은 제목 아래 연재했던 15편의 에세이와 별도로 발표했던 짧은 에세이 「서술과 분석」을 모아 엮은 것이다. 후자의 에세이는 문학과 철학과의 관계를 밝힌 것으로 이 책의 전체적인 방향을 잡아줄 수 있는 간결한 서론으로 읽혔으면 좋겠다.

문학과 철학이 결코 같을 순 없지만 그들 사이에는 깊은 관계가 있어서 문학과 철학을 완전히 떼어놓고는 생각할 수 없다. 왜냐하면 문학은 인생의 서술인데 넓은 의미로서의 철학이 내재하지 않는 인생은 생각할 수 없기 때문이다. 문학작품은 결코 그 안에서 찾아낼 수 있는 철학적 가치에 의해서 그 가치가 결정되지 않는다. 문학작품의 가치는 철학적 가치만으로는 측정될 수 없는 문학성, 즉 예술성을 지니고 있기 때문이다. 그러나 문학이 철학과 떨어질 수 없는 관계를 갖고 있는 만큼 문학작품에 깃들어 있는 철학적 문제와 주장을 이해할 때 문학작품의 문학적, 즉 예술적 의미는 독자들에게 보다 잘 이해되고 평가될 수 있다.

나는 이 책에서 현대 서구문학의 걸작이라고 공인된 열다섯 작품을 하나씩 골라 각기 그 작품의 밑바닥에 깔려 있다고 생각되는 철학적 문제와 주장을 캐내어 그것을 극히 도식적으로 요약하여 비평적으로 다루어보았다. 물론 단 하나의 작품 속에서도 얼마든지 많은 철학적 문제를 끌어낼 수 있다. 그러나 내가 여기서 다룬 각 작품 가운데서 도출해낸 철학 문제들은 두 가지 원칙에 의해서 결정되었다.

첫째, 각기 한 작품 속에서 가장 근본적인 철학적 문제라고 생각되는 문제를 골라내자는 원칙이다. 그러한 철학은 작품 속의 어떤 특정 인물의 철학이 아니라 작품 전체를 통해서 나타난 작가의 철학이라고 전제했다. 따라서 '문학 속의 철학'이라 할 때 그것은 한 문학작품 속에 나타난 작가의 철학을 의미한다. 그러나 이때 말하는 '작가의 철학'은 작가가 철학적 문제를 명확히 의식하고 그 문제를 철학적 체계 속에 나타내고 있다는 말은 물론 아니다. 작가의 문학적 표현을 통해서 그 밑바닥에 깔려 있는 무의식적으로 채택된 체계적이지 않은 어떤 철학적 견해를 찾겠다는 뜻이다.

둘째, 가능한 한 각 작품 속에서 딴 작품과는 다른 철학적 문제를 다루려 했다. 그러나 이러한 노력에는 좀 무리가 따랐다. 왜냐하면 대부분의 문학작품에 나타난 철학적 문제는 윤리적인 성격을 갖고 있기 때문이다.

이 책은 문학평론집이 아니다. 나는 여기서 여러 작품 속에 나타난 철학을 따져본 것이지 그 작품들의 문학적 해석이나 가치를 따지고자 한 것이 아니므로 그런 부분에 대해선 될수록 언급을 피했다. 또 한편으로 이 책은 문학철학에 관한 이론이 아니다. 문학철학은 문학의 본질에 관한 이론일 텐데 여기서 나는 그러한 문제에 전혀 관여하지 않았다.

그러나 이 책은 다음과 같은 두 가지 점에서 다소의 보람이 될 수 있을 거라고 생각한다. 첫째, 문학이 철학을 완전히 떼어버릴 수 없는 이상 한 작품 속에 잠재해 있는 철학의 문제가 무엇이며 그것의 진위가 어떻게 생각될 수 있는가를 안다면 그 작품의 문학적 의미와 가치를 평가하는 데 큰 도움이 될 것이다. 둘째, 여기서 문학작품을 예로 들어 생각해본 여러 가지 철학적 문제들은 — 물론 전체적으로 일관된 철학적 체계를 명시하고 있진 않지만 — 문학과의 관계를 완전히 떠나서 순수한 철학적 문제로서도 단편적으로나마 철학적 흥미를 일으킬 수 있을 것이다.

여기에 모은 15편의 에세이는 1973년 10월 월간 『문학사상』 창간호에 연재를 시작하여 1974년 12월호까지 15회에 걸쳐 실렸던 것이고, 「서술과 분석」은 『연세춘추』 1975년 6월 16일자에 실렸던 것으로, 서론 삼아 넣기로 했다.

책으로 엮으면서 원래 실렸던 글에서 철자 오식을 고친 이외에 다소의 수정을 가했을 뿐 거의 원래의 상태대로 두었다. 책의 교정을 보면서 여기 수록된 에세이에 한결같이 심한 불만을 느꼈고, 처음부터 완전히 새로 쓰고 싶은 충동을 금치 못했지만, 그나마 문학을 애호하는 사람들이나 혹은 철학에 관심을 갖고 있는 이들에게 다소나마의 도움이 될지도 모른다는 생각에서 세상에 다시 내놓기로 했다.

15편의 에세이에 인용된 각 작품들의 구절은 그 출처를 처음부터 밝히지 않았다. 그것은 이 에세이들이 처음부터 학술논문으로 쓰인 것이 아니기 때문이며, 출처가 밝혀지지 않았다고 해도 이 에세이가 뜻하는 바에 지장이 없을 것이라고 믿었기 때문이다.

이 에세이들을 쓰게 동기를 마련해준 『문학사상』과 『연세춘추』에 이 자리를 빌려 깊은 사의謝意를 표하고자 한다. 특히 이 에세이들을 하나의 책으로 만들어주신 일조각 사장 한만년 형의 따듯한 이해심과 우정을 진심으로 고맙게 생각한다. 마지막으로 이 책을 위해 따분한 잔일을 많이 맡아주신 일조각 여러분의 숨은 도움에 대해서 퍽 고맙다는 생각을 억제할 수 없다.

1975년 8월

원서동 비원 담 밑에서

박 이 문

차례

서술과 분석

철학 이론을 앞에 놓고 문학적인 중요성을 따지는 경우는 극히 예외적이지만 문학작품을 놓고 철학적 의미, 특히 윤리적 의미를 생각해보려는 태도는 독자의 입장에서나 작가 자신의 입장에서 볼 때 오랜 전통이 되어왔다. 작가는 흔히 의식적으로 인생에 대한, 선악에 대한, 혹은 우주에 대한 어떤 견해를 문학작품을 통해 나타내려고 노력하며 독자는 문학작품을 통해서 이런 문제에 대한 철학적 견해, 가능하면 새로운 견해를 얻기를 기대하게 된다. 그뿐만 아니라 많은 문학비평도 도덕적 혹은 사회적 입장에서 이루어지는 경향이 있다. 이처럼 문학과 철학과의 관계는 그 구별이 확실치 않다.

이러한 사실은 문학이 철학과 직결되지만 과학은 철학과 관계가 없다는 보편적인 믿음에서도 나타난다. 그럼에도 불구하고 좀 더 자세히 고찰해볼 때 문학과 철학 사이에는 과학과 철학 사이보다 긴 거리가 가로놓여 있음을 알게 된다. 문학과 철학은 서로 가까우면서도 결코 비교할 수 없는 서로의 차원에 존재한다.

만약 문학과 철학이 근본적으로 다르지 않다면 철학이 문학과 별도로 있을 이유가 없다. 만약 철학이 문학에 있어서 철학적 사고의 표현수단이라면 구태여 허구적으로 복잡하고 긴 문학작품을 쓸 필요가 없을 것이고 간단하고 명확한 철학적 표현이 더 바람직할 것임은 두말할 필요 없다.

어째서 그런가를 따지기 전에 철학 이론을 읽는 것과 소설을 읽는 것은 근본적으로 다르다는 사실에 주의를 해보자. 아무리 도스토옙스키가 칸트의 철학 사상을 작품 속에 나타낸다 해도 그의 소설과 칸트의 『순수이성비판』 사이에는 엄청난 거리가 있다. 그렇다면 그 차이는 무엇인가? 그것들 사이에 어떠한 관계가 있는가를 파악하게 될 때 우리들은 보다 정확한 문학의 기능, 보다 정확한 철학의 기능을 깨닫게 될 것이다.

문학과 철학의 근본적인 차이는 똑같은 언어로 표현되어 있음에도 전자의 언어가 서술적 언어인 데 반하여 후자의 언어는 분석적 언어라는 데 있다.

문학은 어떤 대상을 묘사하는 데 목적이 있고, 철학은 어떤 대상을 묘사하는 서술 언어의 의미, 그리고 그 서술 언어와 그것이 지시하는 대상과의 관계를 분석한다. 그렇기 때문에 철학은 '언어에 대한 언어', 이차적 언어라고 말할 수 있게 되는 것이다. 바꿔 말하자면 철학적 언어는 어떤 구체적인 대상과 아무런 직접적 관계도 갖고 있지 않다. 한편 문학이나 철학은 다 같이 과학과 구별된다. 문학이 어떤 대상을 직접 서술하는 것이라고 했는데, 이런 면에서 문학은 철학보다도 오히려 과학에 가깝다.

왜냐하면 과학의 목적도 어떤 대상을 서술하는 데 있기 때문이다. 그러나 문학적 서술 대상은 과학적 서술 대상과 다르다. 과학은 지각을 통한 앎과 의식으로 인식된 객관적 대상을 전제로 하지만, 문학이 다루는 대상은 객관적으로 그냥 존재하는 대상이 아니라 그런 대상으로 살아야만 하는 인간의 체험을 대상으로 하고 있다.

사람은 살아가는 동안에 느끼고, 보고, 알고, 생각한다. 체험이란 위와 같은 여러 형태의 의식 상태를 가리키는 것으로 그것들은 달리 표현해서 감각·감정·지각·과학·철학이라 불리는 삶의 형태이다.

우리는 이것을 통틀어 '인생 경험', 혹은 그냥 '인생'이라고 부르기도 한다. 다시 말해서 문학이 서술하고자 하는 대상은 한마디로 인생이다. 이에 반해서 과학적 서술의 대상은 대체로 체험과는 직접 관계가 없는 물리현상이나 때로는 인간의 체험 자체, 그리고 그러한 것을 서술하는 문학 자체를 대상으로 삼을 수 있다. 그러나 이런 경우 과학적 입장에 설 때 체험이나 문학도 오직 하나의 사물 혹은 사건으로서만 다루어진다. 단순한 물체가 과학의 대상이 될 때 우리는 그것을 자연과학이라 부르고, 체험이나 문학 등이 과학의 대상이 될 때 우리는 그것을 사회심리학 혹은 인문과학이라 부른다.

문학과 과학은 비단 그것들이 다루는 대상의 성격이나 관점뿐만 아니라, 한 대상이 서술되는 형식도 다르다. 과학적 서술은 설명적이지만, 문학적 서술은 묘사적이다. 예를 들어 사과가 땅에 떨어지는 현상은 뉴턴의 만유인력의 법칙에 의해서 과학적으로 서술될 수 있지만, 한 시인 혹은 어떤 사람에 의해 여러 가지로 서술될 수도 있다. 설명적 서술은 이론적 서술이라고도 할 수 있는데 그것은 어떤 원리의 역할을 하는 가설을 세워서, 눈으로 볼 수 있는 현상이 그 가설적 원리로부터 추출될 수 있는 하나의 예라는 것을 경험이나 실험을 거쳐서 증명할 때만 가능하다. 그래서 아인슈타인의 $E = mc^2$라는 수식은 물리현상에 대한 설명적 서술이 된다. 반면에 문학적 서술은 어떤 현상을 보고 느끼는 대로 그냥 그림을 그리듯 혹은 사진을 찍듯 기록하는 서술이다.

이와 같은 문학이 이차적 언어 또는 개념 분석으로서의 철학과 다르다는 것은 명백하다. 다시 말하자면 철학은 어떤 지각된 현상을 기록하는 것도 아니고, 어떤 현상을 과학자처럼 직접 설명하려 하지는 않는다. 누가 어떤 대상을 "무엇은 무엇이다" 혹은 "어떠어떠한 것이 옳다"라고 할 때 철학은 그 말이 정확히 무엇을 의미하며 어떤 근거에서 어떠어떠하다는 주장이 성립될 수 있는가를 논리적으로 따지는, 즉 분석하는 작업이다. 따라서 "문학이 무엇인가?" "어떻게 해서 한 작품이 좋고 나쁘다고 결정될 수 있는가?"라고 물을 때 우리는 이미 문학적인 이야기를 하는 것이 아니라 철학적 차원에 들어가고 있는 것이다. 이런 점에서 문학비평은 철학에 가까워질 수 있다.

요약하자면 문학과 철학은 전혀 다르다. 그러므로 문학의 가치를 철학의 그것과 비교하려 한다면, 마치 물과 불을 비교하는 것과 마찬가지의 범주적 오류를 저지르는 것이다.

그렇지만 우리는 문학을 이야기할 때 자연히 철학적 이야기, 철학적인 문제를 건드리게 마련이다. 사실 많은 문학작품, 특히 위대한 작품일수록 우리들을 철학적인 분위기 속으로 이끌어가고야 만다. 도스토옙스키는 신의 존재에 대한 문제를 제기하고, 프루스트는 시간에 대한 그의 새로운 철학적 견해를 작품에 나타내고 있다. 앞서 이론적으로 문학과 철학을 흑백으로 나누듯 갈라놓았지만, 적어도 문학 속에는 철학이 떼어버릴 수 없이 녹아 있다는 사실에 부딪힌다. 다시 말해서 문학과 철학은 구체적인 작품 속에서는 떨어질 수 없는 근본적인 관계를 맺고 있는 것 같다.

이런 사실은 문학의 서술 대상의 내용을 분석해볼 때 설명될 수 있다. 문학의 서술 대상은 인간의 모든 체험, 즉 인생이다. 우리는 살아가는 동안 먹고, 자고, 느끼고, 보고, 떠들 뿐만 아니라 누구라도 어떤 생각, 더 나아가서는 철학을 하게 마련이다. 어째서 사람들은 죽어가야 하는가? 우주의 기원은 무엇인가? 어째서 A라는 행위가 선善이라 불리고, 어째서 K라는 믿음이 옳다고 인정되는가? 인생의 의미는 무엇인가? 어떻게 살면 진정 뜻있고 충만한 올바른 일생이 될 것인가? 우리들은 누구나 이러한 철학적 문제들이 인생을 잘 살아가는 데 있어서 극히 중요하다는 것을 느낀다.

문학이 인생을 서술하는 이상, 그리고 인생의 근본적으로 중요한 문제의 하나가 철학일 수밖에 없는 이상, 한 문학작품이 인생을 진지하게 서술하려 할수록 철학적인 문제가 그 작품의 테마가 될 것임은 간단히 알 수 있다. 바꿔 말해 문학은 철학이 아니지만 철학적 사고를 하지 않을 수 없는 인간의 생활을 서술하기 위해 사람들이 살아가는 동안 어떻게 철학적 문제와 마주치고 어떻게 해결하려고 애쓰는가를 그릴 수밖에 없다. 철학이 아닌 문학은 그 작품 속에 철학을 내포하고 철학에 대한 이야기를 하게 마련이다.

어떤 문학도 그 자체가 바로 철학일 수 없다. 그러나 우리들은 '문학 속의 철학'을 얘기할 수 있다. 한편 문학은 철학 속에 흡수될 수 없지만 우리는 '문학철학', 즉 문학에 관한 철학에 대해 생각해 볼 수 있다. 이때 문학철학은 예술철학의 일부가 된다.

문학이 인생의 기록이어서 우리들이 살아가는 데 있어서 인생의 둘도 없는 거울이 된다면 철학은 문학 활동 자체를 포함한 모든 인간들의 의식 활동을 체계적으로 분석함으로써 우리가 인생에 대한 보다 깊은 이해를 가질 수 있도록 도와줄 것이다.

주체성 혹은 정체성의 문제

⋮

프란츠 카프카 · 『변신』

그레고르 잠자는 어느 회사의 착실한 평사원이었다. 미혼인 그는 은퇴한 노부모와 역시 미혼인 누이동생과 산다. 그의 수입으로 나머지 식구들은 아무 걱정 없이 지내며, 잠자는 자신의 누이동생이 피아니스트가 되도록 도와줄 생각까지 하고 있는 따뜻한 오빠이기도 하다. 그러나 어느 날 아침 그는 뜻하지 않게 벌레로 변신해버리고, 이로 인해 그의 따뜻한 가정, 가족들의 행복은 산산이 부서진다. 약 한 달 동안 그는 벌레로 살아 있다가 죽게 되는데, 그동안 그가 벌레로 변신한 것처럼 그의 가정생활도 가족들의 그에 대한 태도도 변한다.

프란츠 카프카Franz Kafka(1883～1924)의 한없이 기발하고 허무맹랑한 이 단순한 이야기는 극히 상징적이라고밖에 생각할 수 없다.

이 작품은 예측할 수 없는 만물의, 특히 인생의 변화를 통해 느끼게 되는 무상無常에 대한 의식이며 놀라움이라 하겠다. 이 놀라움은 잠자가 어느 아침 어수선한 꿈에서 깨어, 자기가 한 마리의 거대한 벌레로 변신하여 침대 위에 누워 있음을 깨달았을 때 그 스스로 '난 어찌 된 영문인가?' 라고 자문한 것으로 요약된다.

그렇다면 가엾고 불쌍한 잠자의 변신은 무엇을 상징하는가? 어떠한 종류의 무상을 작가 카프카는 우리에게 의식시키려 했는가? 이 작품은 무엇을 의미하는가? 많은 훌륭한 작품이 획일적인 해석을 불허하듯이 『변신』도 논자에 따라 갖가지 의미를 생각해볼 수 있다.

첫째, 오랜 세월에 걸쳐 유럽 각처에 흩어져서 많은 학대를 받으며 다음날의 운명을 예측할 수 없이 살아가던 유대인의 운명을 상징한 것으로 해석할 수 있다. 둘째, 이와 같은 유대인의 운명은 한 인간의 존엄성보다도 한 인간의 사회적 기능이 중요시되고 있는 물질적 기계화 속에 살아가는 인간의 상황을 상징한다고도 볼 수 있다. 셋째, 이와 같은 상황은 시대와 장소를 떠난 보편적 인간 상황의 상징으로도 해석된다. 오늘은 부유한 유대인이지만, 내일 아침에는 개처럼 비참하게 학살당할 수도 있다. 오늘의 도둑이 내일의 영웅이 될 수도 있고, 오늘의 매국노가 내일 아침엔 애국자가 될 수도 있는 것이 우리가 살아가야 하는 대부분의 사회이다. 그와 마찬가지로 인간은 항상 내일 자기의 운명이 예측하지 못하는 기괴하고 비참한 것으로 변할 수 있는 가능성 아래 살고 있다. 무엇보다 우리들은 죽음이란 가장 큰 변화를 눈앞에 놓고 살고 있다.

이처럼 작품 『변신』을 통해 대략 세 가지의 상징적 의미를 찾을 수 있다고 보는데, 세 가지 중 어떤 해석을 택하든지 근본적이고 공통적인 부분은 예기치 않은 인간 운명의 변화, 혹은 무상이다. 다시 말하자면, 주인공의 변신은 주체의 상실 내지는 주체성의 위기를 상징한다는 것이다. 주체란 '복돌이'가 '복돌이'라고 불릴 수 있는 요소 혹은 속성을 가리키는데, 특히 기능적 인간으로 행위해야만 하는 오늘의 사회에서는 정말 무엇이 인간으로서의 복돌이인가를 알 수 없게 되었다. 복돌이는 주체성을 잃게 되고 자기 상실이란 심리적 위기를 경험하게 된 것이다. 카프카는 작품 『변신』을 통해서 특히 현대인이 처하고 있는 이와 같은 상황을 간결하지만 명석하고 재미있게 묘사하는 데 성공했고, 우리들의 정신적 위기를 의식시키는 『변신』은 그것만으로도 충분히 가치가 있다고 봐야 한다.

주체성의 상실이 무엇 때문에 한 인간에게 불안감을 주느냐? 어째서 인간은 주체성을 찾으려 하는가? 이런 문제는 심리적 문제에 속한다. 사회심리학적으로 볼 때 사람은 흔히 고립, 고독, 그리고 자유로부터 도피해 어떤 단체·국가 등 사회의 어느 부분에 속함으로써 독립된 개인으로서의 자기 행동에 대한 책임을 벗으려는 심리를 가지고 있다. 그러나 이것은 동시에 자아의 부정을 의미한다.

실존정신분석학의 입장에서 볼 때, 인간은 주체의 확립을 통해서 '자신'을 내세우고, 그럼으로써 자신의 독립과 자유를 유지하려는 심리를 지니고 있다. 그러나 이런 심리적 문제는 철학적 문제와는 완전히 일치하지 않는다.

작품 『변신』이 주체성에 관한 문제를 제기한다고 본다면 어떤 점에서 주체성이 철학적 문제인가를 살펴볼 필요가 있다. 왜냐하면 이와 같은 철학적 문제는 문학작품으로서의 『변신』의 가치를 결정하는 데는 직접 관계가 없지만, 하나의 흥미 있는 철학적 문제를 의식하게 하기 때문이다. 어떤 점에서 그렇게 볼 수 있는가? 잠자는 가엾게도 벌레로 변신했다. 그러나 그가 방바닥과 천장을 기어 다니는 벌레가 됐음에도 불구하고 가족을 비롯한 주위의 모든 사람들은 그 벌레가 이전과 같은 인간 잠자라는 것을 한 번도 의심조차 하지 않고 그를 대한다. 약 한 달이 지난 후, 벌레로 변한 오빠 치다꺼리에 짜증이 날 대로 난 잠자의 누이동생이 벌레 잠자를 사람 취급하기를 거절하기 시작하는 태도를 보이지만, 그녀의 이와 같은 태도는 오직 그녀의 이기주의적 심사에서 발생한 것이라 볼 수 있다. 왜냐하면 처음에는 그녀도 다른 사람들과 마찬가지로 벌레 잠자가 오빠임을 의심하지 않았고, 그녀가 태도를 바꾸게 된 시점에도 벌레 잠자의 형태나 태도에는 아무런 변화가 없었기 때문이다.

그렇다면 어찌해서 모든 사람들은 벌레로 변해서 방인을 기어 다니게 된 잠자를 이전과 근본적으로 다르지 않은 인간 잠자로 대하기를 의심하지 않았는가? 만일 내가 갑자기 도깨비로 변신한다면, 나는 역시 인간인 나, 조금 전과 같은 나라고 할 수 있는가? 다시 말해서, 변신 전의 잠자나 그 후의 잠자를 같은 잠자, 즉 같은 주체로 여길 근거는 어디 있는가? 요컨대, 어떻게 주체성을 결정할 수 있는가? 주체성의 기준은 무엇인가? 이런 문제는 극히 흥미롭고 중요한 철학적 문제이다. 우리들은 보통 아무런 의심도 하지 않고 어렸을 때의 '나'와 나이 들었을 때의 '나'를 하나의 '나', 즉 '자아'라고 생각하는데, 이 문제는 그 '자아'가 무엇인가를 어느 정도 설명해줄 것이기 때문이다.

먼저 어떤 근거로 잠자의 가족들이 벌레로 변신하기 전후의 잠자를 동일한 잠자로 믿었는지 검토해보자. 잠자에 대한 그의 가족들의 태도는 인간 주체성의 본질에 대한 그들의 의심 없는 믿음에서 비롯된다. 그것은 다름 아닌 복돌이가 가진 복돌이로서의 본질은 복돌이의 외면적이거나 육체적 형태에 있지 않고 복돌이의 '자아'라고 불리는 어떤 정신에 있다는 믿음이다. 따라서 복돌이가 어렸을 때나 나이 든 뒤에나, 그가 남루한 옷을 입거나 멋진 옷을 입거나, 혹은 그가 장관이 되거나 거지가 되거나를 막론하고 이 여러 가지 형태로 나타나는 복돌이에게는 하나의 일정한 정신적 본질인 복돌이의 자아가 있다는 것이다. 여러 가지 복돌이의 모습은 오로지 복돌이의 유일무이한 자아의 표현으로 볼 수 있다. 잠자의 가족이 벌레인 잠자를 그들이 알던 바로 그 잠자라고 믿는 까닭은 잠자의 의식생활이 중단되지 않았기 때문이다.

그러나 의식 혹은 정신만이 그들의 믿음의 모든 근거가 될 순 없다. 아마도 더 근본적인 이유는 만물의 인과관계에 대한 믿음이다. 즉 어떤 사건에는 반드시 원인과 결과가 있다는 것이며, 한 사물은 어떤 외부의 힘이 주어지지 않는 한 일정불변하게 남아 있다는 것이다. 잠자는 언제나와 마찬가지로 자기 방에서 잠을 자고 있었고, 아무도 그의 방문을 연 사람이 없었는데, 그 방 속에 살아 있던 잠자가 딴 곳으로 빠져나갔을 리 만무하고 또 사람 모양의 잠자 대신 벌레 모양의 잠자가 유일한 생물체이자 유일한 의식체로서 살아 있으니 설사 겉모양이 달라졌다 하더라도 벌레이든 사람 꼴의 잠자든 똑같은 잠자로밖엔 생각할 수 없다.

그러나 과학적 상식에 입각한 이 두 가지 근거에는 모순이 있다. 만물이 인과관계를 갖고 있다는 것은 과학적 전제이지만 사람의 형태를 가진 생물이 벌레란 하등곤충으로 변한 다음에도 역시 사람으로서의 근본적인 기능을 지속하고 있다는 것은 과학성을 띨 수가 없다. 사람이 별안간 벌레로 변해도 정신적 기능은 잃지 않고 있음이 사실이라면 그 사실은 과학적 인과관계를 벗어나는 것으로 그 이유를 과학 아닌 어떤 신비 속에서 찾아야 할 것이다. 마지막에 가서 벌레가 된 오빠를 돌보기에 짜증이 난 누이동생이 이렇게 말한 데는 깊은 뜻이 있다.

"저것이 그레고르 잠자 오빠란 생각을 버리면 돼요. 저 벌레를 그렇게 오랫동안 오빤 줄로 믿었던 것이 불행의 씨였어요. 하지만 어떻게 저걸 그레고르 잠자 오빠라고 믿을 수 있단 말이에요. 만일 저것이 그레고르 잠자 오빠라면, 사람들이 이런 벌레와 함께 산다는 것은 불가능하다는 걸 벌써 알아차렸을 게 아니에요……."

벌레로 변하기 전후의 잠자를 똑같은 하나의 잠자로 취급해야 하느냐, 그렇지 않느냐의 문제가 아직도 남아 있다. 사실일 수 없는 이 소설 안의 잠자의 경우에는 그의 누이동생의 태도를 취하기 쉽다. 사람의 형태는 어느 정도 정확하게 규정할 수 있고, 벌레의 형태는 확실히 사람과는 다르다. 그렇다면 사람이 곤충으로 변한다는 것은 과학적으로나 상식적으로 있을 수 없는 일이니, 벌레가 되어 말을 한다 하지만 그 벌레는 사람, 그레고르 잠자가 될 수 없을 것이다. 곤충이 사람처럼 말하지 못함은 상식적인 것이니, 곤충이 잠자처럼 말을 하는 것같이 보인다면 그것은 듣는 사람의 착각이거나 혹은 곤충에 귀신이 붙었다고 보는 것이 타당할 것이다.

그렇지만 주체성 혹은 정체성의 문제는 그렇게 단순하지가 않다. 잠자의 경우는 극단적인 예외적 사실로 그가 변신 전이나 후나 같은 잠자인지 아닌지를 결정을 내릴 근거가 어느 정도 있다. 그러나 잠자의 변신은 정도의 차이는 있다 할지라도 모든 사물, 모든 사람들에게도 적용되는 문제이다. 그러므로 작품 『변신』은 우리들이 보통 의문을 가져보지 않았던 주체성의 문제를 의식 혹은 재고하게 한다.

사물이나 사람을 비롯한 모든 생물체의 경우는 주체성을 알아내고 규정하는 것이 개념을 결정하는 경우처럼 단순하지 않다. 특히 사람의 경우가 그렇다.

예를 들어 'A'라는 글자의 개념은 발음을 잘하거나 못하거나를 막론하고 또 큰 글씨로 쓰거나 작은 글씨로 쓰거나 마찬가지다. '사람'이나 '복돌이'라는 단어의 개념도 언제나 마찬가지다. 따라서 'A', '사람' 혹은 '복돌이'라고 말하거나 글로 쓸 때, 그것을 내가 하든 또 누가 하든 어제 썼든 오늘 썼든 간에 그 개념, 즉 그 말의 '뜻'을 알 때 그것이 동일한 뜻인가 아닌가는 간단히 결정될 수 있다.

그러나 개념이 아니라 사물의 주체성 또는 동일성을 따질 때 문제는 좀 복잡해진다. 일주일 전에 친구에게 빌려준 책 『변신』을 돌려받았다고 하자. 어째서 나는 그 책이 내가 일주일 전에 빌려준 바로 그 책이라고 확신할 수 있는가? 일주일 동안 극히 적은 양이라고 하겠지만, 그 책에 물리적 변화가 있었음은 틀림없다. 그럼에도 불구하고 나는 그 책이 똑같은 책임을 믿는다. 동일성을 따질 때의 기준은 한 사물이 갖고 있고 또 갖고 있어야 하는 구성요소이다. 물론 다소의 변화가 있을지라도 한 사물의 본질을 구성하는 요소가 변하지 않고 유지되어 있다면 우리는 그 사물을 동일한 것으로 취급한다. 따라서 엄격한 의미에서 볼 때 개념

아닌 사물의 동일성 혹은 주체성은 성립이 불가능하다. 파리의 어느 곳에 '미터meter'의 기준이 되는 물건이 물리적 변화를 일으키지 않도록, 다시 말하면 동일성이 유지되도록 오랜 시간 간직되었다 해도 그 미터의 기준이 되는 사물에 전혀 물리적 변화가 없었다고는 할 수 없다. 그러나 대개의 경우 이러한 기준으로도 실제 생활에 있어서 사물의 동일성은 충분히 보장된다.

식물 혹은 동물의 경우에 있어서는 문제가 보다 복잡해진다. 한 달 전에 심었던 장미가 퍽 자랐고 따라서 그 나무 모양도 알아보지 못하게 달라졌지만 우리는 그것을 하나의 똑같은 장미로 취급한다. 2년 전에는 강아지였지만 이제 제법 점잖은 개로 변했음에도 불구하고 우리는 그 양쪽을 똑같은 복돌이네 집개로 취급한다. 무슨 근거로 우리들은 이와 같이 생각할 수 있는가?

이 경우에 있어서 장미나 강아지는 그 크기나 형태에 있어서 달라졌으니, 사물의 경우처럼 장미나 강아지를 구성하는 속성properties이 달라졌음이 분명하다. 따라서 한 식물 혹은 동물의 주체성의 기준은 사물의 경우처럼 그것들을 구성하는 속성이 될 수 없음은 뻔하다. 다른 기준이 필요하다. 크기나 외모가 달라졌는데도 같은 장미, 같은 복돌이네 집개로 보는 근거는 모든 생명체는 유기적 존재로서 어떤 조건하에 마땅히 성장하고 변화한다는 사실을 믿기 때문이다. 따라서 시간적으로 다른 두 개의 장미와 강아지를 같다고 볼 때 '같다'의 의미는 크기나 형태가 '같다'는 말이 아니요, 두 경우가 다 같이 딴 것과 바꿀 수 없는 하나의 독자적이며 고유한 같은 유기체임을 말한다. 만약 하나의 유기체인 장미가 기적적으로 신비스럽게 하루아침에 소나무로 변했을 때, 우리는 그 소나무를 장미와 같은 것으로 취급하지 않을 것이다. 이와 같은 신비스러운 변화에 놀라고, 가능한 한 합리적인 해석을 찾으려 할 것이다. 가령 우리들은 자신의 눈을 의심하며 장미에서 소나무로 변한 것같이 보이지만 사실은 우리가 환각을 보는 것이 아닌가 또는 어떤 장난꾸러기가 장미와 소나무를 바꾸어 심어놓은 것이 아닌가 하고 생각해볼 것이다. 만약 이와 같은 가정이 성립될 도리가 없게 되면 생물현상의 특수한 경우로 해석하게 될 것이다. 후자의 추측을 따르는 경우 우리들은 어느 의미에서 소나무는 장미와 똑같은 것으로 봐야 한다. 그러나 이런 경우의 동일성은 장미와 소나무가 나무로서 성질상으로 같다는 것이 아니라, 오직 그것들을 구성하는 물리적 혹은 화학성분상으로 볼 때 동일한 성분임을 말한다. 따라서 장미와 소나무는 보는 관점에 따라 같다고 할 수도 있고 다르다고도 할 수 있다. 실제로 일상생활에서 우리들은 이와 같은 태도를 취한다. 식물학자는 소나무로 바뀐 장미는 이미 장미로 취급하지 않고 장미와는 다른 소나무로 취급할 것이다. 그런 반면에 화학자는 장미의 화학적 성분과 소나무의 화학적 성분을 분석 검토함으로써, 그 둘이 같을 때 그 두 개의 식물이 결국은 동일한 것이라고 단정을 내릴 것이다.

그러나 사람의 경우에는 더욱더 복잡해진다. 가엾은 그레고르 잠자처럼 하루아침에 외모상으로는 벌레로 변했지만 의식을 갖고 변신 이전의 잠자와 똑같이 말을 한다면 우리는 그 두 경우를 동일한 자아인 그레고르 잠자로 취급해야 할 것인가, 그렇다면 그 근거는 무엇인가, 인간에게 있어서 자아란 무엇인가 하는 문제가 나오게 된다.

생물학자의 입장에서 볼 때, 인간일 때의 잠자와 벌레로 변한 잠자를 같은 잠자, 즉 동일한 생물체로 볼 수 없다. 왜냐하면 사람이란 범주와 벌레란 범주는 완전히 다르기 때문이다. 한편 화학자의 입장에서 볼 때도 변신 전후의 잠자를 똑같은 잠자로 보지 못할 것이다. 왜냐하면 사람으로서의 화학적 성분과 벌레로서의 화학적 성분은 명백히 다를 것이기 때문이다.

이 작품 안에서 적어도 얼마 동안 잠자의 가족이나 친지들은 벌레가 된 잠자가 아들임을, 오빠임을, 그리고 회사원임을 의심하지 않는다. 그 까닭은 무엇보다도 잠자가 벌레가 됐음에도 불구하고 의식적인 면에서는 예전과 다름없는 행동을 했기 때문이다. 만약 방 안에 인간 형태의 잠자가 없고 전혀 의식이 없는 생물학상으로 알려진 벌레 그대로의 모습으로 있었다면, 잠자의 가족들은 그를 아들이나 오빠라고는 믿지 않음은 물론이요, 아들이나 오빠로서의 잠자가 없어진 경위와 닫아둔 방 안에 난데없이 벌레가 기어 다니게 된 곡절을 상식과 과학적 근거에 입각해서 찾아내려 했을 것이다.

그러나 잠자는 벌레로 변한 뒤에도 말이나 마음가짐, 즉 의식 활동에 있어서는 변신 이전과 같았다. 그래서 그 자신은 물론 가족들도 그 벌레와 사람 꼴의 그레고르 잠자는 근본적으로 동일한 존재이며, 그 동일성을 뒷받침하는 근거, 즉 주체성은 그의 의식에 있다고 보는 것이다. 의식상으로 볼 때 변신 전후의 잠자는 동일한 주체를 갖고 있다는 생각이다. 따라서 변신 전후의 잠자는 하나의 인간으로서의 자아를 갖고 있다. 그렇다면 엄격히 말해서 자아란 무엇인가?

잠자처럼 극단적인 경우를 들지 않더라도 보편적인 한 인간의 경우를 생각해볼 때 평생 일관해서 있다고 믿어지는 자아에 대한, 즉 주체에 대한 문제를 무시할 수 없다. 어렸을 때나 나이 들었을 때, 혹은 다쳤을 때나 건강했을 때를 막론하고 복돌이는 그 일생의 시간과 공간을 일관해 존재하는 자신인 '나'를 믿는다. 그렇다면 복돌이가 말하는 '나', 즉 그의 주체는 무엇을 의미하는가? 육체적 관점에서 볼 때 어렸을 때의 복돌이와 나이 들었을 때의 복돌이는 엄청나게 다르다. 따라서 복돌이의 주체, 즉 '나'는 위의 두 경우 같을 수 없다. 의식의 관점에선 어떠한가? 어렸을 때나 나이 들었을 때 한 인간으로서의 복돌이는 다른 동물과 달리 의식을 갖고 있고, 생각하는 능력이 있다. 그러나 어린 시절의 복돌이의 의식 상태나 사고력은 나이 들었을 때의 그의 의식 상태나 사고력과 동일할 수 없다. 따라서 복돌이의 일생을 통해서 존재한다고 믿어지는 그의 주체, 즉 일관된 '나'는 있을 수 없다.

그럼에도 불구하고 우리들은 모두 이와 같은 것을 의심하지 않고, 호적에 쓰인 이름 석 자로 상징되는 '내'가 있는 것으로 행세하게 마련이며 그것이 존재함을 의심하지 않는다. 그렇다면 정말 나는 무엇을 가리키며, 무엇을 가지고 '나'라고 부르는가? 현대철학의 굳건한 기반을 닦은 프랑스의 철학자 데카르트는 모든 철학적 이론을 '에고'(자아) 위에 세우려 했다. 그는 모든 것을 의심할 수 있되 자아만은 의심할 수 없는 존재라고 믿었고 주장했다. 데카르트의 자아는 말할 나위도 없이 육체적인 것이 아니요 순수한 정신적인 것이다. 그러나 데카르트는 정신적 성격을 가진 자아가 무엇인지를 정확히 지적하는 데는 실패했다. 데카르트의 실패는 그가 한 인간의 정신성(의식)과 육체성을 완전히 두 개의 다른 존재로 보고, 의식하는 인간과 살아 있는 인간을 서로 본질적으로 다르다고 보았기 때문이다. 그러나 정신활동은 그의 육체적·생물학적 기능을 떼놓고는 실제로 발견할 수 없다. 따라서 정신이 육체의 주인이라고 보기보다는 오히려 정신을 생물체로서의 육체가 가진 고도로 발달된 기능으로 보는 것이 정확할 것이다. 이와 같은 내 이론이 옳다면 주체, 혹은 에고란 실제로 존재할 수 없으며 일종의 신화에 불과하다. 왜냐하면 생물체로서의 인간은 한순간도 쉬지 않고 변화작용을 하기 때문이다. 영국의 철인 흄이 "자아란 감각의 꾸러미일 뿐이다" 라고 했는데 이와 같은 관점이 데카르트의 관점보다 더 실증성이 있다고 본다.

자아가 실제로 존재하지 않는 일종의 허구적 신화라면 어찌하여 우리는 누구나 빠짐없이 이와 같은 신화를 만들고 그것을 믿는가? 나의 소박한 소견을 말한다면 첫째는 사회활동을 해야만 하는 인간으로서 필요했기 때문이다. 즉 인간은 타인과의 관계 속에 살아가야만 하는데 항상 변하는 생물체로서의 인간에게 불변하는 일정한 존재, 자아가 있다고 간주할 때 인간관계는 훨씬 간소화되고 편리해진다. 인간 아닌 많은 생물, 동물들도 타자와의 관계 속에서 살고 따라서 극히 원시적이긴 하지만 일종의 사회생활을 하고 있다. 그러나 인간 이외의 다른 동물은 자아를 모르고 자의식을 갖지 않는다. 따라서 우리들은 두 번째 이유로서 인간이 사고력을 가진, 즉 사물·사건을 개념화할 줄 아는 사회적 동물임을 들어야 할 것이다. 동물들의 관계는 일종의 본능에 의해서 맺어지는 감각에 의한 관계이다. 한 동물과 다른 동물의 관계는 감각의 차원을 넘어서지 못한다. 그런데 감각은 시시각각으로 변하고, 감각적 차원에서는 어떤 경험이 개념화되지는 않는다. 비유해서 말하면 동물들의 서로의 관계는 마치 두 물질이 부딪치든가 떨어지든가 할 때와 마찬가지로 거의 물리적 차원에 머물고 있다. 어떤 돌 한 개가 굴러서 딴 돌과 부딪치고 다시 멀어진다고 할 때 그 돌은 물리학적 원칙에 의해서 그렇게 된 것이지, 그 돌이 '내'가 다른 돌과 부딪쳤다고 하지 않으며 그렇게 표현할 필요도 없다.

그러나 인간은 어느 연령에 이르면 의식을 갖게 되고 생각하는 힘을 소유함으로써 단순히 남과의 관계를 가질 뿐 아니라 그런 관계를 '의식'하게 된다. 따라서 나의 의식과 타인, 즉 또 다른 '나'를 의식하게 된다. 나는 육체적으로 어느 정도 항상 변하는 생물체이지만 어느 때고 타인과의 관계를 가질 수 있는 하나의 '나'를 개념화하게 된다. 이와 같은 개념화는 복잡한 타인과의 관계를 다소나마 간소화하고 용이하게 한다. 이런 생물체의 개념화, 즉 자아의 존재를 개념상 믿음으로써 사회활동에서 필요한 책임·벌·보상 등등의 사회제도가 성립될 수 있다. 만약 어렸을 때의 나와 나이 들었을 때의 내가 개념화를 통해서 하나의 동일한 주체, 혹은 자아로 볼 수 없다면, 내가 어릴 때 저지른 어떤 잘못을 나이 들어서라도 책임을 질 수 없음이 명백하다. 왜냐하면 생리학적으로나 심리학적으로 볼 때 어릴 때의 나와 나이 들었을 때의 나는 판연히 다른 두 개의 존재이기 때문이다.

생각하는 동물로서의 인간이, 사회생활을 하는 데 필요한 자아란 주체의 신화, 즉 허구적 존재를 만들고 믿을 필요가 있게 된 까닭을 알게 됐다. 보통의 경우 '나' 란 자아, 즉 주체를 지적하는 근거는 과히 문제를 일으키지 않는다.

어렸을 때의 나나 성장한 지금의 나를 하나의 '박이문' 이란 자아, 혹은 주체로 생각하는 이유는 앞서도 말했듯이 하나의 유기체로서의 나의 전체적 모습이라든가 성격이 유사한 구조를 유지하고 있기 때문이다. 내 팔이 잘라지고 코가 문드러지게 됐다 해도 나는 유기체로서의 근본적인 속성을 잃지 않고 있다.

그러나 보통의 경우 이와 같은 형태상으로 본 유사성의 기준은 경우에 따라 문제를 낳는다. 특히 극도로 의학기술이 발달함에 따라 팔·다리·심장 등 모든 유기체의 구성 부분을 이식하거나 인공으로 만들게 된 지금에 와선 수술 이전의 나를 수술 이후의 나로 믿을 근거가 있는가? 예를 들어 유기체의 가장 중요한 부분이라고 생각하는 심장·뇌 등을 이식수술해서 성공했다고 가정한다면, 지금의 나는 수술 이전의 나와 같은 '박이문' 이라고 할 수 있을까?

한편 낙태에 관계되는 윤리적 문제도 동일한 성격을 갖고 있으며, 불치의 병으로 고통 받는 환자를 앞에 둔 의사의 윤리적 문제도 같은 성격을 갖고 있다. 엄마 배 속의 한 달이 된 태아를 인간인 '나' 로 생각할 수 있을까? 인간의 규정, '나' 의 규정의 한계는 어디에 있는가? 겨우 심장만이 실오라기만큼 뛰고 있는 뇌사 상태의 환자나 병들어 전혀 움직이지 못하는 늙은 육체를 역시 살아 있는 인간 아무개 아무개로 취급할 수 있는가?

현대 문명의 발달, 특히 의학의 발달에 수반되는 위와 같은 많은 문제는 심각한 사회적, 윤리적 문제이다. 이러한 문제의 근본적인 성격은 결국 어떻게 '자아' 혹은 '주체'의 기준을 세워야 하느냐 하는 철학적 문제와 연결된다.

약 100여 년 전 이와 같은 문제가 생기리라고 예측한 사람은 거의 없었다고 믿는다. 그러나 고독한 카프카가 의식했든 그렇지 않았든 간에 그의 작품 『변신』은 크게 보면 인간 운명의 영원한 변천과 그에 대한 놀라움을 상징적으로 그렸을 뿐 아니라, 더 가까이는 극도로 발달해가는 오늘날의 과학과 더불어 빠른 속도로 변천해가는 사회, 그리고 인간 자체, 그것에 수반해서 나타나는 인간 자아 검토의 문제를 생각하게 하는 예언적 작품이다.

우리는 다시금 스스로에게 물어봐야 한다.

'나는 누구인가?' 라고.

우리는 다시 생각해봐야 한다.

'나는 무엇을 위해서 사는가? 내가 정말 바라는 것은 무엇인가?'

'하나의 민족으로서 우리는 무엇을 지향할 것인가?' 라고.

인생의 의미

⋮

레프 니콜라예비치 톨스토이 · 『이반 일리치의 죽음』

대부분의 우리들 삶은 사소한 걱정과 욕망에 가득 차 있고 그 하나하나를 해소하고 만족시키는 데 급급하다가 죽고 만다. 먹어야 하고, 공부해야 하고, 일자리를 구해야 한다. 장가를 가서 자식을 낳아야 하고, 자식을 낳으면 길러야 한다. 맛있는 음식을 먹음으로써, 좋은 집에 사는 것으로써, 그리고 예쁜 여인의 마음을 꿤으로써 우리들의 삶은 많은 기쁨으로 차고 행복하게 된다.

그러나 이와 같은 괴로움 · 걱정 혹은 행복 가운데서도 우리들은 더러 발길을 멈추고 고개를 갸우뚱 기울이며 생각하는 때가 있다. '이렇게 태어나서 노력하고 만족을 얻고 죽는 인생의 의미는 무엇인가?' 하고. 생각하는 힘을 가진 유일한 동물인 인간은 다른 생명체나 동물과는 달리 주어진 삶을 살면서 삶 속에 흡수되지 않고 그 삶 자체와 거리를 두고 그것을 관찰, 비판하는 사고의 힘을 갖고 있다. 이와 같은 인간의 특수한 사고력은 인간이 다른 동물과 유별하게 불행감을 느끼게 되는 원인이 되는 동시에 다른 동물이 갖지 못하는 행복감의 원천이 되기도 한다.

많은 사람, 많은 작가 가운데서도 레프 니콜라예비치 톨스토이Lev Nikolaevich Tolstoi(1828~1910)만큼 '인생의 의미'에 집착한 사람도 드물다. 또 톨스토이의 많은 작품 가운데서도 그의 소설『이반 일리치의 죽음』만큼 이 문제를 명백히 제시한 작품도 없다. 톨스토이는 이 작품을 통해서 그가 평생을 두고 스스로 질문하고 답변을 찾으려 했던 '인생의 의미'란 문제에 마침내 해답을 찾았다고 생각했다.

『이반 일리치의 죽음』에서 톨스토이는 과연 어떻게 이 문제를 다루고 또 어떠한 답변을 찾았다고 볼 수 있는가? '인생의 의미'를 탐구한 입장에서 볼 때 이 작품은 다음과 같은 이야기로 요약된다.

우리들 주변에서 흔히 볼 수 있는 많은 사람처럼 약삭빠른 사회인인 지방법원 재판관 이반 일리치는 관계官界에서의 출세와 사교계에서의 영예, 그리고 물질적 안락만을 오로지 인생의 목적으로 삼는다. 그에게는 친구도 아내도 자식도 오로지 자기 자신의 욕망을 만족시키기 위한 수단이요 편리한 도구에 불과하다. 그는 무슨 일이든지 자기가 정말 좋아서 해본 적이 없다. 그의 모든 태도나 생활방식은 자기의 자유로운 의사나 기호에 의해서 결정되지 않고 그가 부러워하는 상류사회 사람들의 기준에 의해서 결정된다. 이반 일리치는 남 보기에는 성공한 인물이다. 그는 가정적으로도 남들이 탐내는 상류계급의 여자와 결혼해서 가정을 꾸렸고, 사회적으로도 관계官界에서 무척 빠르게 출세한다. 다른 사람들의 눈에는 아주 행복한 인생이 아닐 수 없다. 감각적이고 피상적이며 세속적 성공을 통해서 그 자신도 인생을 즐기고 그러한 인생에 만족스러움을 느낀다.

그는 아홉 시에 일어나 커피를 마시고 신문을 읽은 다음 항상 제복을 입고 재판소에 나간다. 거기에는 이미 그가 쓰고 일을 하는 굴레가 마련되어 있어 그것은 이내 그에게 씌워지고 만다. 청원자, 사무실에서의 조사, 회의 —공판과 공판 준비 회의, 이러한 모든 것 속에서 언제나 직무의 올바른 흐름을 파괴하는 회색의 생활적인 분자를 모두 제거해나갈 줄 알아야 한다.— 사람을 대할 경우 직무 이외의 어떠한 관계도 허용해서는 안 된다. 그리고 모든 관계에 대한 동기는 오직 직무상의 것이어야 하며, 관계 자체도 오직 직무상의 것이지 않으면 안 된다. 이를테면 한 사람이 와서 무엇인가를 알고자 한다. 직무를 떠난 한 개인으로서의 이반 일리치는 이러한 사람에 대해서 어떠한 관계도 가질 수 없지만, 만일 그 사람의 관계가 관리에 대한 그것이고 표제가 붙은 용지에 표현될 수 있는 것이라면, 이반 일리치는 관계의 범위에 있어서 온갖 짓, 단호히 할 수 있는 데까지의 짓을 한다. ……(중략)…… 그 틈틈이 그는 담배를 피우기도 하고 차를 마시기도 하고 정치에 대해서 조금, 카드에 대해서 조금, 그리고 무엇보다 많이 임명任命에 대해서 담소하기도 한다. 그리고 지쳐서, 그러나 제 파트를 잘해낸 명수, 이를테면 오케스트라의 제1바이올리니스트의 한 사람 같은 느낌을 안고 집으로 돌아간다.

그러나 뜻하지 않게 그의 이와 같은 행복이 부서지고 만족스럽게 생각했던 '인생'에 대해서 회의가 시작되는 계기가 생긴다. 그 계기는 다름 아닌 죽음의 의식이다. 그가 불치의 병에 걸린 것이다. 병에 걸리자 그의 인생의 즐거움은 꿈같이 사라지고, 그는 병에서 오는 육체적 고통과 싸워가면서 자기의 생에 종지부를 찍을 죽음의 검은 그림자가 눈앞에 가까워지는 것을 느낀다. 육체적 고통, 그리고 죽음과 투쟁하는 가운데서 그는 두 가지 사실을 처음으로 의식하게 된다.

그가 여태까지 남들에게 했던 것처럼 모든 주위 사람들, 자기의 아내까지도 진실로 자기의 고통을 동정하거나 자기에게 다가오는 죽음을 위로해주지 않고 오직 각자의 이기적 타산에 따라 자기를 대한다는 것과 모든 인간의 생활이 진실하지 않고 허위 속에 있다는 것이다. 이런 깨달음은 그를 견딜 수 없이 고독하게 만든다.

한편 그에게 모든 것의 종말을 의미하는 죽음은 그로 하여금 지금까지 자기가 살아온 인생을 돌이켜 생각해보게 하고, 그는 말할 수 없는 죽음의 공포를 느낀다. 그는 이 공포의 이유를 깨닫게 된다. 그것은 지금까지 자신이 성공적이고, 행복하다고 여겨왔던 인생이 실상 허위였고 지금까지의 행복했던 자기의 삶을 부정할 수밖에 없는 심리적 상태에 빠져 있기 때문이다. 그는 죽음에 임박하여 모든 사람들이 얼마나 이기심에 의해서만 살아가고 있는가를 깨닫고 그들에 대해서 야속한 생각과 증오에 가까운 경멸심을 갖게 된다. 그러나 실상 자기 자신도 이기심으로만 살아왔음을 깨닫는다. 그는 오직 자기만 알고 살아왔으므로 동물적인 본능을 넘어서지 못했던 것이다. 그가 자기의 인생이 허무했음과 아울러 죽음에 대한 말할 수 없는 공포를 느끼는 까닭은 그에게 동물적인 본능을 초월한 정신적 생활이 없었기 때문이다. 이미 늦었지만 그는 자기가 인생을 잘못 살아왔음을 고통스럽게 인식한다.

그는 동물적인 생활, 물질의 충족만을 추구한 생활이 헛된 생활이라는 사실을 깨닫는다. 그는 이기주의를 초월해서 거짓이 없고 남을 진심으로 생각할 수도 있고, 남을 위해서 자기의 이기심을 꺾을 수 있는 참다운 의미에서의 윤리적 생활에 진정한 인생의 의미가 있을 수 있음을, 자기의 희생적이고 솔직한 하인 게라심을 통해서 발견한다. 그는 임종 두 시간 전, 인생의 진리를 깨닫는다. 그는 생전 처음으로 마음속에서부터 자신의 손에 키스하는 어린 아들을 불쌍히 여기고, 진정한 의미에서 자기 자신만이 아닌, 자신을 초월해서 가족들의 괴로움과 행복을 생각한다. 그는 처음으로 다소나마 이기심을 넘어서 남을 생각한 것이고, 동물적 본능을 극복하고 윤리적 영역에 발을 디딘 것이다.

그러자 여태까지 그를 괴롭히며 나가려고 하지 않던 모든 것들이, 갑자기 모두 한꺼번에 나가려고 하는 것을, 그것도 사방팔방 온갖 군데서 나가려고 하고 있는 것이 그에게 명확해졌다. 저들이 불쌍하다. 저들을 슬퍼하지 않으면 안 된다. '정말 기분이 좋다, 정말 간단한 일이다' 하고 그는 생각했다. '아픔은?' 하고 그는 자문했다. '도대체 어디로 갔느냐? 응, 너는 어디 있느냐, 아픔은?' 그는 귀를 기울이기 시작했다. '옳아, 여기 그게 있군. 뭐 일없다. 아프겠으면 아프라지.' '그런데 죽음은?' '죽음은 어디 있지?' 그는 전부터 길들어온 죽음의 공포를 찾았지만 찾아내지 못했다. 죽음은 어디에 있단 말인가? 죽음이란 무엇인가? 공포는 전혀 없었다. 왜냐하면 죽음이 없었기 때문이다. 죽음 대신 빛이 있었다.

이와 같은 정신적 체험을 하는 순간 그는 육체적 괴로움과 죽음의 공포에서 해방된다. 이 순간 무서운 어둠이었던 죽음은 빛으로 변하고, 고통은 즐거움으로 변한다. 임종을 지키고 있던 사람들 눈에는 이반 일리치의 죽음은 모든 것이 고통스럽고 슬픈 마지막이지만 죽어가는 이반 일리치 자신에게는 이미 그러한 죽음은 물리적 변화에 불과하며 정신적인 죽음은 없다. 진정한 삶이 시작되는 순간인 것이다. 그의 인생은 허무하지 않다.

톨스토이는 이 작품을 통해서 '인생의 의미는 무엇인가?' 하는 철학적 문제를 제기하고 그 문제에 하나의 자신 있는 답변을 찾았다고 믿었다. 단적으로 말해서 그의 해답은 간단하다. 물질적인 욕망을 넘어서 정신적인 생활을 함으로써만 동물 아닌 인간다운 생의 의미가 있다는 것이다. 정신적 생활은 동물적인 본능을 따르는 이기심을 떠나서 자기가 아닌 남을 위해서 봉사할 수 있고 진실할 수 있는 것으로, 넓은 의미에 있어서의 윤리적 생활이다. 다시 말하자면 선한 생활이 인생의 의미이다. 우리는 여기서 톨스토이의 결론이 옳은가 어떠한가를 생각할 필요가 있는데, 그러자면 어떠한 논리로 이와 같은 결론에 도달했는가를 먼저 검토해야 한다. 한편, 톨스토이의 주장을 보다 잘 이해하기 위해서 그가 제기하고 해답을 찾으려 했던 '인생의 의미'란 문제의 성격을 분석해 볼 필요가 있다.

단도직입적으로 말해서 톨스토이의 '인생의 의미'에 대한 결론은 논리에 입각해서 연역된 철학적 결론이 아니고 대부분의 구체적인 인간이 삶과 죽음이란 경험을 통해서 도달할 것으로 보이는 인간의 심리상태를 기록한 것에 불과하다.

동물로서의 인간은 자기 자신만을 위해 산다. 사람은 각양각색이라 여러 가지 서로 다른 목적을 추구하고 그 목적을 충족시킴으로써 행복감을 느끼게 마련이지만 대부분 사람들의 행복의 여건이란 대체로 단순하고 공통된 것으로 보인다. 물질적 만족, 사회적 성공과 명예 등이 그것이다. 불행히도 이런 행복의 조건을 마련하려면 남을 속이고 자기를 속여야만 되는 경우가 또한 대부분이다. 자기가 생각하는 대로 말해서는 안 되고, 자기 좋아하는 것만을 주장해서는 안 된다. 오히려 자기의 개성이나 가치의 원칙을 꺾고 남들이, 그리고 사회가 요구하는 대로 순응해야 한다. 결국 가장 이기적일수록 가장 자기의 줏대가 없는 생으로 바뀌게 마련이다.

이반 일리치는 위와 같은 종류의 가장 대표적인 사람으로 세속적인 목적을 달성한 사람이다. 이반 일리치는 틀림없이 똑똑한 젊은이다. 그러나 그의 생의 목적은 물질적 향락과 그것을 마련해주는 사회적 위치에 있다. 그는 근본적으로, 다른 것에는 아무 관심이 없고 오로지 자신의 극히 세속적인 만족을 위해서만 살아간다. 그렇기 때문에 그의 결혼도 그의 이기적이며 물질적인 인생관에 의해서 결정됐다.

이반 일리치가 결혼한 것은 그가 자신의 신부를 사랑했거나 그녀와 자신의 인생관에 대한 공통점을 발견했기 때문이 아니라, 상류사회의 사람들이 이 배우자가 좋다고 인정했기 때문이다. 그는 이러한 아내를 얻음으로써 자기 기분대로 즐길 수 있다는 것과 또 한편 상류사회에 속하는 사람들이 마땅하다고 여긴다는 이유로 그녀를 아내로 삼았다. 결혼

후 1년이 못 되어 부부생활에서 기대했던 꿈이 산산이 깨진 후에도 그는 이혼을 하려는 생각은 꿈도 꾸지 않았고, 가정생활을 하나의 필요한 사회적 의무의 수행으로 여기고 사회에서 공인된 예의범절을 시행하는 것을 일과로 삼았다. 따라서 그는 아내에게 그저 집에서의 식사·주부로서의 역할·잠자리 등 아내가 그에게 베풀 수 있는 편의와 주로 세론世論이 결정하는 외면적 형식의 예절만을 요구했다.

결국 그는 자기 자신의 물질적 쾌락과 사회적 성공을 위해서 자신의 가치나 원칙이 없이 남들의 가치에 의해서 살아가는 줏대 없는 인간으로서의 인생을 산다.

톨스토이는 이러한 인생을 의문하고 부정한다. 그는 이반 일리치를 불치의 병에 몰아넣음으로써 이반 일리치가 살아왔던 인생의 행복이 얼마만큼 허무한 것이었나를 보여준다. 병에 걸리자 이반 일리치의 행복은 오로지 고통과 고독, 그리고 허무감으로 변한다. 왜냐하면 그가 추구했던 행복은 오직 물질적이고 육체적인 것에 국한되어 있는데 동물로서의 그, 즉 물질적인 그의 몸에 병이 났기 때문이다. 육체의 고장, 육체의 죽음은 그가 추구했던 인생에서 얻을 수 있는 가치의 마지막을 의미한다. 그뿐 아니라 이반 일리치의 고통이나 죽음은 그 자신 아닌 어떠한 사람도 대신할 수 없고 남들에 의해서 결정될 수 없는 것이다. 죽음이란 것을 눈앞에 두고 육체적 고통을 겪으면서 이반 일리치는 삶과 죽음이란 가장 근본적 문제는 오로지 스스로의 의지에 의해서 처리될 수밖에 없음을 처음으로 깨닫는다. 그것은 그가 지금껏 살아오면서 모든 일을 처리했듯이 이 문제를 적당히 남들의 가치기준이나 안목에 의해서 결정되도록 맡길 수는 없다는 사실을 뜻한다. 그는 또한 모든 사람들이 자신의 이익을 위해서만 살고, 남들에게 진정한 마음으로 관심을 갖지 않고 있음을 알게 된다. 이로 인해 그는 심한 고독감을 느껴야만 했고, 그러한 인간의 태도에서 가치를 발견하지 못한다. 그러나 그 자신이 바로 그러한 태도로 살아왔던 것이 아닌가? 그는 지금까지 자기가 살아온 인생과 자기가 소유했다고 여겼던 행복에 대한 말할 수 없는 허무함, 즉 무의미함을 깨달음으로써 육체적인 고통 이상으로 정신적 고통을 느낀다. 그는 처음으로 이기적인 인간의 행복이 더럽고 가치 없는 것인 데 비해서 자기를 희생하면서 남을 위하는 삶의 아름다움과 가치를 깨닫는다. 하인인 농부 게라심의 진정에서 우러나오는, 이해타산을 떠난 봉사적 태도는 그의 마음을 움직인다.

물론 이반 일리치는 죽음이 가까워짐을 의식하고 동물적인 공포를 갖는다. 그러나 그가 몹시 괴로워하는 이유는 육체적 소멸에 대한 동물적인 본능을 넘어서는 것이다. 그에게는 꼭 꼬집어 지적할 수 없는 무엇인가가 필요했다. 그는 스스로 물어본다. '도대체 너에게는 무엇이 필요한가? 무엇이 필요한 것인가?' 라고. 그는 또 묻는다. '고통, 죽음……. 도대체 무엇 때문인가?' 라고. 가만히 생각하면 그가 원하고 아쉬워하는 것은 지금까지 그가 찾고 가졌던 물질적 혹은 육체적 쾌락이 아니다. 예전에 기쁨으로 여겨졌던 모든 것이 지금의 그의 눈에는 덧없이 사라져버릴 무엇인가 하잘것없고 때로는 더러운 것으로 바뀌어버렸던 것이다. 그럼 그에게 지금 필요한 것, 그가 찾지 못하고 괴로워하는 진정한 대상은 무엇인가? 그것은 다름 아닌 인생의 의미다. 그는 자기가 살아왔던, 남들의 눈에는 행복했던 과거의 생활에서 아무런 의미를 발견하지 못한다.

문제는 어떠한 삶이 인생의 의미가 될 수 있는가를 아는 데 있다. 톨스토이는 이와 같은 의미를 발견할 때 죽음이 무서운 것이 아니라 오히려 빛이 될 수 있다고 생각한다. 인생의 의미가 어디에 있느냐는 물음에 톨스토이의 대답은 간단하다. 그것은 이기심을 극복하고 자기 자신만의 이해나 행복만이 아니라, 오히려 자기를 희생하면서 남들의 행복을 고려하는 마음의 상태를 갖는 것이다. 다시 말하면 동물적인 자기중심의 본능을 초월해서 인간적인 미의 심정을 갖추는 데 있다. 톨스토이의 결론은 다음과 같이 다소는 너무도 안이하고 유치하다고 느껴질 만큼 쉽게 처리되었다. '아, 이것이었던가? 이게 무슨 기쁨이란 말인가!'

대략 이런 논법으로 톨스토이는 인생의 의미를 발견했다고 믿었고, 우리들에게 어떻게 살아야 할 것인가를 제시해준 셈이다. 그렇지만 톨스토이의 논리에는 무리가 많다.

첫째, 톨스토이는 이반 일리치가 임종을 앞두고 경험하고 느낀 바를 모든 사람들에게 적용될 수 있는 보편적인 체험인 것처럼 생각하고 있다. 그렇지만 사실, 많은 사람의 경우에 오직 생존하고 싶은 본능에 매달리거나 혹은 자신이 살아왔던 인생이 무의미하다고 고민하는 것보다 오히려 톨스토이가 무의미하다고 생각하는 바로 그런 인생을 더 갖고 즐기고 싶어 하는 것이 더 진리에 가깝다고 믿는다. 둘째, 사실상 한 인간이 자신의 쾌락만을 추구하며 살았다고 해서 그가 죽는 순간 그와 같이 살아온 과거의 인생을 허무하다고 생각해야 할 논리적 근거는 없다.

결국 톨스토이는, 자기를 희생할 줄 아는 기독교적 박애주의에 따라 살지 않은 인생은 허무하고 무의미하다는 논리를 작품 『이반 일리치의 죽음』을 통해서 말하는 듯하지만, 사실상 톨스토이의 주장은 이론적 뒷받침을 가진 하나의 주장이 아니라 이반 일리치라는 죽음을 앞둔 한 인간의 심리를 그린 데 불과하다. 비록 대부분의 인간, 아니 모든 인간이 똑같이 이반 일리치와 같은 체험을 하고 인생에 대해서 또한 죽음에 대해서 같은 의견을 갖게 된다 하더라도 그것은 오직 인간의 보편적인 심리상태에 불과하지, 모든 인간이 톨스토이가 작품 속에서 암시하는 바와 같은 인생의 의미에 대한 결론을 얻게 된다는 아무런 필연성도 없다. 다시 말하자면, 작품 『이반 일리치의 죽음』은 많은 사람들이 죽음에 임박할 때 느끼게 되는 보편적 심리 상태를 그린 작품으로 우리들에게 깊은 감명을 남기고 있음은 부정할 수 없는 사실이지만, 이 작품 속에서 톨스토이가 암시하고 있는 인생에의 태도만 옳고, 그렇게 살아야만 '인생의 의미'를 발견한다는 주장은 성립될 수 없다.

톨스토이가 이와 같은 주장을 이 작품 속에서 드러낸 이유는 그가 논리의 전개와 심리 상태의 묘사를 혼돈한 데 있으며 더 근본적 입장에서 볼 때 톨스토이가 '인생의 의미가 무엇인가?' 란 문제에 일종의 집념을 갖고 해답을 찾으려 했기 때문에 문제의 성격 자체에 대해 인식의 혼돈을 일으킨 것이다. 다시 말하면 그는 문제를 잘못 제시한 것이다. 그가 해결하려는 문제는 실상 성립될 수 없는 문제, 즉 문제로 삼을 수 없는 문제이다.

'인생의 의미가 무엇인가?' 란 문제에 대한 해답은 있을 수 없다. 실은 앞서 말한 대로 '인생의 의미'는 비단 톨스토이만이 알려고 했던 문제가 아니라 대부분의 사람들이 고민하는 문제이다. 그렇다면 어째서 우리들은 이와 같은 문제를 내고 그 답을 찾으려 하며, 어찌하여 그 문제는 사실상 문제로 성립될 수 없는가를 알아봐야 할 것이다. 그 까닭을 알려면 '인생의 의미'와 '인생에 있어서의 의미'를 구별할 필요가 있고, 이 두 가지 경우의 질문에 쓰인 '의미'란 말이 무엇을 뜻하는 것인가를 분석해 볼 필요가 있다.

우리말의 경우 '의미意味'란 말은 대체로 두 가지 다른 뜻을 갖고 있는 듯하다. 어떤 말(언어)의 의미를 말하는 경우와 언어가 아닌 어떤 사물 혹은 사건의 의미를 말하는 경우가 그것이다. 전자의 경우 '의미'는 동의어를 말하며, 후자의 경우의 '의미'는 목적을 말한다.

상전벽해桑田碧海의 '의미'는 다름 아닌 같은 뜻을 가진 다른 말의 표현을 말한다. 즉, 동의어이다. 한편, 교육의 '의미'라 할 때의 '의미'는 교육의 목적을 말한다.

그렇다면 어떤 경우에 목적이라는 의미가 성립될 수 있는가? 어떤 사건 혹은 사실 자체만으로 목적이 될 순 없다. 따라서 교육 자체만으로는 목적이 될 수 없다. 목적은 주체가 있는 한 존재한다. 더 엄격히 말해서 한 주체의 욕망이 있을 때 목적이란 말은 뜻을 갖는다. 그렇기 때문에 그저 존재하는 텔레비전이나 백만 원짜리 수표엔 목적이 있을 수 없다. 텔레비전이나 값진 수표는 그것을 원하는 어떤 주체의 욕망이 있음으로써 목적이 될 수 있다. 한마디로 무엇인가를 언제나 욕구하는 인간이 살아 있음으로써 목적, 즉 의미가 생기고 또 그것이 충족된다.

따라서 인생에 있어선 많은 목적, 즉 의미가 있다. 배가 고플 때 좋은 음식을 먹는 것은 그것대로 의미가 있는 것이요, 배우고 싶을 때 교육을 받는다면 그것대로 의미가 있다. 국회의원이 되고 싶어서 갖은 수단을 쓰는 노력에는 의미가 있고, 학자가 되고자 남 보기에는 바보같이 책만을 들여다본다면 그 바보 같은 생활에도 의미가 있다. 사실 우리에게는 각기 추구하는 목적, 즉 인생에 있어서의 의미가 각양각색이지만, 그 누구를 막론하고 항상 무엇인가 목적을 추구할 수밖에 없다. 살아가는 동안 추구하는 여러 목적, 즉 의미들 가운데서 어떤 것이 더 귀중한가 아닌가의 문제를 별문제로 한다면, 우리의 인생은 좋건 싫건 간에 단 하나의 의미가 아니라 무수한 의미로 가득 차 있다. 따라서 '인생의 의미'는 누구나 갖고 있는 것이다.

내가 여기서 명백히 해두고 싶은 것은, 여러 가지 가능한 의미 가운데서 어떤 것이 더 귀중하고, 따라서 어떤 의미를 중점적으로 추구해야 하느냐는 전혀 별개의 문제라는 것이다.

그렇다면 흔히 우리가 물어보는, 그리고 특히 톨스토이가 해답을 찾으려 했던 '인생의 의미'는 무엇일까? '인생의 의미'가 있을 수 있을까? '인생의 의미'란 살아가는 동안 일어나는 여러 가지 일·노력·사건 등의 가지가지 의미를 말하는 것이 아니고 크게 하나로 본 인생 자체의 의미, 즉 목적을 뜻한다.

예를 들어 내가, 죽은 A라는 사람의 인생의 의미를 물어본다고 하자. 만일 내가 애국자라서 나의 살아가는 목적이 내 나라의 독립과 번영에 있다고 치고 A라는 사람이 평생 조국의 독립을 위해서 싸우다가 죽었다고 가정한다면 나의 입장에서 볼 때 A라는 사람의 인생은 의미가 있다.

그러나 죽은 다음의 A라는 사람 자신이 스스로 인생의 의미를 물을 수 없음은 자명하다. 그러한 질문을 하려면 그 자신이 아직도 살아 있고 의식이 있어야 하는데 그는 이미 죽은 사람으로서 의식을 완전히 잃고 있기 때문이다. 그렇다면 죽은 후의 A가 아니라 죽기 직전의 A가 이반 일리치의 경우처럼 자기 자신의 인생의 의미를 물을 수 있을까? A가 자신의 인생의 의미를 물으려면 A 자신의 인생을 하나의 전체로 바라보아야 하며 동시에 그는 자신의 인생 전체를 하나의 객관적 대상으로 볼 수 있는 주체로 남아 있어야 한다. 이러한 조건들은 어쩔 수 없는 모순을 갖게 된다. 만약 A가 자신의 인생을 크게 하나로 다루려면 그는 이미 인생을 완전히 살고 난 후여야 한다. 즉 그는 죽어 있어야만 한다. 그러나 죽은 사람 A에게 의식이 없는 것은 자명한 사실이고 따라서 A가 자신의 인생을 하나의 전체로 바라본다는 것은 논리적으로 불가능하다. 같은 사실을 뒤집어 생각해보아도 마찬가지다. 만약 A가 자기 인생의 의미를 묻는다면 그는 벌써 자기의 인생을 관찰하는 주체적 입장에 서게 되는데, 그렇다면 그 주체 자신도 역시 A의 일부분인 고로 자기가 검토하는 자기의 인생은 하나의 완전한 전체가 될 수 없고, 다만 자기 인생에 있어서의 어떤 사건·행위에 한정될 수밖에 없다. 따라서 그는 자신의 인생 전체를 바라보고 그 생의 의미를 살펴볼 수 없게 된다. 요컨대 한 개인이 자신의 '인생의 의미'를 묻는다는 것은 난센스에 불과하다.

그렇다면 어째서 우리들은 끊임없이 '인생의 의미'를 묻고 그 해답을 얻으려 하는가? 생존에의 본능을 떼어버릴 수 없는 인간은 다른 동물과 달리 자신의 죽음을 의식하며, 따라서 죽음에 대한 공포를 떠날 수 없다.

왜냐하면 죽음은 모든 것의 마지막이기 때문이다. 이 공포를 없애기 위해서 죽음을 합리화할 심리적 필요성에 마주치게 된다. 다시 말하면 인생의 의미가 필요한 것이다. 이렇게 제기된 '인생의 의미'는 오직 종교적인 입장에서만 찾을 수 있다. 기독교는 지상에서의 인생을 내세를 위한 하나의 준비로 봄으로써 의미를 붙이고, 불교에서는 인생을 우주적 원리의 필연적 과정으로 해석함으로써 인생에 의미를 붙인다. 그러나 이와 같은 시도는 이미 논리의 한계를 벗어나는 것이다. 왜냐하면 신의 존재를 믿거나 우주적 원리를 믿는 그 자체는 인간의 의식을 전제로 해야 하는데 그러려면 그 인간은 살아 있어야 하고, 의식이라는 관점은 신이나 우주적 원리의 밖에 있어야 한다.

전체로서의 인생은 의미를 따진다는 것이 논리적으로 불가능하다. 긴 역사를 통해서 과거 어느 사회에 있어서도 어떤 식으로든 종교가 있었던 까닭은 비합리적이나마 인간의 어쩔 수 없는 심리적 필요에 응답해야 했기 때문이라고 봐야 한다. 톨스토이의 경우는 이와 같은 공통된 인간의 심리 상태를 작품으로 대변해준 것에 지나지 않으며, 그의 해답을 기록한 것으로 보이는 작품 『이반 일리치의 죽음』은 실상 그러한 답변을 주는 데 성공한 작품이 아니다. 왜냐하면 톨스토이는 처음부터 성립될 수 없는 문제를 제기했기 때문이다.

그러나 이 작품은 인간의 보편적인 심리상태를 그리는 데 성공함으로써 훌륭한 문학적 가치를 지니고 있다. 우리가 보편적으로 갖고 있는 죽음에 대한 공포가 냉정히 생각할 때 종교를 통해 해소될 수 없다고 해서 우리들은 인생을 부정하거나 인생을 즐길 수 없을 것인가?

우주의 형성, 여러 만물의 현상, 그리고 인간의 존재까지도 우연의 소산이라고 보는 것이 가장 합리적인 해석이라고 나는 생각한다. 우리는 죽음과 함께 모든 것을 종결짓게 마련이다. 다시 말하면 인생의 목적이나 의미가 없다. 그러나 우리는 인생에 있어서 무한히 많은 작은 목적을 갖고 그것에 의미를 붙일 수도 있고, 죽기 전까지 우리에게는 사소하지만 무한한 즐거움도 가능하다. 그리스신화의 시시포스와 같이 우리가 살아가면서 애써 찾고 있는 즐거움의 바윗덩어리가 내일 아침 죽음이 되어 굴러떨어질지라도, 그리고 그 점을 명백히 의식하더라도 우리는 목숨이 끊어지는 날까지 가지가지 행복을 체험할 수 있다. 다시 말하자면 우리는 '인생의 의미'가 아니라 '인생에 있어서의 여러 가지 의미'를 가질 수 있다.

그리고 그것으로 족하다.

윤리 판단의 규준

⋮

소포클레스 · 『안티고네』

고대 그리스 3대 비극작가 중에 가장 뛰어났다고 인정받는 소포클레스Sophocles(BC 496~BC 406)의 『안티고네』와 그것을 새롭게 해석한 전후 프랑스의 실존주의 작가 장 아누이Jean Anouilh(1910~1987)의 동명작품 『안티고네』는 각기 강조하는 부분은 다소 다르지만 둘 다 인간의 보편적인 윤리적 갈등을 요령 있고 간결하게 가장 극적으로 다룬 작품으로 언제나 독자들에게 깊은 감명을 남기는 걸작이다.

이 작품의 이야기는 오래된 그리스의 전설에서 비롯된다. 정신분석학의 창시자 프로이트의 오이디푸스콤플렉스로 더 알려진 그리스의 도시국가 테베의 뛰어난 왕 오이디푸스는 자신도 모르는 가운데 운명의 장난으로 자신의 아버지를 죽이고 자신의 어머니와 동거하고 있음이 밝혀지자 그것을 속죄하기 위해서, 스스로 눈을 빼내고 왕위를 버린다. 그러자 그의 두 왕자 에테오클레스와 폴리네이케스는 국가의 이익보다도 자신들의 권리를 위해서 왕권을 놓고 싸운다. 이런 상황에서 퇴위한 왕 오이디푸스의 동생 크레온은 자신의 영화나 권력 때문이 아니라 오직 위기에 선 국가를 구하기 위해 왕위에 오른다.

왕위에 오른 크레온에게 가장 중요한 것은 국가의 안정과 번영이다. 그는 모든 것을 희생하고라도 국가를 위해 일하기로 굳은 결심을 내린다. 이럴 즈음 권력 다툼을 하던 오이디푸스의 두 아들, 즉 크레온의 두 조카인 에테오클레스와 폴리네이케스는 모두 죽게 된다. 크레온의 판단에 의하면 에테오클레스는 애국심이 있었으나 폴리네이케스는 오직 이기심에만 사로잡혀 있었다. 다시 말하자면, 크레온은 전자는 선을 대표하고 후자는 악을 대표한다고 생각한다. 당시의 관례와 믿음은 악한 자를 처벌하는 의미로 사체를 매장하지 않고 들판에 내버려두는 것이었다. 이런 관례에 따라 크레온은 명령을 내려 악인으로 낙인찍은 폴리네이케스의 매장을 허락하지 않고, 이 명령을 거역하는 자를 엄중히 처벌할 것을 결심한다. 그는 이와 같은 관례가 하잘것없는 미신인 줄 알면서도 이러한 자기의 명령은 국가의 안정과 권위, 그리고 가치가 무엇보다도 중요하다는 것을 보이기 위해서라고 믿는다.

크레온은 '국가지상주의'란 하나의 가치관을 대표한다. 이에 반해서 이 작품의 주인공 안티고네는 또 하나의 다른 가치관을 대표한다. 안티고네는 그 이유가 무엇이든 간에 그녀의 오빠들 중 하나인 폴리네이케스가 죽은 후까지도 그렇게 저주받는 것을 누이동생으로서 그대로 볼 수 없다고 생각한다. 그녀는 누이동생으로서의 윤리적 의무를 절실히 느낀다. 그녀의 숙부이자 국왕인 크레온이 국가에의 의무를 지상으로 생각하는 것과 같이, 그녀는 누이동생으로서 죽은 오빠에 대한 혈연적 의무를 지상으로 여기고 있는 것이다. 따라서 그녀는 모든 반대를 무릅쓰고 국왕의 지엄한 명령을 거역하면서, 자신의 죽음을 각오하고서까지 오빠에 대한 누이동생의 의무를 다할 것을 결심한다. 어떤 것에도 굽히지 않는 삼촌 크레온과 조카딸 안티고네, 이 두 인간, 더 정확히 말해서 두 개의 강한 결단과 의지는 충돌하고 이 충돌은 비극의 근원이 된다. 여기서 두 개의 의지의 충돌은 다름 아닌 두 가치 체계, 두 개의 모순되는 윤리 판단 규준의 마찰에 기인한다.

마침내 안티고네는 끝까지 자기의 의지를 관철함으로써 또 다른 굽히지 않는 크레온의 의지에 의해 사형을 받게 된다. 이에 크레온의 아들이자 안티고네의 애인이며 약혼자인 하이몬은 안티고네를 따라 죽게 되고, 또 하이몬의 어머니, 즉 왕후인 에우리디케는 아들의 참사에 뒤따라 죽게 된다. 그리하여 작품 『안티고네』는 모든 인물들이 죽음으로써 파멸의 종말을 고하는 비극의 대표적인 이야기가 된다.

보통의 독자들은 이 작품을 통해서 작은 규모로나마 흔히 우리들의 정신적 생활에서 마주치는 가치의 갈등을 재삼 의식하고 체험함으로써 이 작품에 감명을 받는 것이지만, 실상 소포클레스의 『안티고네』와 아누이의 『안티고네』에서 각별한 차이를 발견할 수는 없다. 따라서 무엇 때문에 아누이는 모두가 다 알고 있는 이야기를 다시금 자신의 작품으로 세상에 내놓았는가 하고 물어보게 될 것이다. 즉, 소포클레스는 그의 작품 『안티고네』를 통해서 무슨 이야기를, 무슨 메시지를 우리에게 전달하려 했느냐는 것이며, 아누이는 그 자신의 『안티고네』를 통해서 어떤 새로운 이야기, 어떤 새로운 메시지를 독자들에게 전하려 했는지를 규명해

볼 필요가 있다.

고대 그리스의 소포클레스는 이 이야기에서 그린 인간의 비극을 통해서, 인간의 어리석음과 인간 의지의 하잘것없음을 강조한다고 생각한다. 소포클레스의 시대를 지배하고 있던 하나의 주류 사상은 숙명론이었다. 이 학설에 의하면, 이른바 인간의 자유의지나 노력은 오직 인간의 무지에서 나오는 환상에 불과하며, 인간이나 그 밖의 만물 현상은 우주가 시작되는 날부터 어떤 엄격한 법칙에 의해서 움직여지는 필연적 결과이다. 따라서 한 개인이 자신의 생각에 따라 자유의지에 의해서 행동한다는 것은 선의에 따른 것이건 악의에 따른 것이건 간에 가소로운 환상 속에서 일어나는 소용없는 장난에 불과하다는 것이다. 따라서 소포클레스는 우리에게 자존심이나 의지 또는 고집 대신 지혜와 평화를 갖추도록 일러준다. 지혜는 숙명을 하나의 필연으로 곱게 받아들이는 데 있다. 그의 이와 같은 최종적 관점은 흔히 비극의 갈등을 풀어주는 역할을 하는 코러스를 통해서 『안티고네』의 마지막에 다음과 같이 나타난다.

> 행복의 왕관,
>
> 행복의
>
> 절정은 지혜로다.
>
> 신들을 두려워할지로다.
>
> 자존심이 꺾임을 알게 되지만
>
> 그땐 이미 우린 늙은 때이다.
>
> 이것이 천리天理로다.

소포클레스는 자신의 작품 『안티고네』에서 인간의 소용없는 비극을 피하는 방편으로 숙명을 달게 받아들이고 운명과 타협하며, 아량 있는 지혜를 가질 것을 강조하고 있다. 반면에 아누이는 같은 『안티고네』의 이야기 속에서 모든 것을 무릅쓰고 자기 자신의 신념을 펼쳐나가는 강한 여인 안티고네, 즉 한 인간의 자유의 힘을 보여준다. 한 개인, 연약한 여인 안티고네의 자유로운 자기대로의 가치의 주장은 그 누구도, 그 무엇도 꺾을 수 없다. 이 이야기의 비극은 숙명이나 운명이 아니라 자유로운 인간들에 의해서 조작된 사건에 불과하다.

『안티고네』를 통해서 본, 시대를 달리하는 두 작가의 입장은 형이상학적 견해도 그 자체로 철학적으로 흥미롭고 중요한 문제임은 틀림없으나, 이 작품에서 볼 수 있는 보다 더 흥미롭고 또 보다 더 우리들 실생활과 직접적으로 관련되는 중요한 철학적 문제는 다음과 같다. 즉, 서로 모순되는 크레온과 안티고네의 행동의 규준을 어떻게 분석하고 그들 속에 갈등하는 두 개의 윤리를 어떻게 옳고 그른 것으로 판단해야 할 것인가이다. 다시 말하면 크레온의 태도는 옳았는가, 안티고네의 태도는 옳았는가를 결정할 필요가 있다는 것이다. 두 개의 태도가 모순되는 이상 두 사람의 태도를 모두 옳다고는 볼 수 없게 마련인 데 문제가 있다. 더 구체적으로 말해서, 우리가 크레온이나 안티고네였더라면 어떻게 행동을 해야 할 것인가를 분석하고 알아내야 한다. 우리는 항상 선악을 구별해야 할 입장에 서게 되는데, 그렇다면 어떠한 합리적인 근거를 밑받침으로 해서 선악이란 윤리적 판단을 내리고 그에 따라 행동해야 할 것인가를 생각해볼 필요가 있다.

먼저 윤리적 문제의 성격을 살펴보자. 단적으로 말해 윤리적 문제는 특히 행동의 선악을 구별하는 문제이다. 일상생활에서 우리들은 이런 구별을 해야 한다는, 혹은 하고 있다는 의식조차 하지 않는 경우가 많다. 왜냐하면 우리들의 일상생활에서 대부분의 행동은 거의 자동적으로 무의식 속에서 선악을 자명한 사실처럼 구별하기 때문이다. 그러나 때때로 종래 습관적으로 해왔던 자연스러운 선악의 규준에만 따를 수 없게 되는 경우가 생긴다. 예를 들자면, 사람을 죽이는 것은 가장 큰 악의 하나인데도 불구하고 국토방위를 위해 전쟁터에서는 사람을 죽이면 죽일수록 선한 행동을 하는 것으로 여겨지는 경우가 있다. 한 인간으로, 그리고 한 국민으로서의 '나'는 이런 경우 어떻게 행동을 취하는 것이 윤리적인 것일까? 바꿔 말하면 윤리적 문제, 윤리의식은 가치의 갈등 혹은 충돌 속에서 나타난다. 이러한 행동의 갈등이나 충돌은 수학 문제를 풀 때 모르는 문제가 나오면 그것을 풀지 않고, 다른 문제로 넘어가는 경우와는 달리 미해결인 채로 남겨둘 수 없는 긴박함과 절실함을 갖고 있다. 내가 싫건 좋건, 내가 찬양을 받건 벌을 받건 간에 나는 전쟁에 나가서 사람을 죽이든가, 그렇지 않으면 병역을 거절함으로써 국가의 요청을 저버리는 결단을 내려야만 한다.

『안티고네』의 경우, 안티고네는 국가의 안녕을 위해 자기 오빠 폴리네이케스를 저버리든지, 혹은 그 반대의 태도를 취해야 한다. 크레온은 자기의 조카딸과 자기 아들을 죽음으로 몰아넣든지, 그렇지 않으면 국법을 저버려야 한다. 한 가치를 취하면 또 하나의 가치를 부정하게 되는 이율배반의 상황 속에서 어떠한 합리적 근거를 갖고 행동을 택해야 하는가? 문제는 가치의 양자택일을 어떻게 할 것인가를 아는 데 있다. 안티고네나 크레온의 경우를 들어 말하자면, 어떻게 선악을 판단하는가, 윤리적 규준을 어디에 두고 결정을 내려야 하는가에 있다.

모든 판단이 그러하듯이 하나의 가치판단인 윤리적 판단, 즉 선악의 판단도 반드시 하나의 판단 규준을 전제로 한다. 크레온과 안티고네의 태도, 그리고 그들의 결심에 따르는 갈등과 충돌은 그들이 각기 정반대의 윤리적 규준을 갖고 있는 데 기인한다.

크레온의 선의 규준과 안티고네의 선의 규준은 같지 않다. 크레온에게 있어서 최상의 가치는 국가의 안정과 번영에 있으며, 안티고네에게 있어서 최상의 가치는 누이동생으로서의 혈연적 의무를 수행하는 데 있다. 따라서 크레온에 있어서는 국가의 안정이 선의 규준이 되지만 안티고네에 있어서는 각자 자기 자신의 소신대로의 행동이 선의 규준이 된다. 크레온은 다음과 같은 선언으로 자기의 태도를 분명히 한다.

> 내 생각엔 옛날이나 지금이나 변함이 없다.
> 공포에 떨거나 충고를 듣지 않으려는
> 왕은 끝장이다.
> 또 이에 못지않게 분명히 해야 할 것은
> 한 벗의 이익을 국가의 이익 위에 놓는 그런 왕이다.
> 내가 그런 왕도 좋아하지 않는다는 사실이다.
> 모든 것을 내려다보시는 하늘 위 신이 내 증인이지만,
> 내 백성을 위협한다면

그것이 무엇이건 간에 난 그것에 도전하리라.
국가의 적이 되는 어떤 자도
나의 벗은 될 수 없으리라.
의심의 여지 없이, 우리의 나라는 우리의 생명이다.
나라가 평온할 때야 비로소
우린 친구를 생각할 수 있다.

크레온의 원칙에 대립되는 안테고네의 원칙은 다음과 같은 크레온에 대한 그녀의 답변에서 명백히 나타난다.

그렇습니다. 저는 당신의 어명을 거역합니다.
당신의 어명은 하느님으로부터 온 것이 아닙니다.
하늘 아래 제신과 더불어 살고 있는 정의에는 그런 법이 없습니다.
당신의 칙령은 쓰지 않았으나
변할 수 없는 하느님과 하늘의 법을 능가할 수는 없다고 믿습니다.
왜냐하면 당신은 오직 하나의 인간에 불과하니까요.
신의 법은 어제와 오늘로 변하는 법이 아니라 영구한 법입니다.
하기야 그 법이 어디서 왔는지 말할 사람은 아무도 없지만요.

크레온과 안티고네의 싸움은 논리적 대화를 통해서 해결할 수 없는 성질의 것으로 오직 힘과 힘의 갈등이며 충돌이다. 이 싸움은 한쪽의 힘이 또 한쪽의 힘에 의해서 제거됨으로써만 해결될 수 있다. 왜냐하면 그들은 각기 두 개의 다른 가치와 원칙을 전제하고 있기 때문이다. 결국 어느 쪽이 옳았는가 하는 판단은, 크레온이나 안티고네와 똑같은 차원에서 똑같은 규준을 가질 때만 가능하다. 그렇다면 윤리적 판단, 즉 선악은 이성을 통해서 결정될 수 있는 것일까?

먼저 우리가 명백히 해두어야 할 것은 '선' 혹은 '악'의 뜻일 것이다. 선과 악이 정반대의 개념이라면 '선'의 뜻을 알 때 '악'의 뜻도 자동적으로 밝혀진다.

"꽃은 무엇인가?" 라고 할 때, 내가 꽃의 뜻을 알고 모름은 내가 '꽃'이 지적하는 사물이 무엇인가를 아느냐 모르느냐에 달렸다. 혹은 "꽃은 붉다" 할 때 내가 붉다라는 뜻을 알고 모름은 그 '붉다'라는 말이 어떤 현상 혹은 상태를 가리키는가를 알고 모름에 달렸다. 이와 마찬가지로 "선善을 따라야 한다"고 말할 때, 우리들은 마치 '선'이 어떤 사물 혹은 보이지 않는 실체를 지적하는 말이라고 생각하게 되고, 또는 "복돌이는 착하다" 라고 할 때 '착하다'라는 말은 어떤 신비스러운 착한 상태를 묘사하거나 지적하는 것으로 생각하기 쉽다. 실상, 몇천 년을 두고 평범한 사람들은 물론이고, 위대한 많은 철학가들 가운데는 오늘에 이르기까지 '선'이 물질적 현상이나 실체가 아닐지라도 어떤 신비스러운 객관적인 실체로 존재하고 있는 것으로 믿어왔다. 그리스의 플라톤이나 독일의 현대철학자 하르트만N. Hartmann이나 후설E. Husserl 같은 이들이 위와 같은 예에 속하는 사람들이다.

그러나 이들의 견해는 잘못된 것으로, 이 잘못은 문법적 구조와 논리적 의미를 착각 내지 혼돈한 데 기인한다. '꽃은 무엇인가?'라는 표현과

'선은 무엇인가?' 라는 표현, 혹은 '꽃은 붉다' 라는 표현과 '선은 아름답다' 라는 표현은 문법구조상 같지만, 의미의 관점에서 볼 때 판이하다. '꽃' 이나 '붉다' 라는 말은 객관적인 무엇인가를 서술하는 기능을 갖고 있지만, '선' 이나 '착하다' 라는 말은 말하는 사람의 태도를 나타내는 데 그치고 만다. 우주 어느 구석에서도 '선' 이나 '착함' 의 실체를 찾아볼 수 없다. '선' 은 존재하지 않는다.

그렇다면 '선' 은 어떤 태도를 의미하는가? '선' 이 단순한 한 개인의 태도를 말한다면 객관적인 '선' 의 규준은 설 수 없지 않은가? 따라서 아무도 무엇이 선인지 악인지를 분간할 수 없지 않은가?

선은 사물이나 사실을 가리키는 것이 아니라 사람의 행동을 평가하는 말이다. 모든 평가가 그렇듯이 선의 평가도 어떤 평가의 규준에 의해야 하는데, 철학사를 통해서 볼 때 전통적으로 대개 두 개의 서로 다른 규준이 주장되어 왔다.

첫째, 실용주의적 관점이다. 이는 영국의 철학자 밀J. S. Mill에 의해서 대표되는 관점이다. 그에 의하면 선이란 별것이 아니라 '최대다수의 사람들에게 최대한 행복을 가져오는 행동' 에 불과하다. 다시 말하면, 가장 많은 수의 사람들의 욕망을 가장 잘 채워줄 수 있는 행동이 선이다. 가령, 전쟁의 예를 다시 들어 말한다면, 만일 전쟁을 함으로써 최대다수의 사람들에게 최대한의 기쁨을 가져온다면 다소 희생자가 나오는 것이 확실해도 그러한 희생을 내는 것이 선한 행동이 될 것이다. 따라서 어떤 것이 선한 행동인가는 경우에 따라 달라지게 마련이다.

왕위에 오른 크레온의 태도는 실용주의의 관점에 있다. 그는 국가라는 전체의 안정과 국민 전체의 행복을 위해서, 폴리네이케스를 매장하지 않는 것이 하나의 미신에 근거한 우매한 처벌이라는 것을 알면서도, 그리고 또 조카딸 안티고네를 개인적으로 미워할 아무런 이유도 없으면서 그는 자기의 의지와 원칙을 굽히지 않고 반항하는 안티고네를 처형한다.

밀이나 크레온이 택한 실용주의적 선의 관점에는 어쩔 수 없는 맹점이 있다. 모든 동물은 본능적으로 자신이나 혹은 자기 종족의 보호와 번영을 위해 행동한다. 그러나 우리는 그들의 행동을 윤리적인 차원에서 따지지 않는다. 왜냐하면 그들의 행동은 본능에 기인하는 것이고 의식적인 것이 못 되기 때문이다. 의식이 없는 곳에 원칙이 있을 수 없다. 다시 말하자면 윤리적 행동, 선악을 구별하는 행동은 반드시 어떤 원칙을 전제로 해야만 한다. 원칙 없는 원칙을 의식 없이 따를 때, 아무리 좋은 결과를 낳는 행동도 윤리적인 행동이 될 수는 없다. 이런 의미에서 처음부터 원칙이 부정되는 실용주의에서는 하나의 윤리체계를 세울 수 없다.

둘째로 철학에 있어서 또 하나의 선善의 규준은 실용주의와 반대되는 칸트주의로 나타난다. 이 주의를 원칙주의 혹은 형식주의라 불러도 좋을 것이다. 이 주의의 요점을 말하자면, 선이나 악은 어떤 결과에 의해서 결정되지 않고 어떤 행동이 한 절대적인 원칙, 즉 어떤 신비스러운 윤리적 법칙에 맞느냐 안 맞느냐에 따라 결정된다는 것이다. 독일의 위대한 철학자 칸트I. Kant에 의하면, 우주를 다스리는 물질세계에 만물의 법칙이 있는 것과 똑같이 인간에게도 옳고 그른 행동의 신성한 윤리의 법칙이 존재한다. 따라서 내 행동의 결과가 나 자신에게 혹은 내 국가에 혹은 인류 전체에 해로운 결과를 가져오는 한이 있다 하더라도, 만약 내 행동이 윤리의 법칙에 맞는 것이라면 내 행동은 선한 것이다. 크레온과는 반대로 안티고네는 이런 원칙주의라고 부를 수 있는 칸트와 똑같은 윤리관을 갖고 있다. 그녀는 그녀의 반항이, 그녀의 여동생 이스메네의 말마따나 아무런 소용이 없을 뿐더러, 오히려 더 많은 불행을 갖고 올 것을 알면서도 '영구불변의 신이 만든 윤리적 법칙'을 따른다. 안티고네는 이 지상에서의 관점을 초월하여 더 높은 관점에서 볼 때, 비록 이 지상에선 악처럼 보일지라도 실상은 선인 행동의 법칙을 따르는 것으로 믿고 있다. 그리고 그녀는 그런 행동만이 참다운 윤리적 행동이라고 본다.

칸트의 이론, 그리고 안티고네의 태도로 대표되는 원칙주의는 버릴 수 없는 진리의 일면이 있긴 하지만 실용주의에 못지않게 큰 약점을 가지고 있다. 첫째, 그들이 존재한다고 믿고 있는 신성한 윤리 법칙(률)은 결코 인간을 떠날 수도 없고, 인간 아닌 어떤 존재도 인간의 행동을 규정하는 법칙을 만들었다고 생각할 수 없다. 이른바 칸트의 절대적 윤리 법칙은 인간 이성의 소산이며, 이른바 기독교에서 말하는 하나님의 십계명도 인간이 '신'이란 가상물을 통해서 만들어낸 인간 이성의 투영에 불과한 것으로 보인다. 또 한편으로 생각해볼 때 이른바 윤리 법칙이 어떤 성질이든 행동은 무엇인가를 위한 행동, 즉 어떤 효과를 목적으로 하는 행동이 아니고는 선이 될 수 없고 악이 될 수도 없다. 목적의식 없는 행동이란 이른바 무의식의 행동이나 혹은 무상적 행동에 불과할 것이기 때문이다. 더 구체적으로 말해서 어떤 행동이든 인간을 위한 목적의식이 없다면 그 행동은 결코 선한 행동이라고 생각될 수 없다.

원칙을 도외시하고 언제나 결과만을 맹목적으로 노리는 행동이 윤리성을 가질 수 없는 것과 똑같이 원칙만을 위해서 결과를 고려하지 않는 행동도 윤리적인 행동일 수 없다. 크레온의 태도는 전자의 극단적 예이며 안티고네의 태도는 후자의 극단적 예이다. 따라서 크레온과 안티고네의 태도는 윤리적으로 비판받을 수밖에 없다. 행동의 원칙과 결과를 동시에 고려하고, 그에 따른 논리적 판단에 입각한 행동을 취할 때 그 행동은 윤리적 행동으로 발전한다.

그렇다면 행동의 원칙과 그 결과는 어떠한 관계를 갖고 있는가? 모든 가치와 마찬가지로 윤리 판단도 어떤 규준 혹은 원칙을 전제로 해야 하는데, 그 원칙은 어떤 초월적인 세계에 처음부터 존재하는 것이 아니라 인간이 사회생활을 하는 데 필요하다고 느꼈기 때문에 인간에 의해서 만들어진 규율 혹은 법, 즉 사회적 룰에 불과하다. 다시 말하면, 윤리적 법칙 혹은 원칙은 사회에의 효과 혹은 실용성에 의해서 결정되는 것으로 봐야 한다. 따라서 시대가 바뀌고 장소가 바뀔 때, 윤리적 법칙도 달라진다.

반면에 행동의 가치는 반드시 원칙에 의해서 평가되게 마련이다. 아무리 많은 효과를 가져오는 행동일지라도 어떤 원칙에 의거하지 않은 행동, 즉 맹목적인 행동은 윤리적 판단의 대상이 될 수 없다. 바꿔서 말하자면, 행동의 원칙과 결과는 이른바 변증법적 관계를 갖고 있다.

결과, 즉 행동이 가져올 효과에 의해서 원칙은 결정되고, 행동의 결과는 이미 세워진 원칙에 의해서 결정된다. 따라서 원칙은 언제나 바뀔 수 있어야 하며, 한편 행동은 언제나 합리적인 뒷받침을 받을 수 있어야 한다. 베르그송Henri Bergson이 말한 '열린 윤리'와 '닫힌 윤리'의 관계는 특별한 것이 아닌 이런 원칙과 결과의 변증법적 관계를 말하는 것이다. 베르그송에 의하면 '열린 윤리'는 이미 존재하는 윤리의 법칙 혹은 원칙을 부정함으로써만 가능하다. 기성적 윤리관으로 볼 때 '열린 윤리'는 비윤리, 혹은 악에 속한다. '열린 윤리'는 이미 존재하는 윤리 원칙을 부정함으로써만 가능하기 때문이다. 이와 같은 '열린 윤리'는 성인이나 영웅 같은 위대한 반역자들로 대표되고, 이런 반역자들에 의해서 새로운 가치, 새로운 논리가 성립된다. 예수·루소·루터·마르크스·링컨 같은 사상적 반역자들에 의해서 인류의 윤리관은 성장한 것으로 보아야 한다. 반면에 '닫힌 윤리' 속에 사는 사람은 대부분의 사람들로, 예를 들어 말하자면 이전 시대의 구습을 고집하는 인물들에게서 나타나는 여러 가지 윤리관이라 하겠다. 그들은 전통적 윤리 기준을 재검토하고 비판할 생각을 전혀 해보지도 않고 모든 행동의 선악을 그들이 절대적인 것으로 생각하는 기성의 윤리 원칙에 의해서만 판단하려 한다. 윤리 판단에 있어서 원칙과 결과의 관계가 확실해질 때 우리들은 보다 더 올바르게 선악을 구별할 수 있을 것이며, 그러므로 우리들의 윤리적 행동은 보다 더 질서 있고 합리적인 것이 될 수 있다.

안티고네가 크레온의 윤리관으로 대표되는 기성 윤리를 부정하고 나서면서, 그보다 높은 차원에서 선악의 규준을 주장한 점으로 보아, 그녀는 확실히 이른바 '열린 윤리'를 대표하고, 크레온은 기성 가치를 의심하지 않고 그것을 고집하는 점에서 볼 때 '닫힌 윤리'를 대표하는 것으로 생각된다. 그러나 윤리가 오로지 사회적인 필요에서 나왔다는 것을 고려할 때, 한 사회의 안녕을 무시하고 그것을 넘어선 차원의 윤리는 위험천만한 경우가 많다. 예수나 마르크스가 기성 윤리를 뒤집고 나옴으로써 반사회적인 태도를 취한 것 같지만, 사실 그들은 보다 더 넓은 의미에서의 사회적 안녕을 잊지 않았던 것이다. 안티고네의 폴리네이케스에 대한 의무감과 희생에는 인간적으로 장하고 아름다운 바가 없지 않다. 그러나 그녀의 행동이 살아 있는 구체적 인간으로 이룩된 사회를 전혀 고려하지 않았다는 점 때문에 그녀의 태도는 윤리적인 것이 될 수 없고, 그녀의 결론은 합리성을 결여하고 있다고 봐야 한다. 이런 의미에서 크레온의 논리에는 매력이 적을지도 모르지만 그의 논리가 훨씬 옳고 그의 윤리관이 안티고네의 그것에 비해서 정당한 것으로 보인다. 인간을 떠난, 윤리 법칙이나 가치는 있을 수 없다. 인간을 떠난, 인간 전체의 복지를 떠난 선이나 악은 있지 않다. 한편 원칙이나 규준 없는 행동은 선악, 즉 윤리적 판단의 밖에 있다. 윤리적인 판단은 직관이 아니라 논리적인 작업이어야 한다.

악이란 무엇인가

⋮

볼테르 · 『캉디드』

18세기 유럽 문단을 주름잡던 지성의 거인, 프랑스가 낳은 문인이자 철학가인 볼테르Voltaire(1694~1778)는 또 다른 지성 루소와는 달리 어디까지나 이성만을 믿고 이성으로써 인간 생활을 보다 높일 수 있다고 확신한 합리주의자이다. 그는 또한 모든 미신이나 종교, 실증할 수 없는 형이상학은 환상에 지나지 않는 것으로 일축하고, 당대의 몽매한 사람들을 일깨우는 데 온갖 역량을 쏟은 계몽주의자이기도 하다. 볼테르는 당시의 모든 지성인들이 겁을 먹을 정도로 신랄했던 독설가이며 모든 문제를 다룬 귀재이기도 하다.

그러나 3세기가 흐른 지금 되돌아볼 때 그의 많은 저서 가운데서 현재에도 깊이 있는 문제작이라고 내세울 것은 거의 없다. 당시에는 그의 사상과 감수성이 기발하고 독창적이었지만, 현대의 관점에서 보면 상식적인 것이 되었기 때문이다.

단편소설 『캉디드』도 내용으로 보면 퍽 상식적이지만, 이 작품의 신랄하고 폭소를 자아내는 철학적 이론에 대한 풍자성은 이 작품을 영원히 살아 있게 하고 빛나게 한다. 이 작품은 당시나 지금이나 많은 사람들이 애독하는 걸작이다.

작품 『캉디드』의 주제는 극히 단순하고 명확하다. 볼테르는 이 책을 통해 합리주의철학의 대표적인 이론을 세운 철학자 라이프니츠G. W. Leibniz의 철학, 특히 그의 악에 대한 철학적 해석을 풍자하려는 것이다. 라이프니츠는 절대적 낙관주의를 대표한다. 그의 이론에 의하면 모든 존재와 사건은 이른바 '충족이유'를 갖고 필연성을 벗어날 수 없다. 그는 이와 같이 이루어진 우주는 "가장 조화로운 우주, 즉 가장 완전할 수 있는 우주"라고 주장했다. 따라서 우리가 살면서 만나게 되는 모든 재난, 모든 악도 이러한 조화로운 우주를 위해서 없어선 안 될 요소라고 봐야 한다. 라이프니츠의 철학에 의하면 모든 악은 멀리할 것이 아니라 오히려 반겨야 한다. 왜냐하면 그것은 가장 조화로운 세계에 필요한 요소가 되기 때문이다. 이 철학에 의하면 모든 것은 정당화되고 어떤 사건과 존재로 당연한 것으로 봐야 한다. 다시 말하면, 라이프니츠는 철저한 낙관주의의 절대적 결정론을 대표한다.

이 세상에는 고통이 있고 질병이 있고 부정이 있고 악인이 있고 재난이 있다. 이 모든 것들은 인간 생활에 불행을 안겨준다. 보통의 상식적인 눈에는 이 같은 세상, 이 같은 인생이 조화롭고 완전한 것 같이 보이지 않는다. 우리는 인간 생활에 부정적인 요소가 되는 존재와 사건을 '악'이라고 부른다. 세상에는 악이 있고, 인생은 악에 의해서 괴로워진다. 볼테르는 작품 『캉디드』를 통해서 이런 상식적인 관점에서, 라이프니츠의 철학을 야유한다.

어느 귀족의 성에 아주 착한 성격을 갖고 태어난 젊은이가 살고 있었는데 그는 마음이 단순하고 생각이 곧았기 때문에 순박하다는 의미의 '캉디드candide'라고 불렸다. 캉디드는 팡그로스라는 가정교사 밑에서 교육을 받게 된다. 팡그로스는 캉디드에게 '형이상학적 신학과 우주학'을 가르치는데, 그는 철두철미하게 라이프니츠의 철학 이론을 믿고 있는 자이다. 따라서 그는 모든 것을 있을 수 있는 가장 좋은 상태라고 믿고 있다. 순박한 제자 캉디드는 가정교사의 얘기를 모두 믿는다. 그사이 캉디드는 성에서 함께 교육을 받던 영주의 아름다운 딸 큐네공드와 사랑에 빠져 첫 키스를 하다가 영주에게 들켜 성에서 쫓겨난다.

소설은 순진한 캉디드가 성에서 쫓겨난 후 강도들에게 걸려 사경을 헤매는 사건에서 시작하여 리스본 항에서, 남아메리카에서, 영국에서, 프랑스에서, 그리고 마지막으로는 터키에서 스스로 겪고 목격하고 듣게 되는 사람들의 악독함과 자연적인 재난, 즉 모든 악의 기록으로 시종한다. 이와 같은 세상의 불행을 경험함으로써 순진한 캉디드의 마음은 차츰 흔들리고 그가 믿었던 가정교사 팡그로스의 낙관주의에 회의를 갖게 된다.

한편 캉디드는 또 하나의 극단적 세계관을 갖고 있는 학자 마르탱을 만나게 되었는데, 그는 모든 것이 최악의 상태에 있다고 믿는 인물이다. 결국 캉디드는 헤어졌던 애인 큐네공드와 터키에서 재회하고, 지혜로운 터키 농부를 만나 팡그로스와 마르탱의 극단적인 세계관을 버리고 농부의 중용적 세계관을 따르게 된다. 이 소설의 마지막 결론은 "제 분수를 알고 살아라" 하는 것이다. 세상은 모든 것이 완전한 것도 아니요 모든 것이 최악의 상태에 있는 것도 아니다. 세상 사람은 모두가 악한 것도 아니요 모두가 착한 것도 아니다. 인생에는 행복도 있고 슬픔이나 고통도 있다.

볼테르는 극단적 낙관주의에 대해서 주인공 캉디드의 입을 통하여 다음과 같이 질문한다. "당신의 목을 매달고 팔다리를 잘라내고 잔인하게 두드려 박고 미소를 강제로 짓게 해도 모든 것이 최선의 상태에 있다고 보겠어요?" 캉디드는 라이프니츠의 낙관주의를 다음과 같이 비판한다. "모든 것이 잘되지 않는데 모든 것이 다 잘된다고 우기는 것은 일종의 광증이다."

한편 볼테르는 다른 한 개의 극단론도 비판한다. 낙관주의와 정반대되는 철저한 비관주의를 대표하는 학자 마르탱은 "아무도 갈 수 없는 지상천국에 존재하는 이들을 빼놓고는 이 세상엔 덕 있는 사람도 행복한 사람도 거의 없다"는 것을 열심히 캉디드에게 증명하려 한다. 비관주의자 마르탱은 지구가 생긴 이유가 "우리들을 미치게 만들기 위해서"라고 믿고 있다. 이에 대해서 캉디드는 "하지만 세상엔 그래도 좀 좋은 것이 있지 않아요?" 라고 대응한다.

결국 캉디드의 결론은 일종의 중용의 미덕을 찾는 것이다. 다시 말하자면, 세상과 우리들의 인생은 라이프니츠적 낙관주의와는 달리 완전히 만족스럽지 않다. 그렇다고 세상과 인생은 완전히 절망해야 할 것도 아니다. 인생은 괴로움도 있지만 즐거움도 있다. 우리들은 분수에 맞게 괴로움을 극복함으로써 조금씩이나마 즐거움을 찾을 수 있다.

볼테르는 작품 『캉디드』를 통해서 라이프니츠의 악에 대한 이론을 몰아세우려는 것은 아니다. 그가 이 작품에서 보여주려는 것은 중용의 미덕이요, 생을 살아가는 지혜다. 그러나 볼테르가 문제 삼는 라이프니츠의 낙관주의가 악에 대한 철학적 이론을 바탕으로 하는 만큼, 악에 대한 철학적 고찰은 그대로의 흥밋거리이고 중요한 문제이기도 하다.

악이란 무엇인가? 우리는 무엇을, 어떤 경우에 악이라고 부르는가? 자연으로부터 오는 재난, 병, 심리적 고통, 악독한 마음, 죽음 등 인간에게 슬픔이나 괴로움을 가져오는 존재·사건·상태 등을 우리들은 악이라고 부른다. 세상과 인생은 이런 것으로 가득 차 있는 것이 사실이다. 불행한 처지에 놓이면 우리들은 우리의 삶에 왜 이러한 '악'이 존재하는지 회의에 빠질 때가 있다. 우리들은 마치 이웃 사람들에게 말하듯이, '왜 장마가 와서 날 괴롭히나', '왜 내가 넘어져서 코를 다치게 됐나', '왜 나는 암에 걸려 죽어야 하나'라고 생각하며 하늘을, 하느님을, 암을 야속하게 여기게 된다. 그러나 악은 나무나 책과 같이 정말 존재하는 무엇인가? 정확히 우리는 무엇을 악이라고 부르는가? 예를 들어 죽음을 생각해보자. 한 사람의 죽음은 그의 가족이나 친구에게 슬픔을 가져온다. 그러나 그 죽음은 장의사 집에는 즐거움을 가져올 수도 있고, 그의 죽음을 계기로 유산을 얻거나 출세를 하는 사람들에게는 즐거움이 될 수 있다. 따라서 죽음 자체가 반드시 악이 될 수는 없다. 이와 같은 사실은 악에 대한 문제를 어렵게 만든다. 무엇이 악인지 더욱 혼란스럽게 된다.

악의 문제가 철학적인 문제가 된 것은 종교, 특히 기독교와 밀접한 관계를 갖고 있다. 기독교는 전능하고 무한히 착한 신의 존재를 전제로 한다.

그렇다면 어떻게 해서 그러한 신이, 많은 인간에게 헤아릴 수 없는 고통을 주는가가 문제가 된다. 전능하고 무한히 자비로운 신의 개념과 불행이 가득한 속세의 불완전한 현실과의 사이에 모순이 생긴다. 이 모순은 기독교가 안고 있는 큰 문제이고, 이 모순으로 인해 기독교는 많은 신자를 잃고 있다고 볼 수 있다. 이에 대한 기독교적 해결 방식은 특히 키르케고르Kierkegaard가 명확히 한 것처럼 신의 차원과 인간의 차원, 즉 종교의 차원과 윤리의 차원이 다르다는 것을 믿는 것이다. 창세기에서 믿음이 깊은 아브라함이 아무 이유도 없이 자기의 사랑하는 아들 이삭을 제물로 바치라는 신의 명령을 들었을 때 아브라함은 종교의 차원과 윤리의 차원 사이에서 갈등을 겪는다. 신의 명령인 이상 무조건 들어야 하지만 만약 신의 명령을 따른다면 윤리적으로 악을 범하게 된다. 왜냐하면 신의 명령은 자기의 아들을 아무 이유도 없이 희생하라는 것이기 때문이다. 아브라함은 자기의 아들을 사랑한다. 그러나 아브라함은 윤리를 종교에 종속시킴으로써 아들을 희생하려 했고 그럼으로써 마침내 신의 은총을 받아 아들을 다시 찾게 된다. 이와 같은 기독교의 해석과 문제의 해결은 더 큰 문제를 남기게 된다. 이런 방식은 우리가 기독교의 진리를 무조건 믿는다는 것을 전제할 때만 해결이 가능하다. 그러나 모순이 있는 어떤 진리를 믿는다는 것은 그 자체가 큰 문제다. 기독교의 교리는 정상적인 건전한 이성으로는 이해가 되지 않고 받아들일 수 없는 점을 내포하고 있다.

기독교가 아니라도 악이 철학적인 문제로 제기되는 것은 앞서 말한 것처럼 라이프니츠와 같은 절대적인 결정론에서이다. 되풀이되지만 라이프니츠는 우리가 알고, 보고 있는 세상을 무한한 가능성 중에서 가능한 하나의 세계로 보았을 뿐만 아니라 이 세상을 그중에서도 가장 완전한 세상으로 보았다. 모든 사건과 존재는 반드시 필연적인 충족이유를 갖고 있고 그러므로 모든 것은 정당한 것으로 보았다. 그에 의하면 우리가 체험하고 있는 악이라는 것도 정당한 이유가 있는 것이다. 라이프니츠는 "만약 악이 존재하지 않는다면 세상은 그만큼 덜 완전한 것이 될 것이다"라고 주장한다. 왜냐하면 그러한 세상은 무엇인가 하나가 부족한 것이기 때문이다. 따라서 악도 완전한 세상을 이루는 데 불가피한 요소가 된다. 이와 같은 악의 정당화는 볼테르의 작품 『캉디드』에서 충분한 희롱의 근거가 된다.

기독교의 교리가 절대적으로 착하고 전능한 신을 전제로 악의 문제를 해결해 더 큰 문제를 일으키는 것과 같이 라이프니츠적 절대적 낙관주의는 우주를 '완전'한 것으로 생각하는 데서 문제가 시작된다. 더 단적으로 말해서 두 관점은 우주를 하나의 전체로 '선善' 또는 '사랑'이라든가 혹은 '완전'이라든가 하는 개념으로 보는 데 문제가 있다. 기독교의 근본 개념 '사랑' 또는 '선'이나 라이프니츠에 있어서의 기본적 형이상학적 개념인 '완전'이라는 개념은 사실 혹은 사물, 즉 존재를 기술하는 객관적 또는 인식적 개념이 아니라, 존재에 대한 주체로서의 인간의 심리적 태도를 나타내는 가치의 개념이다. 일단 우주 전체의 존재를 '사랑'이라고 보든가 혹은 '완전'이라고 볼 때, '사랑'이나 '완전'이란 개념은 '증오' 혹은 '결함', 즉 '악'이란 개념과 대립된다. 우리는 살아가는 동안 '증오' 혹은 '결함'과 같은 이른바 악을 자주 체험하게 된다. 그렇다면 이러한 부분적으로 보는 '악'과 모든 존재가 '사랑'이나 '완전'

이라고 보는 관점은 서로 충돌이 생기게 된다. 이러한 모순의 해결에는 두 가지의 길이 열려 있다. 우리가 경험하는 악이 실제로는 존재하지 않는 것으로, 일종의 인간적 착각에서 오는 것이라고 보든가, 혹은 우주 전체의 존재를 '사랑' 이나 '완전' 이라고 보는 생각을 버려야 할 것이다. 기독교와 라이프니츠의 해결책은 전자의 방법을 택하고 있다. 그러나 우리에게나 혹은 볼테르에게는 악의 존재가 환상이 아니라 부정할 수 없는 사실로만 나타나기 때문에 기독교의 입장과 라이프니츠의 절대적 낙관주의를 버려야만 할 것이다.

위와 같은 문제는 오랫동안 많은 철학가들의 머리를 괴롭히고 그 밖의 많은 사람들에게 해결할 수 없는 문젯거리로 여겨지고 있음에도 불구하고 사실, 좀 더 생각하면 헛문제, 사이비문제임을 알 수 있다. 위와 같은 문제가 문제로 보였던 까닭은 존재에 대한 개념과 가치에 대한 개념을 확실히 구별하지 못한 데 기인한다. 좀 더 구체적으로 말하자면, 악에 대해 잘못된 해석을 하고 있었기 때문이다.

존재하는 것은 그 자체로 보면 '완전' 하지도 않고 '선' 하지도 않다. 존재하는 것은 그냥 그대로 존재하고 있을 따름이다. '완전' 이라든가 '선' 이라는 개념은 다만 우리들이 존재하는 것에 대하여 평가하는 태도를 나타낸다. 이와 마찬가지로 악은 존재하지 않는다. 악은 인간이 사물·사건에 대해 취하는 태도를 나타낼 뿐이다. 다시 말하면, 어떤 사물이나 사건 또는 사태나 행동이 경우에 따라서 악으로 나타나게 되는데, 그것은 사건·사물 혹은 사태·행동 그 자체가 악이라는 것이 아니라 그러한 것들이 우리들에게 좋지 않은, 즉 싫은 것이나 부정적인 것으로 보인다는 것이다. 따라서 악은 선과 마찬가지로 상대적인 것이다. 각 개인의 그때그때의 상황에 따라 어떤 것은 악으로도 보이고 어떤 것은 선으로도 보인다. 다시 말하자면 악이나 선, 그리고 그 밖의 모든 가치 평가적 개념은 한 개인의 좋아하고 싫어함을 나타내는 것이다. 예를 들면 여름 장마 때 특정 지역이 겪게 되는 수해를 '자연의 악'이라고 부르는 것은 다른 말로 하면 그때 그 지역에서 살고 있던 사람들이 그러한 폭우를 싫어했다는 말에 지나지 않는다. 악을 비롯해서 모든 가치는 언제나 필연적으로 인간적인 태도를 벗어나지 못하는 것으로 산이나 암과 같이 객관적인 존재가 아니다. 따라서 악의 문제는 형이상학적이거나 종교적인 것이 될 수 없고 인간적인 해석으로 해결을 얻어야 한다. 자연의 재화災禍나 암, 도둑, 사기꾼은 우리들을 괴롭히고 불행하게 한다. 죽음은 우리들을 슬프게 한다. 이렇게 '악'이라고 불리는 것들은 형이상학적이거나 종교적 합리화가 가능한 성질의 것도 아니고 또 그래서는 안 된다. 우리들은 가장 현실적이고 합리적인 방법으로 우리를 괴롭히는 사물·사건·행동을 제거해야 할 뿐이다. 따라서 악은 비단 개인적인 문제일 뿐 아니라 사회적이고 정치적인 문제이기도 하다.

악은 인간의 태도를 나타내는 데 불과하고 따라서 어떤 사건이나 존재가 악이냐 아니냐의 문제는 경우와 장소, 그리고 개인에 따라 달라지는 것이고 상대적인 것에 지나지 않는다. 그렇다면 한 개인은 자기 마음대로 어떤 것을 악 혹은 선으로 가를 수 있는가? 이론적으로는 그렇다. 왜냐하면 만인이 좋아하는 어떤 사물 혹은 사건 또는 사태를 내가 증오한다고 해도 그 아무도 막을 수 없기 때문이다. 그러나 이와 같은 예는 이론상으로만 가능한 것이지 대부분의 경우 인간이 원하는 것은 근본적으로 비슷하고, 따라서 인간이 싫어하는 것, 즉 악이라고 부르는 것은 대동소이하다. 다시 말하면 악과 선의 기준은 각각 어떤 공통성을 갖고 있으며 어느 정도 객관성을 띠고 있다. 이것은 인간 역사의 장구한 경험을 통해서 도출해낼 수 있는 어느 정도 보편적인 이른바 '인간성'의 발견이라는 근거 때문이다.

동물로서의 인간은 무엇보다도 먼저 계속해서 생존하고자 한다. 따라서 인간에게 생존에서의 본능을 방해하는 모든 사건과 행동은 악으로 여겨진다. 또한 생존에의 본능 이외에도 인간에게는 명예욕이 있다. 이러한 욕망을 장해하는 것도 악으로 나타난다. 죽음 · 병 · 재난 등은 이와 같은 인간의 공통된 욕망을 장해하는 악으로 설명될 것이다. 또한 니체가 말했듯이 인간에겐 힘, 권력을 향한 욕망이 있다. 이와 같은 욕망을 방해하는 것도 당연히 악이 될 것이다.

악에 대한 설명은 다만 이것만으로 그치지 않는다. 각 개인은 누구나 똑같이 욕망을 갖고 있기 때문에 많은 경우 각 개인의 욕망 간에 알력이 생기게 마련이다. 개인의 입장에서 볼 때 나의 생존욕 · 명예욕 · 권력욕을 채우기 위해서 남들의 똑같은 욕망을 부정하고 제거해야 할 것이며, 그러한 행동은 자신의 욕망을 만족시키는 한에 있어서 '선'이 될 것이다. 그러나 우리는 불행히도 혼자만 살 수는 없다. 내 욕망이 강한 만큼 남들의 욕망도 강하고, 내 욕망이 존중되고 충족되어야 하는 만큼 남들의 욕망도 또한 존중되고 충족되어야 할 것이다. 이와 같이 각 개인 간 이해의 갈등을 조절하기 위해서 규율이 필요하다. 그리고 그 규율에 따라서 악과 선이 결정되게 마련이다. 부정·살인·부도덕·불성실 등과 같은 행위가 악한 것으로 취급되는 이유는 여기에 있다. 때문에 우리가 악으로 부르는 대부분의 것들은 사회적인 설명을 필요로 한다. 인간의 욕망에 어긋나는 사건·사물·사태가 존재하는 것이 사실이고 그것을 우리가 악이라고 부른다면 어째서 무엇 때문에 그러한 악이 존재하느냐 하는 의문이 철학에서도 더러 문제된 경우가 있었고 우리도 흔히 자문해 볼 수 있다. 볼테르의 야유를 받은 라이프니츠의 철학적 체계에 의하면 악은 가장 조화롭고 완전한 세계에 불가피한 요소로 설명이 되었고, 기독교에 의하면 그것은 신이 인간에게 준 하나의 시련으로 합리화되었고, 불교에 의하면 악은 우주의 인과관계를 모르기 때문에 나타나게 되는 인간의 환상에 지나지 않는 것으로 해석되고 있다.

그러나 악이, 존재하는 물건이나 사건이 아니라 인간의 사물과 사건에 대한 태도라는 것을 알게 된다면 위와 같은 문제가 성립될 수 없고 악에 대한 여러 가지 해석들이 공허한 논쟁임을 알게 된다. 하나의 나무가 어떤 목적이 있어 존재하지 않는 것과 같이 내 몸을 괴롭히는 암이나 내 생명을 앗아가는 죽음, 또는 내 마음을 괴롭히는 남들의 불성실은 무슨 목적이 있어 존재하는 것이 아니다. 죽음이나 암은 자연의 한 현상으로 나타나는 것이요, 남들의 불성실은 그들이 자신의 욕망을 채우기 위해 저지르는 행동의 결과에 불과하다. 이러한 꾀를 생각해내게 된 동기가 되는 그들의 욕망에는 무슨 목적이 있는 것이 아니다. 자연의 현상에 대해서 흔히 우리가 야속하게 생각하고 자연을 저주하는 것은 인간이 얼마만큼 자기중심에서 모든 것을 해석하고 있는가를 말할 뿐이다. 그러나 냉정한 입장에서 볼 때 서운할 수 있겠지만, 인간은 우주나 대자연의 극히 작은 현상에 불과하다는 것을 깨닫게 될 것이다. 볼테르는 위와 같은 견해를 다음과 같은 대화를 통해서 말한다.

캉디드는 터키에서 만난 그곳 수도사에게 묻는다. "우리가 여기까지 찾아온 것은, 무슨 까닭으로 인간이라고 하는 괴상한 동물이 만들어졌는지를 당신에게 묻고 싶어서입니다." "왜 당신들은 그런 걱정을 합니까? 그런 문제가 당신들과 무슨 상관이 있느냔 말이오?" "하지만, 수도사님" 하고 캉디드가 말을 잇는다. "세상에는 끔찍이 악이 많아요." "악이 있든 선이 있든 무슨 상관이오?" 하고 수도사는 이렇게 말한다. "왕께서 이집트에 선박을 보낼 때 그 왕이 선박 안에 끼어든 생쥐가 불편할지 아닐지를 걱정하시겠소?"

인간은 우연히 이집트로 떠나는 선박 속에 끼어들게 된 생쥐와 같다. 생쥐는 그 선박 속에서 곡식알도 얻어먹을 수 있겠지만, 답답한 공기와 뜨거운 열기에 가슴이 터질 수도 있다. 그가 '어째서 이렇게 햇볕이 뜨겁고, 먹을 것도 별로 없는 것일까' 생각해도 답은 없다. 생쥐가 할 일은 흘린 곡식알과 가마니 속에 든 곡식알을 요령껏 몰래 갉아먹는 일이다.

우리는 모두가 행복하기를 원한다. 우리는 살아 있는 동안 생쥐처럼 꾀를 내서 모두가 최대한 행복할 수 있는 방법을 찾아야 한다. 우리에게는 어떻게 하면 악을 피하고 즐거움을 찾느냐 하는 문제만이 남아 있다. 그리고 이것은 신의 문제가 아니라 오로지 인간의 문제일 뿐이다.

인간의 본질

⋮

표도르 도스토옙스키 · 『지하생활자의 수기』

모든 사람은 성격상 크게 두 가지 범주로 나눌 수 있다. 그 하나는 현실에 적응하는 부류이며 또 다른 하나는 현실에 불만인 부류라고 할 수 있다. 이 각각의 기질이 긍정적으로 발전했을 때, 기존의 전통을 이어가는 사람이 되거나, 혹은 이미 있는 것과는 다른 것을 창조하는 사람이 된다. 본질적으로 모든 예술가는 후자의 경우에 속한다. 창조적 인간도 그 성격을 또다시 두 가지 부류로 나누어볼 수 있다. 어떤 작가는 기존의 전통을 이어 그것을 완성하는가 하면 어떤 작가는 주어진 전통을 부정하거나 넘어서 새로운 전통을 세운다. 소포클레스나 톨스토이 같은 작가는 전자에 속하고 라블레F. Rabelais나 표도르 도스토옙스키Fyodor Dostoevskii(1821～1881)는 후자에 속한다.

모든 도스토옙스키의 작품이 그러하지만 특히 그의 『지하생활자의 수기』는 마치 야수의 포효가 깊은 산야를 흔들듯이 우리들의 잠자고 있는 마음에 심산深山의 메아리가 되어 울린다. 반항적이고 절실하고 통쾌하고 엄청나게 힘찬 이 야성의 음성에 잠이 깬 우리가 다시 안이한 행복의 잠에 빠질 수 있을까? 큰 파도같이 밀려오고 천둥같이 사나운 이 야성의 목소리는 무엇을 의미하는가? 몸부림치는 야수의 메시지는 무엇인가? 읽으면 읽을수록 더욱 압도되고 거칠게 그러면서도 지극히 아름답게 느껴지는 작품 『지하생활자의 수기』에 담겨 있는 철학적 언어를 찾고 그것을 통해서 하나의 철학적 의미를 찾아보기로 하자.

1864년에 처음으로 발표된 이 작품은 두 부로 나뉘어 있다. 나뉜 두 부분은 서로 다른 두 개의 테마를 다룬 것이 아니다. 작품 전체는 독백의 수기 형식으로 되어 있고, 1부가 작가의 인간 본질에 대한 주장인 데 반해서 2부는 이러한 주장을 뒷받침하는 주인공의 경험의 기록이다. 우리는 본 작품의 구성과는 반대로 2부를 먼저 검토하기로 한다. 왜냐하면 그렇게 함으로써 1부에 나타난 작가의 인간에 대한 주장이 더 잘 이해될 수 있을 것이기 때문이다. 1부에서 주인공이 '인간론'을 늘어놓을 때는 40세의 나이가 되어서지만 이러한 이론은 2부에 나타난 것처럼 그의 24세 때의 경험에 의한 것이다.

* * *

이름을 알 수 없는 주인공 '나'는 못생긴 고아로 불우한 환경에서 자라났다. 나는 대학을 나온 후 관청의 말직에 앉게 되었고, 24세가 되었을 때도 독신으로 쓸쓸하고 고독한 은거 생활을 하고 있었으며, 될수록 사람들을 피하고 남들과 말도 하지 않고 지내면서 쥐구멍 같은 나의 집에서 무질서한 생활을 고수했다. 내 성격은 고약하다고 할까, 괴짜라고 할

까, 어쨌든 남들을 경멸하는 동시에 나 자신에 대한 열등감을 갖는 복잡한 성격이었다. 사무실에서도 나는 동료들에게 경멸의 태도를 나타내고 동시에 내 위신을 세우려고 애써보지만 자신이 동료들보다 열등하다는 생각을 억제할 수 없었다. 나는 내가 남들과 다르다는 것, 누구도 나와 같은 사람이 없다는 것을 알게 되고 이런 자신이 걱정스러웠다. "많은 사람들이 있는데도 나는 정말 외톨이구나!" 라고 중얼거리곤 했다. 집에서 독서하는 소일은 내 마음에 기쁨도 주고 고통도 주곤 하여 자극적이었다. 그러나 나는 독서에 지친 밤이면 무섭고 추잡한 악덕에 파묻히곤 하였다.

어느 날 술집 앞을 지나가려니까 그 집 당구대 앞에서 싸움이 벌어지고 있었다. 나는 이상스럽게도 그 사람들 틈에 끼어들고 싶어 그 곁에서 우물쭈물하고 있었는데 한 장교가 내 어깨를 꽉 잡더니 말 한마디도 없이 집어들어 옆에 내려놓고 마치 나라는 사람은 존재하지도 않는 것처럼 취급하고 지나가는 것이었다. 약해빠진 내가 거인과 같은 그 장교에게 이런 모욕을 당했다고 해도 당장에는 어쩔 수 없었지만 언젠가는 복수를 함으로써 모욕감에서 해방되고 싶은 마음을 버릴 수 없었다. 나는 어느 날 계획적으로 그 장교가 지나가는 길목에 기다리고 있다가 마주 오는 그에게 한 치도 길을 양보하지 않음으로써 그와 부딪치고 말았다. 물론 결과는 몸이 약하고 작은 내가 더 혼이 났지만 이로써 나는 내가 그 장교와 동등하다는 것을 느꼈고 목적을 이루었다.

그러나 어떻게 해도 근원적인 열등감에서 완전히 해방될 수 없어 고통을 받던 나는 내 괴로움의 해결을 현실이 아닌 꿈속에서 찾으려고도 애써봤다. 나는 상상을 통해서 '숭고와 미美' 속으로 피신하기로 했다.

가령 나는 모든 사람 위에 서서 그들을 내려다보고 모든 사람들은 먼지 속에서 나의 우월함을 인정한다. 나는 모든 것을 용서할 만큼 관용을 베풀고, 위대한 시인이 되고, 궁내 대신이 되고, 사랑에 빠진다. 나는 수백만 루블의 유산을 갖게 되지만 그것을 복지사업을 위해 기증해버린다. 모든 사람들이 감격에 겨워 울며 나에게 키스해준다. 그러면 나는 새로운 사상을 전파하기 위해서 모든 것을 버리고 맨발로 내 집을 나선다.

불행히도 이런 엄청난 꿈에 잠기는 것도 한계가 있다. 현실 밖으로 나와서 구체적인 행복을 찾고 사람들의 목을 껴안고 싶어지기 때문이었다. 생각 끝에 내 직장 상관인 안토니치를 찾아가려 했으나 아무래도 반가이 대해줄 것 같지 않아 주저하고 있던 차에 대학 동창인 시모노프가 생각났다. 대학 재학 때는 세 친구를 빼놓고는 모든 동창들과 사이가 나빴지만 세 친구와도 과히 좋은 편은 아니었다. 시모노프는 그 세 사람 중의 하나인데 벌써 만난 지가 일 년이 넘었다. 그가 날 반가워할지는 잘 모르지만 어느 목요일 고독함을 참지 못한 나머지 그를 찾아가기로 작정했다.

혹 떼러 갔다가 또 하나의 혹을 붙이고 오는 식으로, 괴로움과 외로움을 풀려고 시모노프를 찾아간 것을 계기로 나는 더 심한 모욕과 고독을 경험하게 되었다. 시모노프의 아파트에 가니 옛날 동창이 둘이나 와 있었다. 그들은 최근 장교로 승진했는데, 한 명의 동창인 즈베르코프가 지방으로 전근하게 되어 그의 송별회에 관해 의논하는 중이었다. 나는 학교에 다닐 때 공부는 잘 했지만 다른 학생들과는 달리 내성적이고 친구 사귀는 데 서툴러서 친구들에게 인기가 없었다. 나는 그때부터 이미 인생의 의미가 무엇인가 하는 식의 심각한 문제를 생각하기 시작했는데, 그 애들은 열여섯 살에 벌써 안전한 직업, 돈 벌 생각만을 하고 있어 나는 그들을 퍽 멸시했었다. 결국 나는 외톨이가 되어 몇 년 동안 괴로워하다가 인간적 동반, 친구의 필요를 느끼고 친구들을 사귀려 했지만 사교에 어색했던 까닭에 언제나 허탕이었다. 특히 지금 장교가 되어 지방으로 전근하게 된 즈베르코프와 사이가 나빴다. 이런 사정을 알고 있는 나머지 두 친구는 나를 그의 송별회에 끼워주지 않으려 했다. 그러나 나는 억지를 써서 돈이 들지만 그 송별회에 참가하게 되었다. 내가 그렇게 송별회에 끼이고 싶었던 까닭은 나도 그들과 동등하다는 것을 스스로 입증하고 싶었기 때문이었다. 그 동창회가 내 인생의 새로운 출발과 같다고 여겼기 때문에 동창회가 있던 날 나는 유달리 일찍 일어나서 하인을 시켜 구두를 닦게 하고 몸치장을 갖춘 후 약속된 호텔로 서둘러 갔다. 호텔에서의 송별회에서 나는 또 다시 신경질을 내고 미욱하게 굴어서 친구와 말싸움이 붙게 되고 더욱 창피함을 느끼게 되었다. 그들은 이제 날 따돌려놓은 듯했다. 한 잔 먹고 얼근한 그들은 사창가로 가기로 했는데 날 떼놓고 가려 했다. 나는 함께 끼워줄 것을 애원하다시피 했다. 그들이 앞서 떠났고 얼마 후 그들이 가기로 한 장소에 가보니 그들은 어디론가 이미 없어졌고 젊은 창녀 '리자'가 나타나 반겨주었다.

리자의 나이는 스무 살이었는데 실연하고 집에 있기가 답답한 나머지 집을 뛰쳐나와 창녀로 나서게 된 것이라 했다. 창녀의 신세와 만년이 어떻다는 것을 잘 알았던 나는 리자에게 깊은 동정을 갖게 되었고 이런 생활을 하느니보다는 차라리 죽는 것이 나을 것이라고까지 말했지만, 그녀는 "어째서 당신은 책에서 하는 것처럼 설교를 해요?" 라고 대응했다. 나는 진정으로 리자에게 마음이 갔는데 그것은 그녀에게서 나의 그림자를 보는 것 같았기 때문이었다. 그녀가 인생을 고통스럽게 사는 것처럼 나의 인생도 극히 슬픈 것이었다. 나의 진정한 동정에서 나온 설교에 리자도 드디어 감동을 받게 되었고 우리는 자연스럽게 사랑을 나누었다. 나는 그 집을 떠나면서 내 주소를 리자에게 주고 놀러 오라고 했다. 이 말을 들은 리자의 얼굴은 부끄러워하는 듯했으며 동시에 생기에 넘쳤다. 그러나 집에 돌아와 리자와 있었던 시간을 생각하고 내가 늙은 할아범처럼 값싼 감상에 빠져 있었던 것에 불쾌감을 느꼈고, 혹시 리자가 정말 찾아오면 어떻게 하나 걱정되었다. 리자와의 일이 있었음에도 불구하고 실상 그때까지도 내가 가장 중요하게 생각했던 일은 내게 모욕을 준 두 동창생 시모노프와 즈베르코프로부터 어떻게 해서 명예를 회복하느냐 하는 문제였다. 이 목적을 달성하려 여러 꾀를 꾸미고 있던 중 어느 날 리자가 정신적으로 비참한 꼴을 하고 문 앞에 나타났다. 당황한 나는 그녀가 사창가를 완전히 떠날 생각이라는 말을 했을 때도 그녀에게 무엇 때문에 날 찾아왔느냐고 물어댔다. 그리고 그날 밤 내가 그녀와 시간을 보낸 것은 그녀를 구하기 위해서가 아니라 내가 한 인간에 모욕을 줌으로써 나 자신의 힘을 느껴보려고 했던 장난이라고 말했다. 나같이 비참하고 무력한 자가 어떻게 남을 구할 수 있겠느냐고도 말해주었다. 그러나 날 진정으로 사랑하고 있었던 그녀는 나의 이와 같은 엉뚱하고 고약한 태도를 보고 나 자신도 그녀 이상으로 불행에 빠져 있는 것을 직감적으로 깨달았다. 나는 그녀를 더욱 비참하게 학대했지만 그녀는 자신을 내 품 안에 던지는 것이었다. 잠시 후 다시 침대에서 나온 나는 여자의 사랑에 구원이 있음을 알고 있으면서도 그녀를 비참하게 만든 채 그녀가 정처 없이 어딘가로 떠나게 내버려두었다. 나는 어디론가 사라지는 그녀를 집 밖으로 나와 쏟아지는 눈을 맞으면서 멍하니 바라보았다. 그녀는 날 사랑했고, 나도 그녀를 사랑했다. 나도 고독했고 그녀도 고독했다. 나는 사랑을 찾고 고독에서 벗어나고 싶었다. 그녀에게 고약하게 굴지 않았더라면 그녀와 나는 행복할 수 있었을 것이었다. 그러나 나는 물어보고 싶었다. "값싼 행복과 고귀한 고통 중에서 어떤 것이 더 귀중한가?" 라고. 평범한 사람들은 행복 속에서 거의 산송장처럼 살고 싶어하지만 나는 고통을 겪음으로써 결국 평범한 사람들보다 더 생생히 살아 있다 할 것이다. 우린 이제 우리들 자신의 몸을 가진, 살과 피로 된 정말 인간이 된다는 것의 어려움을 알게 되었다.

이제 내 나이 마흔이 됐지만 난 병자다. 마음이 고약한 놈이다. 나는 아무것에도 의미를 갖지 않고 있다. 난 심한 간장병을 앓고 있고 의학과 의사들을 존경은 하면서도 이상한 미신이 많아 약을 쓰지 않는다. 그것이 내 자신을 해롭게 하는 줄을 알면서도 어쩔 수 없다. 내가 의사의 도움을 거절하는 것은 악의적이다. 나는 같이 일하는 동료들이 보기 싫어 죽겠다. 결국 나는 고약한 놈이다. 나의 모든 태도는 부조리하고 언제나 이단적이다. 내가 살아온 인생의 체험을 통해서 나는 인생에 대해 결국 이런 결론을 얻은 것이다.

* * *

19세기는 과학이 종교를 대신할 수 있을 것 같이 기세를 편 시대이다. 사람들은 과학의 힘을 믿었고 과학의 발전은 마침내 인간 문제를 포함한 모든 것을 해결하리라는 신앙에 가까운 신념을 갖고 있었다. 과학의 힘에 의해서, 지식의 힘에 의해서, 그리고 이성의 힘에 의해서 유토피아가 가능하고 따라서 모든 인간은 진정 행복할 수 있게 될 것이라 믿었다. 한 세기가 지나고 그동안 과학은 상상할 수 없을 만큼 발달했다. 그러나 백 년 전의 꿈은 깨어지고 이제는 과학이 모든 것을 해결하기는커녕 오히려 인간존재 자체를 크게 위협하고 있음을 차츰 깨닫게 됐다.

과학이 인간의 모든 문제를 해결하리라고 믿고 지상천국을 이룰 수 있다고 믿었던 까닭은 인간의 문제, 사물뿐만 아니라 인간도 과학적으로 해석할 수 있다고 생각했기 때문이다. 이와 같은 인간관, 즉 과학적 인간관의 기초는 만물이 완전한 인과관계로 연결되어 있고, 인간도 만물 가운데 한 현상에 불과하며 따라서 인간의 모든 현상도 결정론을 전제한 합리적인 해석을 할 수 있다는 믿음에 있다. 생화학·심리학의 급진적인 발달로 인해 오늘날에도 물리적 혹은 기계적 설명을 인간에게 적용하고자 하는 주장이 있다. 심리학의 대표적인 학자인 스키너Burrhus Frederic Skinner의 행동주의 이론은 위와 같은 기계적 인간관을 보여주고 있다.

인간론, 즉 '인간이 무엇이냐' 하는 문제는 두 가지 관점에서 볼 수 있다. 첫째는 인간의 기본적인 구성 요소를 알고자 하는 문제요, 둘째는 인간이 근본적으로 원하는 것이 무엇이냐 하는 문제이다. 첫째 문제는 전통적으로 의식과 육체와의 관계를 둘러싼 일원 혹은 이원론으로 나타나고, 둘째 문제는 동물로서의 인간에게 과연 다른 동물과 구별되는 어떤 요소가 있는지 없는지의 시비로 나타난다.

인간을 둘러싼 의식과 육체와의 문제는 흔히 결정론적인 형이상학을 둘러싼 문제로 바뀐다. 결정론의 입장에서 볼 때 언뜻 생각하기에는 인간에게 자유가 있기 때문에 자연의 식물은 물론 모든 동물과도 완전히 구별되는 것 같지만 사실 인간도 자연의 일부에 불과하다. 따라서 인간도 자연현상의 원리가 되는 철통같은 인과법칙에 의해서 움직여지고 있다. 우리들이 정신이니 혹은 자유니 하고 부르는 인간의 특징은 사실상 착각에 불과하다. 프로이트의 이른바 정신분석학도 위와 같은 결정론을 전제로 할 때 가능하다고 보아야 할 것이다.

그러나 이와 같은 형이상학적 문제는 오늘날까지도 논쟁의 대상이 되고 있고, 이른바 실존주의자들은 한결같이 결정론적인 관점을 부정하고 인간에게는 다른 모든 자연현상과는 달리 자유가 있다고 믿는다. 한마디로 실존주의는 결정론적 형이상학, 과학주의적 인간관에 대한 항의라고도 볼 수 있다. 우리들의 작가 도스토옙스키는 비록 의식적으로 실존주의를 주장한 것도 아니요 철학자도 아니었지만, 그의 대부분의 작품에서처럼 『지하생활자의 수기』를 통해 당시 지배적이었던 과학적 인간관, 결정론적 형이상학을 강력히 부정하고 있다. 결정론적 형이상학은 헤겔의 절대적 합리주의가 철학적 표현으로 나타난 것인데 도스토옙스키는 헤겔에서 절정을 이루는 합리주의에 반기를 든 셈이다.

과학적인 해석 방법은 언제나 어떤 가설적 이론을 세워놓고 우리가 체험하는 구체적인 세계를 그 이론에 끼워 맞추는 식이다. 그러나 이런 시도에는 흔히 억지가 생기게 마련이다. 참된 현실의 파악은 이론에 앞서 경험에 토대를 두어야 할 것이다. 결정론적 형이상학을 그대로 받아들일 수 없는 이유가 여기에 있다.

결정론자들은 다음과 같이 주장할 것이다. 즉, 인간에게는 의지도 기본도 움직일 힘도 없다. 인간이 그런 것을 가진 적은 한 번도 없다. 인간은 피아노 건반이나 오르간 페달과 비슷한 물건에 불과하다. 한편, 우주는 자연의 법칙에 의해서 움직이고 있으며 인간에게 무슨 일이 생긴다 해도 자연의 법칙에 따라 생기는 현상이지 그 인간의 자유의지와는 아무런 관계도 없다. 따라서 우리가 할 수 있는 일이라고는 자연법칙을 발견하는 일이다. 인간은 그가 하는 행위에 대해서 책임이 없다. 그렇게 되면 인생은 퍽 수월해질 것이다. 모든 인간의 행위는 마치 로가리듬 도표처럼 기록될 것이다. 그러나 사실상 모든 인간이 필요로 하는 것은 어떤 대가를 치르고라도, 무슨 결과가 생기더라도 가지려는 독립된 의지이다.

결정론을 주장하는 형이상학자들, 합리주의자들, 그리고 과학주의자들은 과학을 발달시키고 이성을 동원함으로써 모든 문제가 잘 풀리는 수학 문제처럼 논리적으로 해결되어 완전한 조화를 이루는 이상적 사회, 즉 파괴할 수 없는 투명한 궁전이 이루어질 것이라 믿고 있지만 인간은 그런 사회, 그런 생활을 견디지 못할 것이다. 왜냐하면 진짜 인간이 원하는 것은 '값싼 행복이 아니라 고귀한 고통'이기 때문이다. 인간에게 무엇보다 중요한 것은 피아노 건반이 되는 게 아니라 '우리들의 개성'을 지키는 데 있기 때문이다. "인간은 결과를 뻔히 알고 있으면서도 의식적으로 자기에게 해로운, 정말 바보 같은 행동을 하는 경우가 있다. 그 까닭은 인간은 가장 바보 같은 것을 바랄 수 있고 오직 합당한 것만을 바라지 않아도 된다는 자신의 권리를 입증하기 위해서이다." 인간에게 이와 같은 욕망이 있다는 사실 자체는 그가 사물이나 동물과는 달리 자유가 있다는 것을 증명하며, 자유가 있다는 것은 그가 실상 "질병과 같은 존재인 의식"을 갖고 있다는 뜻이다. 또한 의식이 단순한 가상적 존재가 아니라 실제로 존재한다면 살아 있는 인간은 인과법칙으로 설명될 수 있는 만물의 현상과는 어딘가 다르다는 것을 의미하며 인간은 인과 법칙만으로는 완전히 이해될 수 없음을 뜻한다. 따라서 "인생의 의미는 항상 자기가 인간이라는 것, 단순히 피아노 건반이 아니라는 것을 증명하는 데 있다."

결국 한마디로 말해서 인간은 과학적인 법칙이나 논리만으로는 설명할 수 없는 비합리적인 동물이며 부조리한 존재다. 따라서 그가 궁극적으로 원하는 것, 그리고 그의 행위는 합리적으로 설명이 될 수 없다. 결정론에 의하면 인간은 자기의 이익만을 추구하기 위해서 행동하는 존재다. 이것이 사실이라면 누구나 어떤 행동이 자기에게 해롭다고 보일 땐 그런 행동을 버리는 것이 합리적일 것이다. 그러나 현실은 다르다.

수많은 사실은 인간들이 자기의 이익을 위해서 어떤 행동을 하면 안 되는 줄을 알면서도 자기의 이익과 전혀 상반되는 행동을 택하고 있음을 보여준다.

만약 인간이 자기의 이익을 위해서만 행동한다면 그가 합리적이 되면 될수록 모든 문제를 자기의 이익에 따라 합리적으로 처리하려 하고 따라서 더 폭력에 호소하게 될 것임이 당연하다. 그러나 우리가 알고 있는 사실은 그와는 정반대다.

문명은 비록 인간이 언제나 피를 탐하게끔 하진 않았다 하더라도 적어도 더욱 악독스럽고 더욱 흉악하게 피를 탐하게 만들었다. 과거에 인간은 피를 흘리게 만드는 폭력을 정의를 실현하는 방법으로 간주하고 마땅히 죽여야 한다고 믿어지는 사람들을 아무런 양심의 가책도 없이 학살했다. 그러나 오늘날에 이르기까지 피를 흘리게 하는 것이 끔찍한 짓이라 생각하면서도, 우리는 아직도 인간을 죽일 뿐만 아니라 어느 때보다도 큰 규모로 피를 흘리게 한다.

결국 인간이 원하는 것, 인간의 행위에는 이성으로는 이해할 수 없는 부조리한 것들이 허다하다. 도스토옙스키는 다음과 같이 말한다. "이성은 그것대로 좋은 것이다. 난 이 점에 관해서 시비하지 않는다. 그러나 이성은 오직 이성일 따름이다. 이성은 오직 인간의 합리적 욕구를 만족시킬 뿐이다."

반면에 욕망은 생명 자체의 표현이다. 그것은 생물의 모든 것의 표현으로 이성을 비롯한 모든 것을 포괄한다. 예를 들면 나는 본능적으로 전체의 20분의 1밖에 안 되는 이성뿐만 아니라 내가 갖고 있는 모든 생명의 기능을 행사하면서 살기를 원한다. 모든 인간은 자기의 욕망을 채우려 부단히 노력한다. 이런 점으로 보아 인간은 여타의 동물들과 마찬가지이다. 그러나 인간은 실상, 어떤 목적을 달성하는 데 만족하지 않고 오히려 그 목적을 향해 노력하는 자체를 목적으로 삼는다. 결국 인간의 목적하는 바, 인간의 노력 자체는 부조리하다. 이런 점에서 부지런히 노력하는 인간과 그만큼 부지런히 노력하는 개미와는 다르다.

그렇다면 어찌해서 인간은 이와 같이 부조리한 노력을 계속하는가? 그 까닭은 "고통을 겪음으로써만 의식 상태를 유지할 수 있다고 할 때, 의식함으로써 인간은 가장 큰 고통을 겪어야 한다. 그럼에도 불구하고 인간은 그런 고통스러운 의식 상태를 가장 귀중히 여기고 무엇과도 바꾸려 하지 않는다. 왜냐하면 의식이 인간다운 생명의 본질이 되기" 때문이다.

도스토옙스키의 인간에 대한 주장은 작품 속에 복잡하게 나타났지만 다음과 같이 요약될 수 있고 또 검토될 수 있다.

첫째, 모든 편견을 떠나서 살아 있는 그대로의, 체험하는 그대로의 인간은 어떠한 과학적 설명으로도 충분하지 않다. 다시 말하면 인간은 결정론적 혹은 유물론적인 해석을 초월한다. 그 까닭은 인간이 다른 어떤 물체나 동물과도 달리 본능을 넘어서 '의식하는 존재'이기 때문이다. 인간이 결정론의 설명을 벗어난 존재라는 것은 결국 인간에게 선택의 자유, 논리나 법칙을 어길 수 있는 자유가 어느 정도 있다는 것을 뜻한다. 앞에서도 말했지만 인간에게 정말 그런 자유가 있는지 없는지는 몇백 년을 두고 논쟁이 계속된 철학적 문제이다.

이 문제는 지금도 해결이 되지 않은 채 흔히 철학 논문의 주제가 되곤 한다. 자유가 존재하느냐 하지 않느냐는 문제는 형이상학적 문제로, 하나에 하나를 보태면 둘이 된다는 것을 증명하듯이 혹은 소금을 입에 넣으면 짜다는 것을 증명하듯이 증명될 수 없는 문제이다. 형이상학적인 해답은 그 성질상 필연적으로 하나의 가설로 남을 수밖에 없다.

실험심리학·생화학 등이 차츰 더 인간의 자유를 부정하는 증거를 보여주는 것 같기도 하고, 많은 철학자들이 이런 관점을 지지하는 주장을 세우고 있긴 하나, 필자가 보는 바로는 자유가 실제로 존재한다는 가설이 더 지당할 것 같다. 이 자리에서 긴 이론을 세울 수는 없으나, 자유를 부정하고서는 자유가 없다고 주장하는 과학적 또는 철학적 시도 자체를 이해할 수 없게 되기 때문이다.

비록 도스토옙스키의 주장의 진위 여부가 확실하지 않음을 전제로 하더라도 철학사의 입장에서 보면 그의 인간에 대한 관점은 지극히 중요하다. 사르트르에서 시작된 이른바 실존주의는 하나의 중요한 철학 이론으로 나타났고, 그 사상은 비단 철학 자체뿐만 아니라 20세기 후반의 세계 사조 전반에 걸쳐 막대한 영향을 끼쳤다. 도스토옙스키의 작품은 비록 그 자체가 철학 이론이 아니긴 하지만, 새로운 실존주의 사상을 앞서 감각적으로 체험하고, 그러한 체험을 통한 인간에 대한 진리를 독자로 하여금 느끼게 했다는 점에서 큰 가치가 있다.

둘째, 도스토옙스키는 인간이 근본적으로 불합리하다고 보았다. 그에 의하면 인간의 근본적 욕망은 이성의 이해를 넘어선다고 한다. 상식적으로 인간은 그 무엇을 성취함으로써 행복을 얻기 위해 노력하는 존재라고 봐야 한다. 그러나 도스토옙스키가 본 인간은 이와 같은 상식을 벗어나고 있다.

그에 의하면 인간이 목적을 세우는 것은 그것을 얻기 위해 필연적으로 따르게 되는 노력과 고충을 겪기 위해서이다. 결국 궁극적인 목적은 의식 상태를 유지함으로써 자기가 다른 물체와는 다른 존재, 살아 있는 존재임을 증명하기 위한 기도라고 보았다. 이와 같은 인간의 궁극적 목적에 관한 도스토옙스키의 관점은 사르트르의 동일 문제에 대한 관점과 극히 흡사한 데가 있다.

인간의 궁극적 소원이 무엇이냐, 즉 인간 행위의 가장 근본적 동기가 무엇이냐 하는 점에 대해서는 구구한 이론이 있다. 그중에서 행복이 궁극적 동기라고 믿는 것이 가장 상식적이고 보편적인 견해이다. 프로이트의 정신분석학의 근본적 전제는 행복에 있다. 그의 이론이 독창적인 이유는 행복의 요소가 '성性의 만족'에 있다고 본 데 있을 뿐이다.

반면에 니체는 인간의 궁극적 욕망이 '권력에의 의지'라고 보았다. 그에 의하면 우리는 평안과 만족감, 휴식 상태를 의미하는 행복을 원하는 것이 아니라 끊임없이 자신의 강한 '힘'을 체험하고자 한다는 것이다. 분명히 도스토옙스키가 보는 인간의 궁극적 목적은 '성의 만족'도 '권력에의 의지'도 아니다.

한편 사르트르에 의하면 인간에게는 모든 현상과는 완전히 구별되는 의식을 갖고 있는 '즉자卽自'라고 불리는 존재 양식이 있는데, 그 존재구조상으로 보아서 필연적으로 자신을 '타자他自'라고 불리는 다른 모든 존재 형태로 끊임없이 변신시키고 싶어 하면서도 그러한 욕망을 만족시키기 위해 '즉자'로서의 형태를 동시에 유지하고자 하는 근본적으로 모순된 목적을 갖고 있다고 주장한다. 다시 말하면 인간의 궁극적 목적은 근본적으로 모순된다. 이와 같은 점은 도스토옙스키의 생각과 일치한다고 봐야 한다. 물론 모순당착이며 언제나 고통을 벗어날 수 없는 인간이 어떻게 구제될 수 있느냐는 문제에 대해서는 기독교를 믿었던 도스토옙스키와 무신론자인 사르트르와의 사이에는 엄청난 거리가 있다. 그러나 사르트르의 관점이 철학적으로 극히 중요한 관점의 하나라고 친다면, 거의 한 세기를 앞서 살았던 도스토옙스키의 인간관은 사상사적으로 보아 사르트르에 못지않은 중요성을 갖고 있다 해도 틀린 말이 아닐 것이다.

도스토옙스키나 사르트르의 인간관의 진위 여부는 아직 결판을 기다려야 할 문제이고, 아마도 영원히 결판을 낼 수 없는 문제로 남기 쉽지만, 이 야성적인 작가는 그의 작품을 통해서 우리로 하여금 인간의 본질에 대한 무엇인가를 체험하게 하고, 또한 우리로 하여금 인간이 무엇이냐, 우리가 누구이냐 하는 질문을 던지지 않고서는 견딜 수 없게 만든다.

부조리한 존재

⋮

장 폴 사르트르 · 『구토』

일부 분석철학자들은 이른바 '실존주의'를 엄격한 의미로서의 철학이 아니라고 주장한다. 왜냐하면 철학은 무엇보다도 체계가 명확한 원칙 혹은 이론에 관한 이론이기 때문이다. 이론이 세워지려면 그 이론은 명확하고 물샐틈없는 논리에 의해서 밑받침되어야 한다. 실상, 대부분의 실존주의자들의 주장은 대체로 소설이나 수필 형식을 빌려 표현되고, 설사 철학적 저서로 나타나는 경우에도 표현이 막연하고 논리가 흐리멍덩한 경우가 대부분이다. 파스칼, 도스토옙스키, 카프카, 카뮈 등의 실존주의 사상은 문학 형식을 빌려 나타남으로써 실존주의적 분위기는 있다손 치더라도 그 어떤 작품도 이론이 정연한 주장을 찾기가 힘들다.

작가가 아니고 철학가라고 불리는 키르케고르, 니체 또는 마르셀G. Marcel, 야스퍼스K. Jaspers 등의 철학가들도 대부분 그들이 주장하는 것이 무엇인지 그 자체로선 명료하지 않을 뿐만 아니라, 그 주장을 위한 이론성·논리성이 극히 흐리멍덩하고 혼돈되어 있는 경우가 대부분이다.

따라서 엄밀한 의미에서 실존주의 철학의 기조 확립은, 하이데거의 영향을 많이 받은 장 폴 사르트르Jean Paul Sartre(1905~1980)가 완성했다고 봐야 타당할 것이다. 사르트르가 1943년 발표한 『존재와 무』는 실존주의의 바이블로 지칭할 만한 중요한 작품이다. 이 저서는 꽤 깊은 철학적 교양이 없으면 도저히 읽을 수도 이해할 수도 없는 전문적인 철학적 이론을 전개한 논문이다. 사르트르의 철학은 이 저서 속에서 거의 완성되었고 다만 후에 『변증법적 이성 비판』을 통해서 이미 세운 실존주의의 정치·사회철학을 전개하고 있을 뿐이다.

사르트르는 『존재와 무』에서 몇 가지 근본적인 철학적 문제를 취급하고 그 각각의 문제에 독자적인 이론과 해답을 제시한다. 이 저서에서 나타난 여러 가지 철학적 견해는, 근본적으로 인간의 존재에 관한 그의 독창적인 철학적 견해에 기반을 두고 있다. 그의 이와 같은 견해가 『존재와 무』라는 방대하고 치밀한, 그러면서도 극히 전문적 이론으로 정리되었는데, 모든 실존주의자들이 그러하듯이 이 이론의 밑바닥에는 그가 절실하게 체험한 구체적 경험이 있다. 다시 말하면 실존주의철학은 인간이 살아가면서 겪게 되는, 있는 그대로의 경험을 정리한 것, 체계화한 것에 지나지 않는다. 이런 점에서 실존주의는 분석철학과 철학적 방법이나 태도에 있어서 극히 다르다. 분석철학은 경험의 기록인, 이미 존재하는 표현된 언어 기록 혹은 언어 사용의 논리적 분석을 통해서 언어의 철학적 의미를 찾고 그 경험을 통해 철학적 해석이 가능하다고 주장한다. 실존주의가 구체적인 체험의 기록을 강조하는 데 반해 분석철학은 경험이 기록되어 있다고 보는 언어 표현의 논리이다.

1938년, 즉 『존재와 무』보다 5년 앞서 발표된 극히 자극적인 일기 형식의 소설 『구토』는 『존재와 무』에서 이론화하기 이전에 그가 구체적으로 산 철학적 체험의 생생한 기록이 된다. 따라서 이 문학작품에 대해서 철학적 고찰을 시도하는 것은 유의미한 일이다. 이 작품이 처음 나왔을 때, 당시의 평범한 문학작품과의 이질적인 점이 일부 사람의 주목을 받긴 했으나 크게 성공한 것은 아니었다. 물론 이 작품이 많은 독자에게 큰 감명과 충격을 주고 인생에 대한 계시처럼 여겨졌던 것은 사르트르의 자서전 『말』을 통해서 알 수 있지만, 크게 대중의 주목을 끌고 문학계의 화젯거리가 된 것은 『존재와 무』가 발표된 후였다. 현재도 이 작품의 문학적 가치에 대한 시비가 많다. 그러나 여기서 우리들의 관심은 오직 철학적인 데 그쳐야 할 것이다.

사르트르의 철학은 다음과 같이 요약될 수 있다.

모든 존재는 근본적으로 다른 두 개의 범주에 속하는데 그것은 각각 '즉자卽自'와 '대자對自'라고 불린다. 즉자적 존재는 사람을 제외한 모든 존재를 가리키며, 대자적 존재는 인간으로서의 존재를 가리킨다. 사르트르는 고등동물을 포함한 만물은 의식, 더 정확히 말해서 자의식이 없다고 보았고, 따라서 이와 같은 즉자적 존재의 특징은 의식이 없다는 점에 있다고 했다. 이에 반해 인간, 즉 대자적 존재는 의식이 있다는 데 그 특징이 있다고 보았다. 의식이 없는 존재는 현재를 넘어서 미래를 계획하고 추구하고자 하는 욕망이 없으므로 언제나 현 상태에 전적으로 만족하는 존재이다. 사르트르는 이런 상태를 '충족된 상태'라고 부른다. 내가 지금 글을 쓰고 있는 책상은 그 자체로는 부족한 것이 없다. 이 책상은 무엇인가를 바라지 않는다. 물론 생물, 특히 고등동물은 책상과는 달리 항상 무엇인가를 추구하고 있는 것 같지만, 사실상 그 동물들은 단순히 본능에 따라 기계적으로 움직이고 있을 뿐이다. 따라서 사르트르에 의하면 동물도 존재 양식상으로 정물과 근본적으로 다를 바가 없다.

의식이 없는 존재, 즉 즉자적 존재가 그 자체로 충족된 데 반해서 의식 있는 존재, 즉 대자적 존재는 그 자체 내에 부족 혹은 결함을 내포하고 있는 존재이다. 다시 말하면 의식이 있기 때문에 인간은 자신에 대해서 언제나 불만과 공허함을 느낀다. 우리에게는 어쩔 수 없이 이 불만을 채우려고 하는 노력이 항상 동반하게 되는데 이러한 노력을 사르트르는 '자유'라고 부른다. 그래서 사르트르에게 있어서 자유는 의식과 동의어가 된다. 사르트르에 의하면, 불만이 있다는 것은 어떤 가능성을 내포하며 가능성이 있다는 것은 자유가 있다는 것을 말하는데, 또한 자유가 있다는 것은 선택의 여지가 있다는 것이다. 우리의 이와 같은 존재학적 구조상으로 보아, 태어나면서부터 죽을 때까지 우리가 싫든 좋든, 우리는 우리의 행동, 인생, 가치를 선택해야 한다.

이상과 같은 인간의 존재학적 구조, 그리고 이러한 구조를 가진 인간과 그가 살고 있는 자연 혹은 사회적 여건과의 관계를 알고 그것에 입각해, 사르트르는 몇 개의 근본적인 철학적 문제에 다음과 같은 결론을 내리게 된다.

첫째, 결정론자 혹은 숙명론자들이 주장하는 것과는 달리 인간에게는 자유가 있고 자기의 인생을 선택할 가능성을 갖고 있기 때문에 한 인간에게는 이미 주어진 어떤 본질이 있는 것이 아니라, 각 인간은 자기의 인생을 자기가 창조할 수 있다.

둘째, 이와 같은 창조적 인간, 즉 자유를 가진 인간이 있음으로 해서 선악 혹은 아름답고 미운 것, 혹은 좋고 나쁜 것과 같은 가치의 문제가 생긴다. 다시 말하면 가치는 한 인간의 밖에 존재하는 것이 아니라 인간이 부여하고 결정하는 것이다. 인간은 이와 같이 가치를 창조함으로써 자기 자신의 행위와 모든 대상에 의미를 부여한다. 인간을 떠나서는 어디서도 가치와 의미를 찾을 수 없다. 인간존재 자체의 가치나 의미는 논리적으로 생각조차 불가능하다. 왜냐하면 인간 자신을 떠나서는 그런 것을 생각할 수 없고, 그런 인간의 가치나 의미를 생각하려면 인간 아닌 인간, 의식 없는 의식을 전제해야 하는데 이것은 물론 자기모순이 된다. 따라서 인간존재 자체, 인간이 의미를 주기 이전의 세계는 무의미, 즉 부조리하다는 결론이 나온다.

셋째, 항상 자유를 행사함으로써 자의에 의하여 모든 행위를 결정해야만 하는 인간은 자기가 행한 행동의 모든 결과, 자신의 인생 자체가 자신의 손에 달려 있게 마련이며, 따라서 그는 모든 자신의 행위에 대해서 오직 자신만이 책임을 져야 한다는 결론이 나온다. 당연히 누구나 이 무거운 책임에 두려움을 느끼고 가능하면 그 책임을 회피하려고 하게 된다. 그런데 책임 회피의 방법은 자신이 어떤 행동을 택했을 때 자기 자신의 선택이 자의에 의해서가 아니라 어쩔 수 없는 선택이었다고 생각하는 것이다. 결국, 자신의 자유를 부정하는 것이다. 사르트르에 의하면 겉보기와는 달리 실상 우리는 모두 무의식중에 자유로부터 도피하고, 따라서 자유가 없는 존재를 동경한다. 그러나 이러한 꾀는 결국 실패하게 마련이다. 왜냐하면 인간은 존재학적 구조상 자유에서 완전히 벗어나는 것은 불가능하기 때문이다. 어쨌든 이런 자유로부터의 도피는 자기기만을 통해서 가장 잘 나타나는데, 사르트르는 이런 태도를 맹렬히 공격한다. 사르트르를 비롯해서 모든 실존주의자들이 주장하는 가장 귀중한 윤리적 가치는 '오탕티시테authen-ticité'(정직성)이다. 그것은 다시 말해서 인간의 타고난 특성으로서의 자유를 행사하는 데 있다.

작품 『구토』에서 독자들은 위에서 본 몇 가지 사르트르의 철학적 견해를 이미 찾아낼 수 있다. 그러나 이 작품은 앞서 지적한 바와 같이 사르트르의 철학적 사고가 『존재와 무』와 『변증법적 이성 비판』으로 발전하고 하나의 긍정적 출구를 찾기 이전의 그의 사상을 문학화한 것으로, 이 철학자의 부정적 단면만이 부각되어 나타나 있다. 『구토』는 존재, 특히 인간존재의 부조리에 대한 퍽 놀랍고도 절실한 어둠을 보여주는 부정의 기록이다. 그것은 소설 속에 있는 상상의 주인공 '로캉탱'의 하잘것없어 보이는 일상생활을 통해서 사르트르 자신의 절실한 체험을 보여주는 철학적 사고의 고백이기도 하다.

나이 서른이 넘은 총각 로캉탱은 18세기의 어느 인물에 대한 연구 논문을 준비 중인데 그 때문에 부빌이란 지방의 소도시에 잠시 머무르게 된다. 그런데 이 고독한 연구가는 어느 날 그곳의 한 공원에서 뜻하지 않은 새로운 체험을 하게 된다. 그 체험은 실상 새로운 사물의 체험이 아니고 같은 사물에 대한 새로운 체험이다. 이 새로운 체험을 통해서 그는, 그가, 그리고 모든 사람이 언제나 갖고 있는 것과는 전혀 다른 각도에서 사물을 보게 된다. 그것은 다름이 아니라 사물에 대한 실존적 경험이었던 것이다. 로캉탱은 공원의 마로니에나무 뿌리에서 얻은 계시와 같은 경험을 이렇게 기록한다.

조금 전에 난 공원에 있었다. 마로니에나무 뿌리가 내가 앉아 있던 걸상 밑 땅에 묻혀 있었다. 난 그것이 나무뿌리라는 걸 미처 생각하지 못했다. 적당한 낱말이 생각이 나지 않았고, 그와 더불어 그 낱말이 가리키는 사물의 의미, 그리고 그 낱말들의 유용성, 즉 인간이 사물의 표면에 긁적거려놓은 흐리멍덩한 수준규표水準規標 등도 사라져버렸다. 나는 좀 허리를 구부리고 고개를 수그린 채 혼자서 이 거무충충한 거친 매듭이 툭툭 솟은 끔찍한 나무뿌리를 마주보고 있었는데, 그걸 보다가 겁에 질리고 말았다.

나는 깜짝 놀랐다. 요 며칠 전까지는 '실존한다'의 참된 의미를 난 모르고 있었다. 나는 남들과 마찬가지였다. 여름옷을 입고 해변을 산책하는 그런 사람들과 다를 것이 없었다. 나는 그들처럼 "바다는 푸르다" 또는 "바다 위의 흰 점은 물새이다"라고 말했다. 그러나 난 그것이 존재하고 있다고도, 물새가 존재하는 물새라고도 느끼지 않았다. 흔히 우리는 실존을 인식하지 못한다. 그런데 실존은 바로 저기, 우리들의 주변, 우리들 속에 있다. 아니 그것은 바로 우리들 자신인 것이다. 무슨 말을 하게 되어도 우리는 실존과 관련을 갖게 되지만, 그럼에도 우리들은 그것을 만져볼 순 없다. 내가 그것을 생각해보려고 하면 난 아무것도 생각해낼 수 없고 머리가 텅 빈 것 같아진다. 그렇지 않으면 내 머릿 속에 한 낱말, 즉 '존재'란 낱말만이 떠오른다. ……(중략)…… 내가 사물을 관찰할 때도 나는 그것들이 실존했다고는 전혀 생각하지 않았다. ……(중략)…… 이론으로 설명된 세계는 실존의 세계와 일치하지 않는다. 원형은 부조리하지 않다. 그것은 한 직선을 동그랗게 돌린 것으로 완전히 설명될 수 있다. 그러나 그것은 원형 이외엔 아무것도 없다. 한데 이 나무뿌리는 나의 설명을 벗어나 존재한다. 마디가 심하고 죽은 채 이름 없는 이 뿌리는 내 마음을 빼앗고, 내 두 눈을 꽉 채웠다. 그것은 계속 날 실존의 세계로 끌어갔다. ……(중략)…… 색깔과 모양이 있고, 일정하게 움직이는 이 마로니에나무 뿌리는 모든 설명을 넘어서 존재하고 있다.

로캉탱은 이와 같이 모든 사물이 설명할 수 없는 채 그저 존재하고 있음을 의식한다. 설명할 수 없다는 것은 부조리하다는 뜻이다. 존재의 부조리는 단지 사물에만 있지 않다. 로캉탱은 자기 자신의 존재, 모든 인간의 존재 자체도 부조리함을 깨닫는다. 어느 날 그는 자주 가는 카페에서 다음과 같이 놀란다.

여기서 내가 뭘 하고 있는 거냐? 내가 무엇 때문에 휴머니즘 논쟁에 가담했던가? 왜 이 사람들은 여기에 있는가? 왜 그들은 음식을 먹고 있나? 그들은 그들 자신이 실존하고 있음을 모르고 있다. 나는 그곳을 떠나서 어디론가 가고 싶었다. 내게 꼭 들어맞는 장소, 정말 나 자신의 보금자리라고 느낄 수 있는 장소로 가고 싶었다. 그러나 내가 갈 곳은 아무 데도 없다. 나는 불필요한 존재이다. 나는 '드 트로de trop'(잉여물)이다.

즉자로서의 존재나 자유와 의식을 가진 대자로서의 인간존재에 아무런 설명을 가하지 않고, 그 존재 이유를 찾을 수는 없다. 그것들은 그저 우연히 혹은 이유 없이 존재하는 것이다. 즉 그들의 존재는 부조리하다. 로캉탱은 이와 같은 사물과 자신에 대해 '구토'를 느낀다. 구토는 확실히 포착할 수 없고, 이해할 수 없는 사물에 대한 미끈미끈하고 흐물흐물한 존재에서 오는 자연스러운 감각이다. 그것은 결국 의미를 박탈당하고, 설명의 한계를 넘어서 존재하는, 즉 부조리한 존재에 대한 본능적인 반응이다. 다시 말하면 사르트르는 그가 크게 영향을 받은 현상학자 후설이나 데카르트 혹은 칸트와는 정반대로 사물의 본질이 없을 뿐 아니라 인간의 본질, 즉 자아라고 불리는 존재도 실상 포착할 수 없는 것이라고 주장한다. 우리가 이해하고 실제로 존재하는 것처럼 취급하는 자아란 것도 오직 낱말에 지나지 않고 그것이 의미하는 실체를 지적할 수 없다고 보는 것이다.

그러나 여기서 우리가 유의할 것은 실상 사물 그 자체가 부조리하거나 구토가 나는 것은 아니라는 사실이다. 부조리, 그에 따른 구토의 감정은 오직 인간이 의식을 갖고 의미를 찾는 데서 생긴다. 앞서 말했듯이 사르트르는 의식체인 대자를 존재학적으로 불완전한 존재라고 했다. 그리고 이 존재는 자유를 갖지 않을 수 없으므로 필연적으로 자기 자신의 행동에 책임을 져야 하는데, 이런 책임에서 오는 괴로움으로부터 해방되기 위해서 즉자가 되기를 원하게 된다. 즉, 근본적으로 인간은 나무나 돌과 같은 사물을 부러워한다. 따라서 자기가 자유로운 존재, 자기의 인생이 오직 자기 자신에게만 달려 있음을 알게 된 로캉탱은 다음과 같이 말하게 된다.

그리고 나도 또한 그냥 사물처럼 존재하고자 했다. 그것이 내가 바라던 전부였다. 이것이 나의 마지막 말이다. 아무 연관이 없는 나의 모든 시도의 밑바닥에서 나는 똑같은 욕망을 발견하게 됐다. 그것은 다름 아니라, 나를 실존으로부터 해방시키고 지나가는 기름진 순간들을 그 실존으로부터 없어지게 하고 그 순간들을 비틀고 건조시켜버리고 나 자신을 순화해가는 일이었다.

이제 우리는 어찌해서 소설의 마지막에 로캉탱이 카페에서 들려오는 유행가의 음률 속에 희미한 구원의 희망을 갖게 되는지를 알 수 있다. 음악은 다른 존재에서 볼 수 있는 구역질나게 하는 물질적 면을 갖고 있지 않기 때문이다. 죽은 음악은 마치 존재하지 않는 존재로 볼 수 있기 때문이다. 『구토』 속에서는 아직도 사르트르의 윤리적 입장이 확실히 나타나고 있지 않다. 그러나 그는 『존재와 무』에서 이 문제에 대한 그의 입장을 거의 확실히 하고 있다. 그에 의하면 자유로운 우리는 그것 때문에 겪어야 할 고통에서 도피하기 위해서 자기기만 속에 숨는다. 이러한 태도는 사르트르가 가장 증오하는 대상이 되었다. 그는 자기의 정직한 삶, 즉 자기의 자유를 인정하고 그것에 따라 자기 행동에 모든 책임을 지는 삶을 가져야 한다는 결론을 내린다. 소설 『구토』에서 이와 같은 결론까지는 나타나지 않았지만 벌써 그것을 예측하게 하는 그의 자기기만에 대한 경멸과 증오심을 보여준다.

로캉탱이 관찰하는 바에 의하면 대부분의 경우 "한 사회 속에 사는 사람들은 그들이 남들에게 어떻게 보이는가에 따라서 마치 거울 속에서처럼 자기 자신들을 배워왔다. 다시 말하면, 대부분의 사람들은 정말 자기가 생각하고 선택한 대로의 인생을 사는 것이 아니고 남들 때문에 마치 마네킹이나 허깨비처럼 움직이고 있을 뿐이다. 사르트르에 의하면 특히 부르주아의 사고방식이 대표적인 자기기만의 사고방식이다. 그들은 이미 존재하는 격식, 혹은 가치들이 마치 절대적인 진리로 존재하는 것인 양하며 그것에 맞추어 행동하면 훌륭하고 뜻있는 인생이라고 생각한다. 사르트르는 로캉탱을 통해서 이러한 부르주아적 자기기만의 태도를 야유한다. 로캉탱은 부빌의 미술관에서 어느 귀족의 초상화를 보고 다음과 같이 느낀다. '이런 놈들은 모든 것에 대한 권리를 갖고 있었다. 인생에 대한, 직업에 대한, 부에 대한, 복종에 대한, 존경에 대한, 그리고 마지막으로 영생에 대한 권리를!' 다시 말하면 많은 부르주아는 자기들이 태어날 때부터 어떤 절대 부동의 권리를, 그리고 삶의 양식을 갖고 있는 것을 믿고 그것대로 살아감으로써 옳은 삶을 영위한다고 생각하는 것이다.

그러나 이와 같은 태도는, 인간은 처음부터 어떤 본질이 있는 것이 아니라 각자 하루하루 창조해야 한다는 것을 부정함으로써만 얻어질 수 있는 것이다.

이렇게 소설 『구토』 속에서 제기된 몇 가지 철학적 문제와 그에 대한 사르트르의 견해를 추출해보았다. 이미 사르트르는 이 처녀작에서 자신의 철학적 출발점은 물론 그 후에 전개될 그의 철학적 입장을 대부분 암시했다. 그러나 이 작품에서 가장 중심이 되어 있고 사르트르가 강조하려는 철학적 견해는 모든 존재, 특히 인간존재에 대한 그의 관점이다. 그것은 책의 제목이 표현하는바, 구토를 느끼게 하는 존재의 부조리이다. 그에 의하면 그 어떤 것도 그 자체로는 의미가 없다. 다시 바꾸어 설명하자면 내가 지금 쓰고 있는 펜, 이 원고, 내가 책을 읽는 행위 등은 오직 나의 어떤 목적과 관련됨으로써만 뜻이 있거나 혹은 무의미한 것이다. 이와 마찬가지로 학교를 짓고, 잡지를 내고 하는 행위도 오직 한 사회 속에서 사는 사람들의 목적에 의해서 의미가 있다거나 없다고 결정된다. 더 간단히 말하자면, 사물 혹은 행위의 의미는 오직 어떤 목적과 상대적인 관계를 갖고 있을 때만 성립된다. 한편, 목적은 의식을 가진 사람을 떠나서는 생각할 수 없다. 그렇다면 그러한 의식을 갖고 있는 인간의 존재 의미를 생각할 길이 논리적으로 불가능하다.

따라서 인간존재 자체를 두고 볼 때 그것은 부조리, 즉 아무 목적 혹은 의미가 없다는 결론이 나온다. 여기서 우리는 다음과 같은 점을 물어볼 수 있다. 사르트르의 견해는 옳은 견해인가? 어떤 의미에서 이와 같은 사르트르의 철학적 견해가 중요한 것인가? 우선 두 번째 문제부터 생각해보기로 하자.

존재, 특히 인생이 무의미하다는 견해는 언뜻 보아서 불교와 도교, 그리고 기독교 등에서 발견할 수 있을 것 같다. 인생을 한낱 꿈으로 본 불교에 있어서의 '회귀' 사상, 도교에 있어서의 '무위'의 개념, 기독교에서 말하는 '만 가지 행위의 허영성'은 인생에 대한 부정적 태도요 인생의 무의미를 말하는 것이다. 그러나 좀 더 고찰하면 이런 종교들이 주장하는 인생의 무의미는 실상, 인생 자체의 무의미를 말하는 것이 아니다. 여기에서의 무의미는 오직 우주의 진리, 신의 섭리를 모르는 데서 나타나는 모든 인간 행위가 무의미하다는 것을 뜻한다.

이 종교들은 우주 전체, 모든 존재가 하나의 신성한 법칙 혹은 질서를 갖고 있다고 보았다. 따라서 그 질서에 맞게 인간이 처세한다면, 인간존재의 의미도 확립된다. 다시 말하면 인간에게는 의미가 주어질 수 있고 구원이 가능하다. 따라서 위의 종교적 사상은 사르트르의 견해와는 근본적으로 다르다. 왜냐하면 사르트르는 어떤 신이나 우주의 법칙도 믿지 않을 뿐 아니라, 그런 것을 생각하는 자체가 논리적으로 불가능하다고 보기 때문이다. 사르트르는 그의 모든 견해의 출발점을 오직 인간의 구체적인 직관적 경험에 둘 수밖에 없다고 믿으며 신 혹은 우주의 법칙 같은 초월적인 존재도 인간의, 아니 나의 의식을 통과하고 나의 판단을 얻음으로써만 진리 혹은 허구로 판정될 수 있다고 믿는다.

사르트르의 인간존재에 대한 견해와 더 비슷한 생각을 가진 선구자로는 니체를 들 수 있다. 니체는 아주 딱 잘라서 말하기를 "웬만큼 정신이 멀쩡한 사람이면 인생이 살 만한 가치가 없고 헛된 난센스라는 것을 알 것이다"라고 했다. 인간을 무의미한 존재로 보았다는 점에서는 니체도 사르트르와 같으나, 니체의 철학은 사르트르의 그것과는 크게 다른 바가 있다. 니체는 '모든 만물의 본질은 권력에의 의지'라고 보았던 것이다. 따라서 사르트르의 인간관은 독창적이었다고 볼 수 있다. 뿐만 아니라 니체의 주장은 강력한 이론이 뒷받침되지 않은 직관에서 얻은 견해인 데 비하여 사르트르는 극히 세밀한 현미경적 분석을 통해서 자기의 주장을 뒷받침했다는 점에서 철학적인 공적이 크다.

사르트르의 철학적 가치는 서양철학의 핵심이 되고 있는 합리주의 사상을 배경으로 하고 관찰할 때 더욱 뚜렷해진다. 플라톤은 모든 사물에는 그가 '이데아'라고 부르는 원형이 있고, 그것은 모든 사물의 본질이라고 주장하였다. 따라서 본질의 세계, 즉 '이데아'의 세계는 질서 정연한 세계이고 모든 것이 합리적으로 이해될 수 있다고 믿었다. 또한 서양 철학에서 형이상학의 절정을 이루는 헤겔은 모든 존재가 실상 '정신' 혹은 '이데아'라고 하는 절대적 존재의 변증법적 논리에 따른 전개의 과정에 있는 것으로, 인간의 의식뿐 아니라 모든 존재도 합리적이라고 믿었다. 그는 말하기를, 합리적인 것만이 실재하고 실재하는 모든 것은 필연적으로 합리적이라고 했다. 이와 같은 합리주의자들의 관점을 따른다면 결국 인간도 합리적으로 구성된 우주의 한 기능을 담당하는 것으로 해석할 수 있고, 따라서 하나의 전체로 본 우주 안에서 인간의 위치, 인간의 행동이 의미를 갖게 된다. 즉, 인간의 존재는 다른 사물의 존재와 마찬가지로 모든 것과 합리적인 연관을 갖고 의미를 갖게 된다. 모든 행동, 모든 존재, 그리고 모든 사건에는 뜻이 있게 되는 것이다. 그러나 이와 같은 주장은 전혀 증명할 수 없는 가설이다. 그뿐 아니라 여기서 고찰해 볼 것도 아니요 그럴 필요도 없지만, 이와 같은 이론은 논리상으로 보아 내재적 모순을 갖고 있다.

몇천 년을 두고 인간은 종교를 통해서 혹은 형이상학을 통해서 그의 존재, 즉 그가 관찰하는 사물의 존재가 부조리하지 않고 의미가 있다고 보려는 심리적인 필요에 따라 살아왔고 사실상 그렇게 설명해왔다. 인간은 그렇게 함으로써 생에 뜻을 부여하고 즐거움을 느낄 수 있으며, 따라서 계속 생명을 긍정해나갈 수 있다. 그러나 사람들이 바라는 세계는 있는 그대로의 세계와 다르다. 냉정한 입장에서 관찰하고 생각해보면 궁극적으로 모든 존재의 이유에 대한 설명이 불가능하다. 따라서 형이상학적인 입장에서 보면 모든 것은 본질적으로 부조리하고 무의미할 수밖에 없다.

그렇다면 이와 같은 사르트르의 인간관 자체는 증명될 수 있는 진리인가? 물론 철학적 문제는 수학 문제를 증명하듯이 혹은 실험실에서 어떤 물리현상처럼 증명될 수는 없다. 그렇지만 어떤 철학적 이론은 다른 이론에 비해서 긍정할 수 있는 근거가 있다. 사르트르의 인간에 대한 철학적 견해는 대략 다음과 같은 논리를 통해서 결론지을 수 있다.

대부분의 경우 우리들은 사물을 관찰할 때 있는 사실 그대로의, 우리들의 눈에 비치는 그대로의 사물을 보지 않고, 기존의 어떤 사물에 대한 견해 혹은 개념의 색안경을 통해서 보게 마련이다. 따라서 우리는 사실을 왜곡하게 되는 경우가 많다. 사르트르는 현상학적인 방법에 따라 이러한 색안경에서 해방되어 있는 그대로의 사실을 드러내고자 한다. 그것은 각 개인의 의식에 직접 비치는 대로의 사실을 받아들임으로써 가능하다. 『구토』에서 로캉탱의 일기는 이와 같은 현상학적 경험의 기록이다. 특히 앞서 인용했던 로캉탱의 공원에서의 마로니에나무에 대한 묘사는 그 좋은 예가 된다. 로캉탱의 펜을 통해서 사르트르는 우리가 이해하고 있는 사물의 모양이나 의미는 사실 그대로가 아니라 이미 우리들에 의해서 해석되고 설명된 것에 불과하며, 있는 그대로의 사물은 모든 설명을 넘어서는 부조리한 것으로밖에 보이지 않는다는 것을 말하고자 한다. 부조리한 것은 비단, 인간 의식의 대상이 되는 사물뿐만 아니라, 그러한 사물을 의식하는 인간 자체의 존재도 마찬가지로 부조리하다는 결론이 나온다. 왜냐하면 어떤 것이 조리가 있고 없는 것은 반드시 의식에 비추어서만 생각될 수 있는 것인네, 그렇다면 그 의식 자체는 '조리가 있다거나 없다거나'라고는 할 수 없다. 의식의 존재가 의심할 수 없이 확실한 사실이라면 그 의식의 존재는 아무 의미 없는, 즉 아무 설명이 닿지 않는 것으로 볼 수밖에 없다.

사르트르의 이와 같은 이론은 여간해서 꺾을 수 없는 설득력 있는 것으로 필자는 생각한다. 그의 인간에 대한 철학적 해석이 비록 우리에게 충격을 주고 반발을 살지 모르겠으나 우리가 구체적으로 체험하는 인간과 인생에 훨씬 가깝고 정직한 것임을 나는 믿는다. 이와 같은 인간관에서 어떤 결론을 끌어낼 수 있을까? 사르트르의 철학은 많은 사람들에 의해서 절망적이고, 모든 것을 비관적으로만 보는 허무주의라고 비난받고 있다. 이에 대응해서 사르트르는 자신의 철학이야말로 가장 인본주의적이며 인간의 긍지를 높이는 낙관적인 철학이라고 했다. 왜냐하면 비록 인간은 그 자체로는 아무런 목적도 생각할 수 없이 주어진 존재이지만, 자유로운 그는 살아가는 동안에 자기 자신이 선택하는 바에 따라 얼마든지 자기 행위에 목적을 설정하고 모든 사물에 의미를 붙일 수 있기 때문이다. 사르트르 자신으로 말하자면 고독한 실존주의를 바탕으로 인류 전체의 복지가 공평하게 이루어질 수 있는 사회를 꿈꾸면서 사회주의적 사회의 건설에서 의미를 찾았다. 다시 말하면 그는 서재에 앉아서 인생의 부조리를 한탄만 하는 수동적인 인간이 아니라 그가 택한 이상, 그가 택한 가치의 실현을 위해서 극히 능동적으로 싸우는 투사이기도 했다.

그저 복종만 하면 만사가 해결되는 초월적 우주의 의미나 법칙도 없이, 우리들에게 절대적 가치를 설명해주는 전지전능한 신도 없이 고독한 채 자신밖엔 그 아무것에도 의지하지 못하고 자신의 힘으로만 살아가야 하는 인간에겐 그런 만큼 더 살아가는 환희와 보람이 가능하다.

『구토』를 읽는 독자는 충격을 받는다. 그는 달콤했던 꿈에서 깨어나는 놀라움을 경험하게 된다. 그는 별안간 고독하고 벌거벗은 그대로의 인간존재의 모습을 경험한다. 우리는 이 소설을 통해서 인생에 대한 모든 대답을 얻지 못한다 하더라도 인간과 사물에 대한 우리들의 생각을 근본적으로 재검토하게 된다. 사르트르가 이론으로가 아니라 로캉탱의 구체적 체험을 통해서 우리로 하여금 의식하게 한 것은 인간과 사물에 대한 너무나도 적나라해서 무섭고, 놀랍도록 새로운 본질적인 진리, 인간에 대한 냉철한 진리이다.

윤리와 동물의 한계

⋮

앙투안 드 생텍쥐페리 · 『인간의 대지』

모든 문학은 직접 혹은 간접적으로 인간적 드라마의 표현이다. 인간의 문제를 떠난 문학은 생각할 수 없다. 그중에서도 인간의 드라마를 가장 집요하게 다룬 문학은 실존주의 문학이라고 할 수 있다. 대부분의 실존주의 문학에 나타난 인간의 드라마는 극히 도시적이며 실내적이고 지적인 드라마이다. 여기서 나타난 인간의 고통과 비극은 병실에서의 고통, 도시 내에서의 지성이 느끼는 고통이다.

이에 반해 실존주의 작가로서 전후 많은 독자에게 사랑받은 비행사 작가 앙투안 드 생텍쥐페리Antoine de Saint-Exupery(1900~1944)의 문학은 대자연 속에서 전개되는 논리적 드라마이며, 그의 문학에서 엿보이는 인간의 비극 · 고통 · 즐거움은 실내에서의 지적인 드라마가 아니라 사막에서, 하늘에서 전개되는 전인간적 드라마이다.

생텍쥐페리의 대부분의 작품이 그러하듯이 그의 대표작 『인간의 대지』는 구성에 있어서 치밀하지 못하고 내용도 너무 교훈적이다. 자칫하면 독자들에게 마치 훈육주임 같은 인상을 줄 수도 있고, 읽고 나면 도덕 교과서와도 같은 느낌을 남기기 쉽다. 그럼에도 불구하고 『인간의 대지』는 그의 더 잘 알려진 『어린왕자』와 함께 많은 독자의 기억에 깊이 남아 있는 작품이다. 그것은 『인간의 대지』가 우리들을 좁은 실내에서 끌어내 신선한 대지를 호흡하게 하고, 신경질적이고 병적인 인간이 아니라 숭고하고 건강한 인간상을 보여주기 때문이다. 작가 생텍쥐페리의 한결같은 주제는 인간의 본질을 찾아내는 데 있다. 하나의 물체, 하나의 동물로서의 인간이 개나 돼지와 근본적으로 다른 점이 무엇인가? 만약 인간이 추구하는 바가 개나 돼지와 같은 생존의 본능을 넘어서지 못한다면 아무리 물질적으로 본능을 충족시키고 다른 생물 혹은 동물을 지배한다 해도 인간에게 특별한 가치나 존엄성이 있을 수 없다. 인류는 문명을 이룩하고 자연을 정복했지만 오늘날의 인간은 차츰 물질주의로 흘러가고 있지 않은가. 물질주의를 넘어서지 못한다면 인간이 동물과 다른 것은 오직 양적인 면에서이지 질적인 면에서는 다를 바가 없을 것이다.

『인간의 대지』는 이와 같은 회의에 긍정적인 답변을 던진다. 이 작품 속에서 생텍쥐페리는 비행사로서의 자기 자신의 체험을 통해서, 그리고 동료나 선임비행사들의 구체적인 경험을 통해서 인간이 어느 동물과도 다르다는 것, 인간은 어느 동물도 가질 수 없는 고귀함을 갖고 있음을 보여준다. 인간을 동물보다도 높은 차원으로 이끌어가는 요소, 즉 인간의 고귀성 혹은 위대성은 인간이 동물적인 자기 생존에의 본능을 초월하고 동물로서의 자아를 극복하는 힘에 있다. 이러한 인간의 힘은 그가 동료를 위해 희생하고 어떤 일에 책임감을 갖고 윤리적인 판단을 내릴 수 있다는 사실 속에서 발견된다. 한마디로 말해서 인간이 인간다운 점, 인간의 고귀성은 인간이 나타낼 수 있는 정신력에 있다. 여기서 말하는 정신은 지적인 것보다는 윤리적 정신이다.

작가 생텍쥐페리는 프랑스의 우편 비행사로서 스페인·아프리카·남미의 초창기 항로 개척에 참여했다. 지금은 항공 기술이 고도로 발달되어 달나라까지 가게 됐지만 불과 몇십 년 전만 해도 비행기는 마치 장난감처럼 기술적으로 빈약했다. 이러한 비행기를 타고 피레네 산맥을 넘어 스페인으로 간다든가 아프리카를 비행한다는 것은 여간한 모험이 아니었다.

이러한 모험을 처음 하게 된 생텍쥐페리는 첫째로는 비행기, 즉 기계의 깊은 의미와 둘째로는 위태로운 비행기를 타고 항공하는 사람들의 깊은 동기를 깨닫는다. 기계는 언뜻 보기에 인간을 자연으로부터 이탈시키고 고립시키는 것 같지만 실상 그것은 '인간과 자연의 새롭고 참된 관계를 맺어주는' 기구이다. 비행기를 타고 하늘을 날아오르면서 인간과 자연의 관계는 보다 높고 새로운 전망을 갖게 된다. 한편 비행사들이 날라야 하는 우편물들은 폭우의 위험을 무릅쓰고까지 전달할 만한 가치가 없는 것이 대부분이다.

"그러나 비행사들은 일단 그들에게 책임이 주어지면 그 하잘것없는 우편물들이 어떤 의미를 갖고 있는지를 안다. 그들에게 문제가 되는 것은 은행가나 무역가들이 결코 아니다. 만약 언젠가 비행사들이 산봉우리에 걸려 죽게 된다면 그것은 누군가의 이익을 위해서가 아니라, 일단 비행기에 실리게 된 우편 보따리를 값있는 것으로 만드는 명령에의 복종을 위해서일 것이다." 즉, 생텍쥐페리는 비행사들이 지닌 정신의 위대함을 발견하게 된 것이다.

생텍쥐페리보다 선배인 비행사 멜모즈와 기요메는 이런 인간의 고귀성을 구체적으로 보여준 실례이다. 멜모즈는 사하라사막을 횡단하는 항로를 개척한 항공사의 한 사람인데, 그는 사막에 추락해서 원주민들의 포로가 되었다가 돈을 주고 살아난 경험이 있다. 그 후 남미의 항로를 개척할 때 그는 다시 항로 개척을 자원, 남미의 안데스산맥 어느 구석에서 사고가 나서 희생되었다. 그러나 그는 새로운 항로의 선구자가 되었고 후세대를 위해 길을 닦아 놓았다.

또 한편 기요메로 말하자면, 남미의 안데스산맥을 날다가 폭풍을 만나 추락하게 되었다. 그는 며칠 동안 추운 산속에서 굶게 되어 생존의 본능마저도 잃을 것 같았으나 정신력을 잃지 않고, "어떠한 동물도 견뎌낼 수 없는 것을 견뎌냈다." 그러면 이와 같은 기요메의 용기를 어떻게 평가할 수 있을까? 생텍쥐페리는 다음과 같이 설명한다.

> 그의 정신적 위대성은 그의 책임감에 있다. 그는 자신의 운명, 우편물, 친구들의 기대에 대한 충족 등이 모두 자기 자신의 손에 달려 있음을 알고 있었던 것이다……. 인간의 인간다운 점은 오직 인간만이 책임질 수 있다는 데 있다. 인간의 인간다운 점은 부당하고 비참한 광경을 보고 부끄러움을 느끼는 데 있다. 친구가 얻은 승리에 자랑스러움을 느끼는 데 있다. 그것은 또한 돌 한 개 위에 앉아 있으면서 세계적인 빌딩을 짓는 일에 자기도 이바지하고 있다고 느끼는 데 있다.

참다운 용기는 인간만이 보일 수 있는 힘으로, 반드시 책임감을 동반한다. 그렇기 때문에 투우사나 도박꾼들의 용기는 참다운 용기가 아니다. 왜냐하면 투우사는 죽음에 도전하는 것이지만 그 자체로서는 아무런 책임감도 없는 행위이기 때문이다. 이와 마찬가지로 정사情死는 용기 있는 행동이 되지 못한다. 또한 실연을 해서 자살하는 행위에도 아무런 고귀함이나 위엄이 있을 수 없다. 왜냐하면 자살한 젊은이의 머릿속에는 다른 소녀들과 구별할 수 없는 어느 바보 같은 소녀의 모습을 빼놓고는 그 아무것도, 정말 아무것도 없을 것이기 때문이다.

정신의 힘을 가짐으로써 인간이 동물을 넘어설 수 있다는 사실은 이 책에 등장하는 사막에서 생활하는 아랍인의 경우에서도 찾아볼 수 있다. 사하라사막 한 기슭에 프랑스 군인들이 주둔하고 있었다. 엘마문이란 아랍인이 프랑스 장교들의 종으로 일하고 있었는데 충성스러웠다. 따라서 그는 여느 아랍인에 비해 훨씬 많은 물질적 향락을 누릴 수 있었다.

그러나 그는 아무런 징조도 없이 별안간 모든 프랑스 장교들을 학살하고 원주민들이 사는 사막으로 도망치고 말았다. 이런 일은 언뜻 보기에는 이해가 가지 않는 행동이지만, 실상 이 사건은 이 아랍인도 누구나와 마찬가지로 인간성을 갖고 있음을 증명하는 것이다. 그는 물질적으로는 자신의 부족민들이 부러울 바가 없었지만 나이를 먹어감에 따라 자기가 이슬람의 신을 배반하고 기독교인들에게 봉사함으로써 자신을 더럽혔음을 깨달았다. "그는 그가 학살한 프랑스 장교들을 좋아했다. 그러나 알라신에 대한 사랑이 앞섰던 것이다." 사람은 빵으로만 살지 못하는 것이다.

생텍쥐페리는 인간은 경우에 따라 물질적인 한계를 넘어서 정신적인 존재로서 행위하고, 이러한 정신성 속에 참다운 인간성, 인간의 본질을 발견할 수 있다고 보았다. 그러나 이 작가가 말하는 인간성은 어떤 개인의 인간성이 아니라 시간과 공간, 인종과 종교를 초월한 인간 자신의 본질을 말하는 것이다. 작가의 이와 같은 인간성에 대한 신뢰는 그의 구체적인 체험을 통해서 얻어진 것이다. 생텍쥐페리는 동료 비행사 프레보와 파리·사이공 간의 처녀비행을 하다가 북아프리카의 리비아사막에 추락한 적이 있다. 뜨거운 태양이 내리쬐는 무인지경에서 그들이 며칠 동안 죽음과 싸우고 있을 때 뜻하지 않게 낙타를 몰고 지나가던 리비아의 원주原住 유목민을 만나 말도 통하지 않고 인종과 종교가 다른 그로부터 구원을 받게 되었다. 이름도 모르고 얼굴도 기억나지 않는 유목민에 대해서 생텍쥐페리는 말한다.

우리들의 생명을 구한 리비아의 베두인족 당신이여, 당신의 모습을 영원히 기억할 수 없겠지만 당신은 영원히 내 기억에 남을 겁니다. 당신은 휴머니스트입니다. 당신의 얼굴은 다만 인간의 구현으로 내 마음에 나타납니다. 당신, 우리들의 사랑하는 인간 동포인 당신은 우리들이 어떤 사람인지를 몰랐을 것임에도 불구하고 우리들을 쉽게 알아봤습니다. 나로 말하자면 나는 당신을 온 인류의 얼굴 속에서 알아낼 것입니다.

생텍쥐페리는 한 개인을 초월해서 인간이 다 함께 지향해나갈 방향이 있음을 역설한다. 가령 스페인 내란 때 주변 사람들을 위하여 자신의 목숨을 희생하는 경우처럼 생텍쥐페리는 인간의 갈 길이 정신적인 데 있음을 더욱 강조한다. 그러면서도 그는 실제로 인간들이 서로 증오하고 타락해감을 한탄한다. 그는 인간의 숭고성·정신성을 상징하는 많은 모차르트가 학살당함을 개탄하고, 무수한 어린 모차르트가 제대로 성숙할 수 있도록 아끼고 가다듬어야 한다고 설명한다. 우리는 모차르트가 상징하는 정신성, 즉 인간성을 잃지 않도록 해야 한다. "오직 정신만이 찰흙에 숨을 돌게 하고, 그럼으로써 인간을 창조할 수 있다"라고 생텍쥐페리는 결론짓는다.

인간의 본질, 혹은 인간성에 관한 시비는 대체로 자유의지에 대한 시비와 더불어 종교적인 입장에서 논의된다.

정신적 동물로서 인간의 유일성을 주장한 것은 생텍쥐페리만이 아니다. 플라톤을 비롯해서 데카르트, 파스칼, 베르그송에 이르기까지 인간의 정신성은 언제나 강조되어 왔다. 기독교는 말할 나위도 없고, 유교의 근본이념 중 하나도 바로 '인仁'이라는 인간의 정신성이다. 그러나 앞서도 암시했지만, 흔히 말하는 정신력은 대개 두 가지로 구분된다. 그 하나는 지력을 말하고 또 하나는 논리적 기능을 말한다. 플라톤이나 데카르트, 그리고 파스칼 같은 사상가들은 지력에서 인간의 유일성이 나타난다고 보았고, 이에 반하여 공자나 생텍쥐페리는 정신력이란 윤리적 행동을 할 수 있는 능력이라 말한다.

이와 같은 주장은 인간이 하나의 살아 있는 생명체로서 물질적 육체와 독립된 심리적 요소를 갖고 있음을 전제로 하는 한편, 마음(정신)으로서의 인간은 동물로서의 인간과는 달리 자유롭다는 것을 밑받침으로 한다.

인간의 자유를 전제하지 않고서는 책임이네 선택이네 가치네 하는 따위의 윤리적 개념은 무의미하게 된다. 전통적으로 철학자가 아닌 보통 사람들도 모든 인간에게는 자유가 있다는 것을 암암리에 믿고 있다.

그럼에도 불구하고 예를 들어 대표적인 행동주의 심리학자 스키너 같은 사람은 우리가 믿고 있는 자유가 하나의 환상에 불과하다고 주장하고 인간도 비록 복잡하긴 하지만 물질과 같이 완전한 결정론에 입각한 인과관계에 의해서 지배된다고 주장한다. 이와 같은 자유의지의 부정은 현대에 극히 발달하고 있는 미생물학에 의해서 더욱 뒷받침되고 있는 듯하다. 미생물학은 우리들이 이른바 자유로운 정신의 표현이라고 보는 어떤 행위 내지 심리 상태도 결국에는 우리들 두뇌의 신경조직 내지 그 상태와 직접 관련이 있음을 보여주고 이 신경조직이 우리들의 행위 내지는 심리 상태를 결정짓는 것으로 설명한다. 사실, 우리들이 배가 고프면 우리들의 마음도 그 사실에 따라 지배된다. 아무리 나 자신이 담배를 끊으려 해도 이미 중독이 된 나는 담배를 끊을 수 없다. 다시 말하면 나의 행위는 내 육체적 조건에 의해서 결정된다. 따라서 위의 학설에 의하면 인류가 다른 동물보다 지적으로 발달하고, 언어를 만들고, 문화를 이룩하고, 소설을 쓰고, 철학적 사고를 하는 것이 사실이지만 이와 같은 모든 현상은 인류가 가진 어떤 신기한 능력, 자유의 힘에 의해서 이룩된 것이 아니고, 다만 한없이 복잡한 물질로 이루어진 인과관계의 결과에 불과하다는 결론에 이른다. 결국 인간성이네 인간의 본질이네 하는 어떤 특수한 요소를 찾는다는 것은 어리석은 짓이라는 주장에 이르게 된다. 다시 말하면 인간은 개나 돼지와 근본적으로 다른 점이 없고, 개나 돼지도 나무나 돌멩이와 근본적으로 다른 점이 없다는 이론이 되는 것이다.

이런 행동주의 심리학 또는 생물학적 인간의 해석에 대한 맹렬한 반발이 이른바 실존주의, 또는 실존주의 심리학에 의해서 나타나기 시작했다. 실존주의 또는 실존주의 심리학자들은 행동주의 심리학 또는 생물학적 인간 해석의 방법론 자체를 공격한다. 행동주의 심리학이나 생물학은 인간을 다룰 때 처음부터 인간을 여러 부분의 총화 또는 여러 가지 복잡한 기능으로 분해할 수 있는 단순한 생리기관으로 보게 된다. 그들은 인간을 분석하고 분해할 수 있다고 전제한다. 그러나 실존주의자에 의하면 인간은 하나의 살아 있는 완전한 유기체로 그것을 각 기능으로 분석하고 분해할 수는 없다. 인간을 생리학적으로 분해할 수는 있지만 이렇게 분해되어 관찰한 인간은 진정한 의미에서의 살아 있는 인간과는 다르고 오직 생물학적 관점에서 본 생물체로서의 인간에 불과하다는 것이다. 다시 말하면 그러한 인간 해석은 하나의 관점에서 본 인간이지, 살아 있는 인간을 나타내지 못한다. 이미 키르케고르, 니체, 그리고 도스토옙스키는 인간을 합리적으로 완전히 이해할 수 없음을 강력히 주장하였고, 야스퍼스, 마르셀, 하이데거 같은 최근의 사상가들도 과학적이며 실증적인 인간 해석에 강력히 반기를 들고 나섰다. 한편 위와 같은 철학자들의 영향을 받은 메이R. May, 매슬로A. Maslow, 빈스방거L. Bins-wanger 같은 심리학자들은 스키너류의 행동주의 심리학을 강력하게 부정한다.

행동주의 심리학에서는 인간을 어떤 일정한 관점이나 각도에서 보지 않고 살아 있는 전체로 보아야 한다지만 구체적으로 그러한 인간관이 과연 어떻게 가능한지 그 점이 문제가 된다. 나는 이 자리에서 그러한 복잡한 문제를 따지고 판단을 내릴 수도 없고 그런 문제에 파고들기도 용이하지 않다. 그러나 내 관점에서 볼 때 행동주의 심리학이나 생물학의 인간관에는 근본적인 난점이 있다. 어떠한 논리도 인간적 관점을 떠나서는 설명할 수 없기 때문이다. 행동주의 심리학이나 생물학이 보여주는 인간관도 인간적 관점을 벗어나지 못한다. 따라서 어떠한 지식도 절대적 지식, 즉 인간을 떠나서 성립할 수 있는 지식이 아니게 마련이다. 행동주의 심리학이 인간의 정신적, 독자적 능력을 부정하고 모든 인간의 정신활동을 궁극적으로 물리적 인과관계에 귀결시키지만, 그러한 학설 자체는 이미 사고하고 판단하는 인간의 의식을 전제로 하지 않으면 안 된다. 사르트르가 실존주의를 가장 간략하게 표현한 것이 인간에게 있어선 "실존이 본질을 앞선다"라는 표현이다.

필자의 얕은 소견으로도 인간이 원숭이에서 진화된 것이라고 하더라도 인간은 때와 장소를 가리지 않고 원숭이와 강아지와는 근본적으로 다르다고 생각한다. 다시 말하자면 인간에게는 다른 모든 물건·식물·동물이 갖지 못한 특수한 능력이 있다고 본다. 구조주의 인류학자 레비스트로스Levi-Strauss의 남미 원시인들에 대한 실증적 연구 결과나 역시 구조주의 언어학자 촘스키N. Chomsky의 언어 연구는 인간이 근본적으로 모든 다른 존재물과 다르다는 것을 입증하는 것으로 해석된다.

레비스트로스에 의하면 남미의 원시림 속에 사는 원시인들은 언뜻 보기에 동물과 별로 다를 바가 없다. 그들이 갖고 있는 물질의 양이나 그들의 기술은 극히 제한되어 있다. 그러면서도 그들은 어느 문명인과도 근본적으로 다를 바가 없는 능력을 갖고 있다.

비록 그들이 그들 자신의 능력을 의식하고 있지 못해도 그들의 능력은 퍽 고도의 지력이다. 그 능력이란 조직력을 말하는데, 그들의 언어나 관습, 그리고 혈연의 관계는 조직력을 구체적으로 나타내는 것이다. 이는 그들이 자신들만의 사회관계, 즉 자연과는 다른 세계 속에 살고 있음을 뜻한다. 그들은 단순히 자연을 지배하는 인과관계 속에서만 사는 것이 아니라 자연과 대립되는 조직의 세계, 즉 '규율'(룰)의 세계에서 살고 있다. 조직이나 룰은 순전히 인간적인 것이다. 왜냐하면 인과관계가 자연에 속하는 데 반해서 룰은 근본적으로 인위적인 것이기 때문이다.

이러한 사실은 무엇을 증명해주는가 하면, 인간은 하나의 '종種'으로서 모든 생물이나 동물과는 다른 특수한 능력을 선천적으로 갖고 있다는 것이다. 그 특수한 능력은 다름 아니라 때로는 자연의 법칙에서 다소라도 벗어날 수 있는 힘을 말한다.

한편 언어학자 촘스키는 전통적인 언어능력에 대한 학설을 깨뜨리고 이른바 '카르테지안(데카르트 철학의 신봉자) 언어학'의 학설을 세웠다. 전통적인 학설에 의하면 우리들의 언어 기능은 오로지 경험을 통해서 후천적으로 얻어지는 것이라고 주장되었다. 가령, 17세기 영국의 경험주의철학자 로크J. Locke에 의하면 우리가 태어날 때 우리들의 의식 기능은 마치 백지와 같은 상태로 후천적으로 경험을 통해서 그 백지 위에 기록을 하고 기억함으로써 언어활동을 할 수 있게 된다고 했다. 그러나 촘스키는 주장하기를, 모든 인간은 시간이나 장소를 가릴 것 없이 선천적으로 이미 근본적인 언어의 문법을 습득하고 있다고 주장한다. 그에 의하면, 이와 같은 학설만이 다양한 언어 속에서 근본적으로 동일한 문법이 발견된다는 사실과 우리들이 전혀 다른 외국어를 습득할 수 있다는 사실, 또한 어떤 기초적인 언어를 앎으로써 전혀 배워보지 못한 많은 언어 표현을 단번에 이해할 수 있는 사실을 설명할 수 있다고 주장한다.

촘스키의 학설이 옳다면, 그것은 인간이 선천적으로 모든 다른 동물과 완전히 구별됨을 의미한다. 즉 인간의 본질이 있음을 말한다.

그렇다면 이러한 인간의 본질, 혹은 인간성을 어떻게 규정지을 수 있을까? 레비스트로스나 촘스키의 학설이 나오기 앞서 동서고금을 막론하고 인간은 자신의 유일성·특수성을 인식하지 않을 수 없었다. 이와 같은 자신의 유일성에 대한 인식은 종교적 혹은 형이상학적인 해석으로 표현되었다. 기독교에서는 인간은 신의 영상映像으로 해석되었고, 인간에게 자연의 모든 것을 정복·소유·향락할 수 있는 신성한 권리가 부여된 것으로 되어 있다. 한편, 인간은 어떤 의미에서 반신·반동물이다. 우주 내에서의 이러한 인간의 위치를 가리켜 파스칼은 인간을 "중간적 존재"라고 말했다. 그는 하나의 육체로서의 인간은 갈대보다도 약하지만 생각하는 동물로서의 인간은 물질로서의 우주보다도 위대하다고 주장했다. 왜냐하면 그 인간은 사고를 통해서 우주를 머릿속에 생각하고 이해할 수 있기 때문이다. 또한 맹자도 말하기를, 윤리적인 행위를 할 수 있는 인간은 만물 중에서 가장 귀한 것이라고 주장했다. 또한 독일의 형이상학적 철학자 헤겔은, 의식을 가진 인간은 '절대 관념'의 변증법적 전개를 통한 정신적 우주 역사의 가장 첨단에 위치한 존재라고 보았다.

위와 같은 가지가지의 종교적 혹은 형이상학적 인간에 대한 해석은 다만 어떻게 해서든지 특수하게 보지 않을 수 없는 존재로서의 인간의 존재를 증명해보려는 시도라고는 할 수 있으나, 그 시도가 아무리 아름답고 또는 우리들의 인간으로서의 자존심을 만족시킨다 하더라도 그 설명은 진위가 가려질 수 없고 근거 없는 사변적 설명에 불과하다. 더구나 다윈 이후 부정하기 어렵게 된 진화론이나, 프로이트의 정신분석학, 그리고 갈릴레오 이후 우리가 더 구체적으로 알게 된 우주학은 앞에서의 종교적 내지는 형이상학적 설명을 거의 근거 없는 신화로 보이게 한다.

달리 말하자면 인간은 하나님의 특수한 뜻으로 창조된 것 같지도 않고, 어떤 목적을 가진 정신적 우주 역사의 제일 첨단에 놓여 있다는 것도 믿기 어려운 설명이다.

그렇다면 인간 본질을 규정하고 설명할 수 없을 것인가? 우리들은 겸손한 태도로 겸손한 범위 내에서 겸손한 규정을 내릴 수밖에 없다. 앞서 본 것처럼 인간은 단순히 생물학적으로만 설명되지 않는다. 다시 말하자면, 다른 모든 물질이나 생물이 인과관계에 의해서 설명될지라도 인간은 그러한 설명의 테두리를 넘어서 있다.

이러한 인간의 특수성, 즉 본질은 그가 자연을 초월해서 윤리적인 차원에서 살고 있다는 사실에서 찾아볼 수 있고, 이러한 세계를 가능하게 한 것은 그가 어떤 의미에선가 '자유'롭다는 것이다. "인간은 이성적 동물이다"라고 한 아리스토텔레스의 정의도 결국은 인간이 자연의 법칙을 어느 정도 떠나 자유롭다는 것을 의미한다. 자유를 가짐으로써 비로소 인간은 가치를 떠나서 살 수 없게 되고, 윤리적인 동물이 될 수밖에 없었다. 인간이 다른 만물과 다르다면 그것은 결국 그가 자유를 가졌기 때문이요, 인간이 만물보다도 귀하고 위대하다면 그것은 그가 자유로운 동물이기 때문이다.

인간은 한 개의 갈대에 불과하지만 역시 생각하는 갈대이다. 모든 앎은 마침내 언젠가는 암흑에 부딪치게 마련이고, 모든 설명에는 한계가 있게 마련이니 인간에 대한 앎, 인간에 대한 설명도 겸손한 태도로 어느 한계 내에서만 가능하다. 따라서 앞서 본 바와 같이 구체적인 현실을 떠난 종교적 혹은 형이상학적 설명은 확실성이 있는 것으로는 볼 수 없다.

그럼에도 불구하고 바로 인간은 생각하는 갈대이기 때문에 설명의 설명을, 설명의 설명 또한 설명을 갈구하지 않을 수 없게 마련이다. 만약 인간이 원숭이에서 진화되었다면 어찌해서 원숭이에서 볼 수 없는 자유와 사고력을 갖게 되었는가? 이 무한한 우주에 유독 인간만이 그러한 사고력을 갖고 태어난 것에는 어떠한 의미, 어떠한 목적이 있는가? 모든 것이 '우연'의 결과라고 하자. 아마도 우리들로서는 우연의 결과라는 설명으로 만족해야만 할 것 같다. 그럼에도 불구하고 우리는 또 생각하게 된다. 어째서 그런 우연이 생기게 됐는가? 이쯤에 이르면 우리들은 자연 '신비'라는 말을 하게 마련이고, 우연이란 말은 '기적'이라는 말로 바뀌게 된다.

다시 한번 물어보자. 인간의 본질은 무엇인가? 그것은 자신의 생각에서 신비를 보고, 기적을 느끼며, 그렇게 느끼는 스스로의 생각에 황홀해지는, 생각하는 갈대이다. 생텍쥐페리의 『인간의 대지』는 좁은 일상생활에 흡수되어 살다시피 하는 우리들로 하여금 자신을 한 번 더 생각하게 한다. 높은 하늘과 별, 그리고 사막을 헤치며 산맥을 바라볼 수 있는 보다 넓고 큰 시야를 통해 생각하는 동물, 정신적인 동물인 우리 자신을 다시금 의식할 수 있도록. 우리들은 다음과 같은 생텍쥐페리의 말과 함께 우리들 자신의 사고력의 신비로움에 다시금 황홀함과 더불어 긍지를 갖게 된다.

> 신기한 가운데서 가장 신기한 것은 저기 둥근 지구의 등성 위, 이 자리와 저 별들 사이에 인간의 의식이 존재하고, 그 의식 속에 마치 거울 속에서처럼 저 빗방울이 반영될 수 있다는 사실이다.

비극적 인간

⋮

앙드레 말로 · 『인간의 조건』

현대 서구 문학의 가장 뚜렷한 성격의 하나는 인간에 대한 철학적인 문제를 제기하는 것이다. 도스토옙스키를 비롯해서 전후작가 장 주네 Jean Genet에 이르기까지, 이른바 이미 고전이 되어 있는 이 작가들 작품의 한결같은 테마는 인간의 존재 양식, 가능성 내지는 의미에 있다. 아름다운 이야기나 감정을 이야기한다든가, 풍속을 묘사한다든가, 사회악을 고발한다든가 혹은 인간의 심리를 분석하는 문학은 어느덧 작가들의 관심사에서 벗어나게 되었다. 카프카, 톨스토이, 도스토옙스키, 사르트르 등의 문학적 테마는 한결같이 인간의 근본적인 존재 양식과 의미 등에 귀착한다. 더 구체적으로 말하자면, 작가들은 작품 속에서 '인간은 무엇인가?' '인간의 궁극적인 목적은 무엇인가?' '인간은 무엇을 할 수 있는가?' '인간의 의미를 어디에서 찾을 수 있는가?' 등의 극히 일반적이며 형이상학적인 문제들을 제기하고 그런 문제의 철학적인 해답을 찾아보려고 했다.

앙드레 말로Andre Malraux(1901~1976)의 대표작 『인간의 조건』도 그 제목이 웅변하듯이 앞서 지적한 대로의 철학적인 문제를 테마로 하고 있다. 그럼에도 불구하고 1933년 이 작품이 처음으로 발표되었을 때 비평가는 물론 일반 독자들도 이 젊은 작가에게서 새로운 문학을 발견했고 즉각적으로 흥분하고 매혹됐다. 말로 문학의 새로운 점은 어디 있었던가? 도스토옙스키, 톨스토이, 카프카, 그리고 사르트르 같은 작가들이 의식을 통해서 본 인간을 그렸다면, 말로 문학의 주제는 인간의 격렬한 행동을 통해서 본 의식이었다. 전자의 작가들이 두뇌적, 지적, 내향적이라면 말로는 육체적이고 행동적이고 외향적이다. 전자의 문학이 창백한 도시인의 것이라면 후자의 문학은 억세고 거친 야생인의 것이다. 속되게 말해서 위의 두 문학은 철학가의 문학과 모험가의 문학으로 비유될 수 있을 것이다.

방대한 중국 대륙을 무대로 혁명이란 거창하고 격렬한 사건을 담은 소설 『인간의 조건』은 중국인과 각국의 유럽인들로 뒤얽힌 속에서 나타나는 '인간상'과 '인간성'을 그리고 있다. 약 20일간 일어나는 사건을 그린 숨 막히는 인간 드라마에서 우리는 작가 말로의 비극적 인간관을 접할 수 있다.

1920년대 후반 중국 상하이, 장제스가 이끄는 국민당과 공산당의 통일전선은 군벌 토벌이 끝난 후 내부적으로 분열에 시달린다. 이에 장제스는 공산당파를 잔인하게 숙청했는데 분노한 일부 공산당파는 반기를 들고 장제스에 맞서게 된다. 『인간의 조건』은 이 역사의 피나는 정치극이 폭발하기 직전부터 반란이 실패로 돌아가기까지의 과정에 참여했던 인간들의 여러 인간상에 초점을 맞추고 있다. 따라서 이 작품의 가치는 소설이 그리는 역사적 사건에 있지 않고 그 사건을 통해 드러나는 적나라한 인간상과 그런 인간상을 통해 나타나는 말로의 인간관에 있다.

죽음과 삶 사이의 아슬아슬한 외줄 위를 걸어야 하는 이 정치극에 참여한 주요 배역들은 중국인 테러리스트 첸, 프랑스인 북경대학 교수 지조르, 그리고 그의 일본인 부인과의 사이에서 난 아들인 공산주의자 기요, 기요의 애인 의사 메이, 프랑스 남작으로 아편 밀수자인 클라피크, 상하이의 프랑스 상공회의소 소장인 페랄, 페랄의 정부 바렐리, 소련계 반란조직 주동자 카토프, 독일계 골동품 가게 주인 에밀리크, 마지막으로 독일계 장제스 군대 책임자인 쾨니히 등으로, 그들은 출신이나 교양이나 직업이나 목적하는 바에 있어서 각양각색이다. 등장인물들의 면모가 이와 같이 다양함에도 불구하고 이 모든 인간들이 혁명의 도가니 속에서 한결같이 근본적으로 추구하는 것은 자기 자신이 그저 살아 있는 두 발로 걷는 동물에 불과한 존재가 아니라 진정으로 인간이란 것을 증명하고자 하는 것이다.

지조르의 제자로 서구 교육을 받은 첸은 공산주의에 가담한 허무주의자이지만, 강렬한 행동을 통해서 인생에 대한 고뇌로부터 해방되고자 한다. 그는 정보를 수집하기 위해서 개인적으로는 아무런 상관도 없는 무고한 사람을 암살하고 그 후에도 장제스를 두 번이나 살해하려다 실패한 나머지 자신은 개처럼 죽어간다. 그러나 그는 그러한 죽음에서 일종의 저항할 수 없는 매력과 환희를 체험한다. 그는 '하나의 이상을 위해 죽음'과 맞서는 데서 일종의 종교적인 의미, 동물을 넘어서는 인간의 고귀함을 체험하는 것이다. 첸의 구원은 오직 모든 타협을 넘어서 절대를 포착하는 데 있었고, 그러한 절대는 오직 어느 비극적 순간에서만 얻을 수 있는 것이었다. 첸은 지금 골목길에서 폭탄을 안고 두 번째로 장제스를 암살하려고 기다리는 중이다. 그는 이번에 자기가 죽으리라는 것을 안다. 그는 이와 같은 테러리즘을 통하여 '완전한 자기의 소유, 절대적 자기 소유'를 체험하려는 것이다. 그럼으로써 그는 '인생의 의미'를 얻는다고 믿는다. 다시 말하면, 그는 자기의 행동이 어떤 실질적 이익을 사회에 가져올 것이라는 인도주의에 앞서, 동물들은 실천할 수 없는, 스스로 자기의 죽음에 맞서고 또 죽음을 초월하는 데서 인간의 보람을 느낄 수 있다고 믿는 것이다. 마침내 "그는 우유병 같은 폭탄을 몸에 안고 다가오는 장제스 차를 향해 눈을 감고 몸을 던지며 일종의 황홀한 희열을 느꼈다."

첸이 죽음과 대치하는 데서 유일한 절대적 자기 소유, 인간으로서의 자유와 긍지를 느꼈기 때문에 혁명에 참가하고 테러를 하고 스스로 자신을 희생하는 데 반해서 지조르 교수의 아들 기요는 그의 애인 메이와 함께 부패한 사회를 고치고 수억의 신음하는 중국인에게 희망적 미래를 가져올 것이라고 믿는 사회주의의 이상을 실현하기 위해서 혁명에 참가한다. 기요는 첸과는 달리 허무주의자가 아니다. 그는 장제스를 향한 테러에 목숨을 걸고 참여하는 두 노동자 출신의 페이나 수안과 같이 건실하고 구체적인 목표가 있고 그런 목표의 달성을 위해 헌신하는 건실한 사회주의자다. 페이나 수안과 기요의 목표는 거의 동일하다고 볼 수 있다. 수안의 목표는 다음과 같은 첸과의 대화를 통해서 분명히 드러난다.

나는 당신보다 배운 게 없습니다. 첸, 그러나 내 입장은, 내 입장은 다르지요. 우리 아버지가 주인한테 훔치지도 않은 돈을 내놓으라고 손을 묶인 채 꼬챙이가 달린 막대기로 배때기를 얻어맞는 걸 내 눈으로 봤었지요. 내가 투쟁하는 것은 나 자신의 구원을 위해서가 아니라 우리와 같은 사정에 처해 있는 사람들을 위해서입니다.

한편, 기요의 목표는 그가 체포되어 군대 책임자의 신문을 당할 때에 잘 나타난다. 그는 자기가 투쟁하는 이유는 비인간적 굴욕을 받고 있는 허다한 대중들에게 긍지를 갖게 하기 위해서라고 말한다. 그리고 기요의 인간으로서의 위대함과 승리는, 그가 인생은 수단을 가려서 살아야 한다는 신념을 갖고, 죽음을 무릅쓰더라도 비겁하지 않았던 데 있으며, 특히 긍지를 갖고 개처럼 죽지 않기 위해서 그가 항상 몸에 갖고 다니던 청산가리로 자살하는 순간에 나타난다.

그는(기요) 그가 살던 시대에 가장 뜻이 깊은 것, 가장 위대한 희망을 위해서 싸웠던 것이다. 그는 더불어 살고 싶었던 사람들 가운데서 죽어가고 있었다. 그는 거기 있는 모든 사람들처럼 그의 인생에 의미를 주었기 때문에 죽어가고 있는 것이다. 그가 목숨을 버리기를 아끼지 않고 지킨 인생의 가치가 무엇이었겠는가? 고독하게 죽지 않을 땐 죽음도 어렵지 않다. ……(중략)…… 그는 혁대의 버클을 열고 손에 청산가리를 들고 있었다. 그는 자기가 쉽사리 죽을까 어떨까를 흔히 생각해본 적이 있었다. 그는 결심만 하면 죽을 수 있다는 것을 알고 있었다.

첸이나 기요, 카토프나 수안 같은 인물들은 일단 확고한 인생의 목적과 이상을 스스로 선택하고 그것을 위해서는 무엇에도 굴복하지 않고 실행하는 의지와 행동의 인간들이다. 그들은, 비록 죽음이라는 대가를 치르고서라도 그러한 의지를 지켜나감으로써 인생을 승리로 이끈다. 그러나 같은 이상이나 의지를 갖고서도 자기의 목적을 달성하기 위해서 행동에 옮길 수 없는 딱한 입장도 있다. 독일계 에밀리크가 바로 그러한 사람이다. 그는 아내가 중국인이기 때문에 첸이나 기요와 같이 행동하지 못하고 고민만 할 뿐이다. 그는 마치 고문을 당한 나머지 비밀을 폭로한 사람처럼 고민한다. 그는 그의 젊음과 그의 욕망과 그의 꿈을 배반했던 것이다. 그는 첸과 기요에게 은신처를 제공하는 것으로 만족할 수밖에 없다. 비록 이상을 직접 행동에 옮기지는 못하는 딱한 에밀리크지만 그도 역시 첸이나 기요 못지않게 자신이 하나의 인간다운 인간임을, 동물의 경계선을 초월할 수 있는 인간이 됨으로써 참다운 삶의 뜻을 찾으려 하는 자이다.

지금까지 고찰한 인물들은 어느 정도 개성이 다르긴 하지만 존경할 만한 인도주의에 몸을 바치고 자기를 희생해서라도 높은 이상을 위한 의지와 행동으로 살고, 거기서 인간의 긍지와 위신과 의미를 찾는다. 옳다고 믿는 하나의 정치적 이념을 위해 목숨을 바치고 싸움으로써 인생의 개가를 올리는 인간형들이다. 그러나 이와는 반대로 정치적 이념, 확실한 인생의 목적을 세워 그 원칙에 따라 살지 못하면서, 역시 근본적으로는 앞서 말한 인간형들과 똑같이 자신이 정말 인간이라는 것을 스스로 증명하고자 하는 흥미로운 인물들 역시 『인간의 조건』 안에 있다.

첫째, 쾨니히는 중요하게 다루어지는 인물은 아니지만 장제스의 군대 책임자로서 흥미로운 면을 보여준다. 그는 군대의 책임을 맡음으로써 기요를 비롯한 공산주의자들을 무자비하게 처벌하고 공산주의자의 소멸을 위해 몸을 바치고 공산주의자를 철두철미 증오한다. 언뜻 보기에 그는 흔히 볼 수 있는 전형적인 군인이다. 그는 "인간의 위신 따위가 무슨 말라비틀어진 잠꼬대 같은 소리냐"고 반발하는 짐승 같은 사람처럼 보인다. 그러나 그의 깊은 내면은 심각한 데가 있다. 그는 소련 혁명 당시 독일인으로서 백계 러시아군의 포로 통역관으로 있었는데, 그에게는 백군이나 적군, 어느 쪽이 이겨도 아무런 상관이 없었다. 그가 원했던 것은 어서 독일로 돌아가는 것이었다. 그러나 그는 적군의 포로가 되어 잔인한 고문을 받게 되었다. 그는 이후, 그때 적군에게서 받은 인간적 모욕을 뼈에 사무치게 새기고 있었다. 그가 장제스의 군대 책임자가 된 것은 권력을 위해서나 돈을 위해서도 아니요, 중국인을 티끌만큼이라도 생각해서도 아니요, 어떤 정치적 이념을 위해서도 전혀 아니다. 그가 공산주의자를 증오하고 탄압하는 것은 공산주의가 나쁜 사상이라고 생각해서도 전혀 아니다. 단 하나의 이유는 그가 인간으로서 적군에게서 받은 모욕에 대한 도전이요, 저항이다. 그는 공산주의자들을 탄압하고 그들에게 복수함으로써 인간으로서 받은 모욕에 복수를 하고자 하는 것이다. 그럼으로써 자신도 동물이나 노예가 아닌 떳떳한 인간, 위신이 있는 인간임을 증명하려는 것일 뿐이다. 그는 체포된 기요의 석방 운동을 하러 온 프랑스의 유지인 클라피크에게 다음과 같이 쏘아붙인다.

여보시오, 당신 나한텐 너무 위신 따위 얘기는 안 하는 게 좋겠소. ……(중략)…… 나의 위신은 그 빨갱이 놈들을 죽여버리는 데 있는 거요. 내가 중국에 대해서 눈곱만큼의 관심이라도 갖고 있는 줄 아오! 흥, 중국이라고. 정신 빠진 생각은 하지도 마오. 내가 장제스의 국민당에서 일하는 건 오직 그 빨갱이 놈들을 죽여없애기 위해서요!

둘째, 이 쾨니히와는 달리 프랑스 남작 클라피크는 아편 밀수, 무기 밀수 등 갖은 수완을 다해서 오로지 돈만을 벌려고 하는 상인에 불과하다. 그러나 그의 깊은 내면은 역시 다른 정치적 영웅들이나 쾨니히와 마찬가지로 근본적인 인생의 문제와 싸움을 하고 있는 것이다. 그는 인간의 운명과 결투하고 주어진 인간의 조건을 초월함으로써 인생에서 느끼는 허무함을 극복하려 한다. 따라서 그는 돈을 모으기 위해서 돈을 버는 샤일록과는 정반대다. 그는 전 재산을 걸고 도박함으로써 '자기의 운명'을 걸어보는가 하면, 창녀를 통해서나마 단 한순간이라도 로맨틱하고 참된 인간적 결합을 죽기 전에 느껴보고자 한다. 그는 무엇에서든지 순간적이나마 절대의 도취를 찾으려 한다. 그는 인간의 허무를 절실히 느끼고 그것에서 해방되려고 몸부림치는 비극적인 인간이다. 따라서 그는 창녀를 껴안고 이렇게 생각해보기도 한다. '나는 새로 생긴 애인이 자기를 저버리고 가려고 하는 것도 모르고 있는 여자와 같다. ……(중략)…… 가자, 이 여자와 정사라도 하자.'

마지막으로 흥미로운 인물은 프랑스 상공회의소 소장인 페랄과 그의 잠깐 동안의 정부 바렐리이다. 페랄은 좋은 가정에서 태어나 두뇌가 우수하며, 파리에서 일류 교육을 받고 이미 장래가 보장된 야심만만하고 자부심이 강한 프랑스 정부의 관리이다. 그는 '세계 역사의 운명이 매달린' 중국 혁명 무대에서, 장래 중국을 프랑스가 경제적으로 지배하기를 꿈꾸고 있으며, 더 나아가서는 이곳에서의 성공을 계기로 본국에 가서 정치적 야심을 실현하고자 하는 자이다. 그는 니체가 말하는 '권력에의 의지'에 집념을 갖고, 어쩔 수 없는 자부심에 가득 찬 인물이다. 그는 권력과 성공을 통해서 인간의 힘이 미칠 수 있는 극한까지 가고자 하는, 앞서 본 혁명가들의 것과 똑같은 강도의 의지에 차 있다. 혼돈스러운 정치 상태에서 그는 그가 책임지고 있는 프랑스의 상황과 정치적 권력이 장제스의 성공에 달려 있음을 판단하고 모험을 감수하고 적극적으로 거대한 액수의 군사 원조를 함으로써 장제스의 승리를 도모한다. 이러한 활동 속에서 그는 운명에의 도전을 체험하는 것이다.

페랄의 자부심과 운명과의 싸움은 그의 정부 바렐리와의 관계에서도 역력히 볼 수 있다. 바렐리는 큰 규모의 옷가게를 하고 있는 여자로 성적으로 자유롭고 자부심이 강한 여자다. 페랄은 자기 못지않게 자부심을 가진 이 여자를 완전히 정복하고자 한다. 그는 이 여자와 세 번째의 잠자리를 앞두고 있는데, 이번 이 여자와의 관계 속에서 그의 '인생에서 가장 중요한 것, 즉 자신의 자존심이 걸려 있다'고 생각한다. 침대 속에 들어가서 그는 육체적으로뿐만 아니라 지적으로, 정신적으로 완전히 여인을 정복하고자 한다. 그는 자기의 자부심을 상대가 거역하고, 자신에게 굴복하기를 거절하는 것을 그대로 견디지 못하는 사나이다. 그러나 그는 비록 육체적으로는 정복했다 해도 정신적으로는 정복되지 않는 이 여자와의 관계에서 견디기 어려운 모욕을 느끼고 몸부림친다. “그는 ‘완전한 소유’란 관념에 사로잡혀 있었다. 그의 자존심은 저항력 있는 자신의 자부심에 맞부딪쳐 저항하는 또 하나의 자부심을 찾고 있었다.” 그러나 정부와의 관계에서 이와 같은 그의 꿈은 꺾이고 만다.

그는 생각해본다. 자신이 도로를 닦고, 한 국가를 변경했었다고, 그는 자신이 공장 근처에 있는 초가집을 부수고 철근으로 만든 집 속에 수천 명 중국의 농민을 살게끔 한 자로, 마치 영주와 같이, 안이한 제국의 공사公使와 같다고 생각한다. 그러나 그는 스스로 정부인 바렐리의 놀림거리가 된 것같이 느꼈다.

또 한편 바렐리로 말한다면, 비록 많은 남자와 정사를 가졌던, 육체적으로 약한 여자이긴 하지만 페랄 못지않게 인생의 근본적인 문제와 싸우고 있는 강한 자존심에 가득 찬 의지의 인간, 아니 영웅이다. 이와 같은 그녀의 모습은 페랄에게 보낸 다음과 같은 편지 속에서 역력히 나타난다.

나는 소유될 수 있는 여자, 당신이 마치 어린이에게나 불구자에게 거짓말을 하면서 환락을 찾을 수 있는 것과 같은 어리석은 육체가 아닙니다. 당신은 많은 것을 알고 있지만, 여자도 역시 하나의 인간이란 생각을 한번도 해보지 못하고 죽게 될 겁니다. 나는 꽤 많은 남자를 만나봤기 때문에 일시로 지나가는 정사를 어떻게 봐야 하는가를 알고 있지요. 남자에겐 자존심처럼 중요한 것이 없습니다. 그런데 육체적 쾌락에서 가장 빨리, 가장 흔히 그와 같은 만족을 얻는 것입니다. 당신이 한낱 수표로 간주되기를 거절하는 것과 마찬가지로 나도 내가 한 개의 육체로 취급되기를 거절합니다. 당신은 날 창녀처럼 대해서 '얘기하고 돈을 지불한다'는 태도를 가지고 나를 대하고 있습니다. 나도 역시 당신이 완전히 소유하고자 하는 육체입니다. 난 그걸 알고 있습니다. 남들이 나에 대해 생각하는 것으로부터 날 보호하기란 용이하지가 않습니다. 그러나 봄이 되면 내 육체가 기쁨으로 차는 것과는 반대로 당신이 나타나면 나는 구역질이 날 것 같습니다.

분명히 작품 『인간의 조건』에 나오는 사람들은 능동적이다. 그들은 적극적으로 주어진 현실과 운명에 저항하고 그것을 정복하기 위해 모든 대가를 치르기를 서슴지 않는 인간들이다. 그들은 비록 파멸과 죽음이란 대가를 치르더라도 그러한 저항과 의지 속에서 참다운 인간을 찾는다. 이러한 인생은 두말할 것 없이 비극적이다.

인생에 대한 태도에 따라 모든 사람들은 대체로 평화적 인간과 비극적 인간으로 나눌 수 있다. 내가 평화적 인간이라고 부르는 사람들은, 주어진 자연의 여건, 더 나아가선 운명과 타협하고, 그것에 적응하는 사람을 말한다. 그는 우주라는 전체적인 입장에서 인간의 기능과 존재의 이유를 보려고 하며, 인간은 우주의 한 부분에 불과하고, 인간의 가치도 우주적 입장에서만 정당히 평가된다고 본다. 따라서 그는 자연과 운명을 정복의 대상으로 삼기는커녕 자연에 귀의하려 하고 운명과 조화를 이루어 화평하려 한다.

한편, 비극적 인간은 평화적 인간과 대립된다. 그는 인간을 우주에서 특수한 권한을 가진 존재로 보고, 운명이나 자연을 그대로 받아들이려 하지 않는다. 그는 운명과 자연을 정복하고, 그 위에 군림하고자 하는 의지의 인간이다. 이 같은 형의 인간은 운명과 타협하고, 조화를 이루려 하기는커녕 그것과 대립하는 인간이다.

평화적 인간과 비극적 인간은 '수동적=여성적' 인간과 '능동적=남성적' 인간으로 구별될 수 있는데, 이것들은 또한 동양적 인간과 서양적 인간으로 구별될 수 있다. 동양적 인간과 서양적 인간의 대립되는 인생에 대한 태도는, 가령 장자와 소크라테스의 태도에서도 찾아볼 수 있다. 장자는 『장자』 「제물齊物편」에서 모든 가치나 진리가 상대적임을 주장하고 인간의 자존심과 특권을 야유한다. 또한 「변무駢拇편」에서는 지식의 헛됨을 이렇게 지적한다.

> 엄지와 둘째 발가락이 붙은 변무나 여섯 손가락은 선천적으로 생긴 것이다. 그러나 보통으로 사람이 하늘에서 받은 덕으로는 군더더기다. 혹이나 사마귀는 후천적으로 생기나 천성으로 보면 군더더기다. 이와 같이 모든 방면에 인의를 베풀어 오상의 절목을 세워 육체의 작용에 응하도록 늘어놓으나 진정한 도덕은 아니고 인위적으로 군더더기에 불과하다. 발가락이 붙어 있는 것은 쓸데없는 살로 연결된 것이요, 육손이는 쓸데없는 손가락이 더 붙어 있는 것이다. 사람의 인정, 인의, 행동이 지나치게 많은 것은 지혜의 군더더기이다.

장자가 지식과 인위적인 것을 비웃고 인간의 특수성을 부정하며 마음의 평화를 인생의 진정한 가치로 보았던 데 반해서 소크라테스는 앎을 가장 큰 가치로 생각했고 인간의 특권을 믿어 '행복한 돼지보다 불행한 인간'을 찬양했고, "반성하지 않는 인생은 가치가 없다"고 주장했다. 평화적 인간과 비극적 인간의 대립은 부처와 파우스트와의 대조로도 나타날 수 있다. 부처는 이성으로 얻어지는 앎과 모든 욕망의 어리석고 해로움을 주장했고 영겁회귀의 진리에 동화되기를 권하고 있다. 한편 파우스트는 만족을 모르는 앎의 욕망을 지니고, 이성으로 우주를 정복하는 데 인생의 궁극적인 의미를 찾는 인물이다. 그는 평화와 안이를 거절한 행복할 수 없는 인간이다.

『인간의 조건』에 등장하는 인간들은 비극적이다. 한 사람의 인간관은 그 사람의 인생관을 보여준다. 분명히 말로는 비극적 인물을 그림으로써, 독자로 하여금 그런 인간상 속에서 무한한 흥분과 매력을 느끼도록 했다. 그것은 말로 자신의 인생관을 간접적으로 말해주는 것이다. 다시 말하면, 말로는 이 작품을 통해 참다운 보람 있는 인생과 인간의 위대성이 비극적인 데 있음을 암시하고 있다. 많은 독자들이 이 작품에 감탄하고 매력을 느끼는 까닭은 그들이 비록 이 작품 속에 나타나는 인물과 똑같이 철저하게 비극을 체험하지는 못했다 할지라도 다소나마 그러한 인물의 생활 태도에 공감을 느끼고 가치를 부여하기 때문이다.

그러나 우리는 물어볼 필요가 있다. 비극적 인간은 참다운 인간상일까? 비극적 인생은 참된 삶의 길인가? 노자, 장자, 그리고 부처님은 이러한 인간과 인생이 어리석고 가소로운 것이라 보지 않았던가? 우리는 비극적 인간, 비극적 인생과 대립되는 도교적 인간, 불교적 인생에서 또 다른 진리를 발견하고 있지 않은가?

어떠한 인간관이나 어떠한 인생관도 진리가 될 순 없다. 그것들은 어디까지나 '관觀', 즉 보는 입장 혹은 태도에 불과하기 때문이다. 그렇기 때문에 '관'이 옳고 그르다는 판단을 내릴 수 없다. 왜냐하면 오직 객관성을 담보할 때만 옳고 그름의 판단이 의미를 갖기 때문이다.

만약 모든 인간들이 비관적이고 비극적 인생관에 공감한다면, 인간은 어쩔 수 없이 그러한 인생관에 가치를 부여하고 그러한 인생에 삶의 의미가 있다는 결론을 얻게 된다. 그렇다면 이러한 사실은 하나에 둘을 보태면 셋이 된다는 당위적 진리는 되지 못하더라도 아주 근거 없는 것이 아닌, 사실적 진리라고 받아들여야 할 것이다. 바꾸어 말하자면, 사실적 진리는 인간이 왜 그런지 모르지만 잘 분석해보면 "누구나 비극적 인생에 삶의 보람을 느끼는 것이 사실이다"라는 것을 말해준다. 작품 『인간의 조건』 속에서 말로는 이와 같은 입장을 취하고 있음이 분명하다. 그러나 앞서 본 것처럼 비극적 인생관에 공감한다는 것은 보편적인 사실이 아니다. 장자나 부처님의 사상에 나타난 인생관이 그러한 것을 증명해줄 뿐 아니라, 좀 더 생각하면 각 개인 속에는 사실, 비극적 인생관과 평화적 인생관이 동시에 깃들어 있다고 보는 것이 모순되기는 하지만 진리에 가까운 것으로 보인다. 우리는 모두가 정도의 차이만 있을 뿐, 온 제국을 손에 넣기 위해서 죽음과 맞서고 정복을 꿈꾸는 로마의 카이사르가 되기를 원하는 동시에, 모든 것을 무시하고 시냇가에서 조용히 낚싯대를 던지고 명상에 잠기는 선비가 되기를 원한다.

그럼에도 불구하고 우리들은 두 인생관이 구체적 현실에 부딪쳤을 때 양자택일을 해야만 한다. 왜냐하면 위에서 본 두 개의 인생관은 서로 모순되며, 모순되는 두 개의 태도를 동시에 가질 순 없기 때문이다. 다시 말하자면, 나는 Y라는 여인과 결혼을 하든지 않든지 둘 중의 하나를 택할 수밖에 없는 것이다. 이런 선택은 비록 당사자가 의식하지 못하는 경우에도 그 본인의 인간관, 혹은 인생관에 의해서 좌우되며 어떠한 인간관이나 인생관이 궁극적으로 옳은가를 결정할 수 없기 때문에 이러한 선택에 나타난 한 인간의 인생과 자연에 대한 태도를 진리라기보다는 이념, 즉 이데올로기라고 부른다. 그렇다면 이와 같은 이념의 선택은 무엇에 의해서 결정되느냐 하는 문제가 생긴다. 여기에 대한 해답은 여러 가지를 생각할 수 있는데, 가령 생리학적·사회학적 설명 그리고 사르트르와 같은 존재학적 설명을 들 수 있을 뿐 어떤 결정적인 답변은 불가능한 것이라 생각한다.

평화적 인생관으로 대표되는 동양은 따듯한 온돌방의 행복을 체험했으나 가난 속에서 허우적거리다 마침내는 서양의 지배를 면할 수 없었다. 비극적 인생관에 지배되어온 서양은 과학을 발전시켰고 세계를 정복했다. 그러나 그 대가로 서양은 공해뿐만 아니라 인류를 멸종 언저리의 아슬아슬한 경계로 몰아넣었고 언제나 긴장 속에서 움직이고 있다. 따라서 우리는 이따금 이렇게 소크라테스에게 물어보고 싶을 때가 있는 것이다.

"어째서 행복한 돼지가 불행한 인간보다 나쁜가?"

이와 같은 의문은 아들인 기요의 옥사로 혁명이 실패로 돌아간 다음, 며느리 메이를 모스크바로 떠나게 한 지조르 교수가 아편과 동양적 명상 속에서 마음의 평화를 찾고 자신도 일본으로 떠나며 하는 다음과 같은 말 속에서도 엿볼 수 있다.

인간의 모든 것이 환상이고, 헛된 것이며, 오직 명상의 세계만이 있을 뿐이다.

궁극적 실체에 대한 사념

⋮

호르헤 루이스 보르헤스 · 『원형의 폐허』

다음은 호르헤 루이스 보르헤스Jorge Luis Borges(1899~1986)의 작품 『원형의 폐허』 전문이다.

아무도 그가 깜깜한 밤중에 상륙하는 걸 본 이는 없었다. 아무도 대나무로 만든 조각배가 흙탕물 성지의 강에 침몰하는 걸 본 이는 없었다. 그런데 불과 며칠 사이에, 소리 없이 조용한 그가 남쪽에서 왔고 그의 집이 이 강의 상류에 무한히 늘어선 여러 마을 중의 한 마을에 있다는 것을 모르는 사람은 아무도 없게 되었다. 그 강의 상류에는 험악한 산이 솟아 있는데 그곳 젠드어는 희랍어 영향을 받지 않았고, 그곳에는 문둥병이 흔하지도 않았다. 사실, 미지의 사나이는 흙탕물에 키스를 하고 강둑 위로 올라오면서도, 그의 살을 찢고 끌어당기고 구역질이 나게 하는 피가 묻은 가시덤불을(아마도 그 자신이 느끼지 않아서이겠지만) 젖혀버리려 하지도 않았다. 그는 이렇게 해서 옛날엔 불빛 같았지만 지금은 잿빛이 된 원형의 울타리로 왔다. 그 울타리에는 돌로 만든 호랑이,

혹은 말의 초상들이 세워져 있었다. 이 원형의 울타리는 아주 옛날의 사원이었는데 화재가 나서 폐허가 되었고 이제는 말라리아모기로 북적대는 정글이 되어 이곳에 기도를 하러 오는 사람은 아예 없어지게 되었다. 이 낯선 사나이는 그곳 주춧돌 밑에 발을 펴고 누웠다. 그는 정오의 햇빛에 정신이 들었다. 그는 가시덤불에서 얻은 상처가 아물었음을 확인했지만 아무런 놀라움도 나타내지 않았다. 그는 멍청해진 눈을 감고 잠들었다. 그가 잠들게 된 것은 피로해서가 아니라 그렇게 자려고 마음먹었기 때문이었다.

그는 이 사원이 거의 꺾을 수 없는 목적을 달성하는 데 필요한 장소임을 알았다. 그는 강의 하류에 숨이 막히도록 나무가 가득 들어차 있음에도 불구하고 좋은 상태로 남아 있는 또 하나의 사원을 알았다. 그 사원의 신상神像들도 역시 불에 타서 없어지고 말았다. 그는 무엇보다 먼저 해야 할 일이 잠을 자는 것임을 알았다. 자정쯤 되어 그는 우울한 새의 울음소리에 잠을 깼다. 사람의 발자국, 옷가지, 그리고 하나의 주전자가 있는 것을 보아 그 고장 사람들이 존경하는 마음으로 그가 잠자는 것을 몰래 지켜보면서 그의 도움을 은근히 바랐거나 혹은 그의 마술적 힘을 두려워했었다는 것을 알 수 있었다.

그는 오싹 겁이 나서 다 망가진 성벽 속에 파진, 초상이 놓였던 자리를 찾아 그 속에 들어가 이름 모를 나뭇잎으로 자기의 몸을 덮었다. 그가 이곳에 오게 된 목적은 초자연적이기는 하지만 불가능한 것은 아니었다. 그는 한 인간의 꿈을 꾸고자 했던 것이다. 다시 말하자면 그는 자신의 꿈을 아주 완전한 그대로 꾸고자 했고, 그럼으로써 자기 자신을 실체 속에 끼워 넣고자 원했던 것이다. 이와 같은 마술적인 계획에 그의 영혼은 완전히 탕진되어 누가 그의 이름을 묻거나 그에게 과거 인생에 대한 단 한 가지 얘기라도 하라고 하면 그는 대답하지 못했을 것이다. 그의 계획을 실천하기 위해서는 사람이 살지 않고 폐허가 된 이 사원이 알맞았다. 왜냐하면 이 폐허는 가장 눈에 뜨이지 않는 세계이기 때문이다. 농민들이 가까이 있는 것도 또한 그의 목적을 위해선 안성맞춤이었다. 왜냐하면 농민들은 그가 최소한으로 필요로 하는 양식을 제공할 수 있을 것이기 때문이었다. 그의 유일한 일이란 잠을 자고 꿈을 꾸는 것이니만큼 농민들이 제공할 쌀이나 과실로 그는 충분히 목숨을 이어나갈 것이기 때문이었다.

처음에 그의 꿈들은 혼돈스러웠다. 조금 후에야 그가 꾼 꿈들은 겨우 어떤 연결을 맺을 수 있게 됐다.

이 낯선 사나이는 어쩐지 화재를 당한 것 같은 사원의 원형극장 한복판에 있는 꿈을 꿨다. 원형극장의 계단에는 조용한 학생들로 가득 차 있었다. 제일 끝에 앉아 있는 학생들의 얼굴은 몇백 년 멀리 떨어져 있는 것 같고, 그들은 한없이 키가 커보였다. 그럼에도 불구하고 그 얼굴들은 아주 깨끗하고 명확해보였다.

꿈속에서 그는 그 학생들에게 해부학·천지학·마술을 강의하고 있었다. 그들은 진지한 태도로 강의를 들으면서 이해하려고 애썼다. 이런 태도로 보아 그들은 그의 현상적 존재 양식으로부터 실재의 세계에 끼워 넣을 그 누군가를 결정할 시험의 중요성을 알고 있는 것 같았다. 그는 꿈이나 생시를 막론하고 유령들이 하는 대답을 고찰해보니 그 대답은 사기꾼들의 엉터리 대답이 아님을 알았다. 그는 좀 당황한 가운데 학생들의 대답이 자꾸 더 똑똑해지는 것을 알았다. 그는 우주에 참여할 가치가 있는 영혼을 구하고 있었다.

아흐레, 혹은 열흘 밤이 지난 다음 그는 쓴 입맛을 다시며 깨달았다. 그의 이론을 수동적으로 받아들이는 학생들에게선 아무것도 기대할 것이 없지만 경우에 따라 감히 반대 의견을 내세우는 학생들에게선 무엇인가 기대할 만한 것이 있었다.

수동적인 학생들은 사랑과 정을 받을 만하지만 완전히 개인이란 신분까지 성장하지 못할 것이다. 이에 반해서 감히 반대 의견을 내세우는 학생들은 개인으로서 이미 오래전부터 존재했던 것 같았다.

어느 날 오후(오후에도 그는 잠을 자고, 새벽에는 두 시간씩 잠을 깼다) 그는 꿈속의 거창한 대학 강의를 집어치우고 단 한 명의 학생과 만났다. 그 소년은 조용하고 얼굴색이 누르스름하고 때때로 고집이 센데, 꿈을 꾸고 있는 자신의 모습을 복사한 것 같은 날카로운 얼굴을 하고 있었다. 소년은 자기 동료들이 없는 것에 오랫동안 당황하진 않았다. 몇 번의 특별 교습을 받고 난 다음 그의 학습 진보는 선생을 깜짝 놀라게 했다. 그럼에도 불구하고 대단히 난처한 일이 그 뒤에 일어났다. 꿈을 꾸던 이 낯선 사나이는 마치 끈적끈적한 사막에서인 것처럼 잠에서 깨어나 오후의 힘없는 햇빛을 쳐다보고 처음엔 새벽빛인 줄로 혼돈했다. 그리고 그는 자기가 정말 꿈을 꾸지 않았다는 것을 이해했다.

그날 밤이 새도록 그리고 그다음 날 종일 정신이 너무 맨송맨송하고 잠이 오지 않아 그는 퍽 괴로웠다. 그래서 그는 정글을 살피고 돌아다님으로써 피로해지려고 했다. 독이 든 헴록hemlock을 헤치고 그 자리에 누워 겨우 잠깐 잠이 들었다. 그러면서 그는 아무 소용도 없는 어떤 평범한 비전을 희미하게 보고 있었다.

그는 다시 자기가 하던 폐허에서의 강의를 환기시키려 했지만 그가 몇 마디 훈계를 하자마자 그 강의 모습은 희미해지고 마침내 상상 속에서 꺼지고 말았다. 계속해서 거의 잠을 자지 못해서 그의 늙은 두 눈은 분노의 눈물로 탔다.

앞뒤가 맞지 않고 현기증이 나는 사물로 된 꿈을 꾸려는 노력은 단순하고 또한 복잡한 갖가지 수수께끼를 풀어낼 수 있는 사람이라도 아주 어려운 일임을 깨달았다. 그런 일은 모래로 끄나풀을 꼰다든가 혹은 건잡을 수 없는 바람으로 동전을 만드는 일보다 더 어려웠다. 그는 처음에 실패한다는 것은 어쩔 수 없음을 알았다. 그는 처음에 자기를 잘못 이끌고 갔던 엄청난 환각을 망각하겠다고 맹세했다. 그리고 그는 다른 방법을 강구했다. 그 방법을 실천에 옮기기에 앞서 그는 의식 혼돈 상태로 인해 소비되었던 에너지를 다시 채우기 위해서 한 달 동안을 보냈다.

그는 계획적으로 꿈꾸려 하지 않고, 꽤 많은 날 잠들 수 있었다. 이렇게 잠든 동안 몇 번에 걸쳐 그는 꿈을 꿨다. 그러나 그는 꿈의 내용을 기억할 수 없었다. 어느 날 오후 그는 강물에 몸을 정결히 씻고 위성衛星의 신들에게 예배를 드리고 가장 강력한 신의 이름을 또박또박 부른 다음 잠들었다. 거의 잠이 들자마자 그는 어느 두근거리는 심장을 꿈꾸었다.

그의 꿈에 나타난 이 심장은 활발히 고동치고, 따뜻하고, 잘 알 수 없으며 얼굴도 성도 없는 어느 인간 신체의 어둑한 속에 있었는데 그 크기가 주먹만 하고 빛이 석류 같았다. 그는 2주일 동안이나 밤마다 이런 꿈을 꾸면서 퍽 즐거웠다. 매일 밤마다 그 꿈속의 심장은 더 분명해졌다. 그는 꿈속의 심장을 손으로 건드리지 않고 그것을 목격 또는 관찰하며 혹은 자기 눈으로 그것을 올바른 각도에서 보는 것에 그치고 말았다. 그는 상당한 거리를 두고 여러 각도에서 그것을 눈으로 보고 생생히 관찰했다. 그는 14일째 되는 밤에 손가락으로 심장의 대동맥과 그다음에는 심장 전체를 안팎으로 모조리 만져보았다. 이렇게 시험해보는 것은 만족스러웠다. 다음 날 밤 그는 일부러 꿈을 꾸지 않았다. 그러다가 그는 다시 그 심장을 손에 잡고 한 위성의 이름을 주문처럼 외워 부르고는 중요 기관들의 꿈을 꾸려들었다. 1년 내에 그는 골격과 눈꺼풀 꿈을 꿨다. 수많은 머리카락 꿈을 꾸기가 아마 제일 어려운 일 같았다.

그는 젊은이의 완전한 꿈을 꿨다. 그러나 이 젊은이는 일어서지도 못하고 말도 못하고 눈을 뜨지도 못했다. 그는 밤마다 연이어서 그 젊은이가 잠자는 꿈을 꿨다. 우주의 신비를 알 수 있다고 주장하는 그노시스주의Gnosticism 우주창조론에 의하면 조물주께서 혼자 일어서지 못하는 빨간빛 아담을 반죽해서 만들어냈다는 것이다. 조물주가 만든 이 아담이 서툴고 전혀 세련되지 못한 것처럼 우리들의 마술사가 밤마다 노력해서 꾸며낸 꿈속의 아담도 역시 서툴고 전혀 세련되지 못했다.

어느 날 오후, 그는 자기가 만든 물건을 거의 파괴하고는 그것을 후회했다(만약 그가 그것을 완전히 파괴했더라면 좋았을 것이다). 일단 지구와 그의 정령들에게 기원을 끝마치자, 그는 호랑이이거나 말의 초상 밑에 엎드려서 알지 못하는 이 구원자에게 애원했다.

그날 해가 질 무렵 그는 초상을 꿈꿨다. 그 초상은 살아 있어서 떨리는 것이었다. 그것은 호랑이와 말로 된 끔찍한 종자의 초상이 아니고 용감한 동물들인 이 호랑이와 말이 다 같이 동시에 완전히 표현된 그것은 또한 소이기도 하며 장미꽃이기도 하며 폭풍이기도 했다. 이 다양한 신의 지상에서의 이름은 '불'(火)이라는 것을 그는 깨달았다. 그리고 또 한편 원형의 사원에서(그리고 그와 비슷한 다른 사원에서) 사람들이 이 신에게 제물을 바치고 숭배했고, 이 신이 마술적으로 잠자는 유령에게 생명을 불어넣기 때문에 '불'의 여신과 꿈을 꾸는 이를 빼놓고는 모두 그 유령이 피와 살이 생생한 사람이라고 믿게 됐다. 꿈꾸던 사나

이는 자기가 만든 꿈의 인물에게 예법을 가르쳐서 하류에 남아 있는 또 하나의 파괴된 사원으로 보내라는 신의 명령을 받았다. 그럼으로써 이 텅 빈 건물 속에서 어느 살아 있는 사람이 소리를 내며 신에게 영광을 드리도록 하자는 것이었다. 꿈을 꾸는 사람의 꿈속에서 꿈속에 나타난 사람이 잠을 깼다.

이 우리들의 마술사는 신의 명령을 실천에 옮겼다. 그는 (결국 2년이 걸리게 됐지만) 일정한 기간 동안 우주와 불을 숭배하는 신비를 자기의 꿈속에 나타난 어린애에게 보이려고 온갖 애를 썼다. 마음속으로는 자기의 육체에서 분리되는 것이 괴로웠다. 교육상 필요하다는 구실로 그는 매일 자기 꿈에 바치는 시간을 더 연장하곤 했다. 그는 결함이 있었던 오른쪽 어깨를 또한 다시 고쳤다. 가끔 가다가 이 모든 것이 전에 이미 있었던 일이라는 인상을 받게 되어 당황하기도 했다. 대체로 말해서 이렇게 보낸 세월은 즐거웠다. 그는 눈을 감고 다음과 같이 생각했다. '이젠 내 아들과 함께 있게 될 거다.' 혹 가끔 가다가는 '내가 낳은 아이가 날 기다리고 있으며, 내가 그 애를 찾아가지 않으면 그 애는 살아남지 못할 것이다' 라고.

그는 조금씩 자기 몸을 실체에 적응시키게 됐다. 한번은 아들에게 먼 산꼭대기에 깃대를 하나 세우라고 명령했다. 다음 날 그 깃대는 산꼭대기에서 아물아물 보였다. 그는 이와 비슷한 실험을 했는데 번번이 더 대담한 실험이었다. 그는 자기 아들이 세상에 나갈 준비를 갖추고 있음을—아니 퍽 조급하게 나가기를 기다리고 있음을—알고 다소 입맛이 썼다.

그날 밤 그는 처음으로 아들에게 키스를 한 다음, 헤치고 가기 어려운 정글과 늪을 여러 번 지나서 다른 사원으로 보냈다. 사원의 망가진 부스러기가 하류에서 흰빛으로 흘러내리고 있었다. 그러나 우선 자기가 유령임을 알지 못하도록, 자기가 남들과 똑같은 사람인 줄로 생각하도록, 꿈속의 아들에게 견습받던 몇 년 동안의 일을 완전히 망각하도록 했다.

그의 승리와 평화로운 마음은 걱정으로 희미하게 됐다. 해가 뜰 때나 해가 질 때나 그는 석상 앞에 엎드려서, 자기의 꿈속의 아들이 하류에 있는 원형의 폐허에서 자기가 하는 것과 똑같은 제식을 실천하고 있는지 모른다고 상상해 보는 것이었다. 밤이 되면 그는 꿈을 꾸지 않거나 혹은 오직 다른 사람들이 하는 것같이 꿈을 꾸게 될 것이다. 그는 우주의 소리와 형태를 보았는데 그것은 창백해보였다. 즉, 그는 부재의 아들을 키우느라고 영혼의 힘이 이처럼 감소한 것이었다.

그의 인생의 목적은 완전했다. 그의 삶은 일종의 황홀경 속에 지속되고 있었다. 그는, 얘기하는 어떤 사람들에 의하면 몇 년, 아니 몇십 년 후에 어느 두 뱃사람에 의해서 어느 날 자정에 잠을 깼다. 그에게는 그들의 얼굴이 보이지 않았다. 그러나 그들은 그에게 알려주기를, 북쪽에 있는 어느 사원에 마술사가 있는데 불 속을 걸어 다녀도 타지 않는다는 것이었다. 그는 갑자기 신의 말을 기억했다. 신이 말하기를, 세상의 모든 것들 중에서 오직 불의 신만이 그의 아들이 유령이라는 것을 알고 있다고 했던 것이다. 이와 같은 기억은 처음에는 그의 마음을 부드럽게 했으나 결국 그를 퍽 고통스럽게 하는 것이었다. 그는 자신의 아들이 자기의 비정상적인 특권에 눈독을 들여 자기 자신의 존재의 조건은 오직 환상에 불과하다는 것을 어떻게 해서든 알게 될까 봐 겁이 났다. 진짜 사람이 아니고 다른 사람의 꿈속의 상상물에 지나지 않는다는 것은 얼마나 모욕적인 것이랴! 얼마나 현기증이 나는 것이랴! 모든 아버지들은 그저 혼돈과 쾌락 속에서 그들이 만들어낸(아니 그들이 존재하도록 허락해준) 자신의 자녀들에게 관심을 갖게 마련이다. 따라서 우리들의 마술사가 일천 하룻밤에 걸쳐서 손발 하나하나, 얼굴 모양 하나하나를 상상 속에서 창조한 자기 아들의 장래에 대해서 걱정하는 것은 당연한 일이다.

하기야 다음의 징조로 이미 알 수 있었지만, 얼핏 보기에는 그의 위와 같은 명상은 갑작스럽게 끝났다. 그 징조로 말하자면 첫째 오랜 가뭄 끝에 마치 새처럼 가볍고 재빠르게 멀리 있던 구름이 한 언덕 위에 떠 있고, 그런가 하면 남쪽 하늘은 마치 표범의 입처럼 장미색이었고, 금속성의 밤을 좀먹는 연기가 나타났고, 마지막으로 동물들이 기겁하며 도망쳤다. 왜냐하면 그때 일어나고 있던 이와 같은 사건들이 몇백 년 전에 이미 일어났던 사건들이기 때문이다.

화신火神의 신전은 화재로 파괴되어 폐허가 되었다. 새도 아직 잠을 깨지 않은 새벽에 우리들의 마술사는 그 폐허를 둘러싼 벽 가까이에서 아주 강한 불길이 오르는 것을 보았다. 잠시 동안 그는 강물에 뛰어들어 불을 피하려 생각했다. 그러자 그는 죽음으로 늙은 생에 영광스럽게 종지부를 찍고 그럼으로써 그가 애써 하던 일에서 해방될 수 있다는 것을 알았다. 그래서 그는 불길이 튀어 오르는 속으로 걸어 들어갔다. 그러나 그 불길은 그의 살을 건드리지 않았다. 그 불길은 그를 포옹하고 열기도 없이 화상도 내지 않고 그를 삼켜버렸다. 그는 자기 역시 다른 사람의 꿈속에 나타난 실체가 아닌 단순한 현상임을 알고 마음이 풀리긴 했지만, 모욕과 심한 공포를 느꼈다.

이 괴팍하고 짤막한 상상의 이야기는 우리를 황당무계한 사념의 세계로 이끌어간다. 보르헤스의 모든 작품 세계가 그러하듯이 이 단편이 우리들의 상상력을 자극하여 사념하게 하는 세계는 극히 형이상학적이며 우주적인 세계이다. 그는 우리로 하여금 진정한 실체가 무엇인가 묻고 있다. 보통 우리들은 우리가 보고 듣고 아는 세계, 우리가 살고 있는 이 세계를 현실 혹은 실체라 전제하고, 잠이 들어 꾸게 되는 꿈의 세계 혹은 깨어 있는 상태에서 할 수 있는 엄청나고 황당무계한 생각의 세계를 꿈 혹은 상상세계라 구별한다. 그러나 이런 상식적이고 건전한 우리들의 인식이 흔들리는 순간이 더러 있게 마련이다.

상식적인 현실감이 흔들리는 것은 흔히 큰 변동이 일어났을 때다. 6·25전쟁 당시 보따리를 짊어지고 가족과 풍비박산이 되어 사선을 헤매야 했던 순간을 경험한 사람들은 이러한 사실이 현실인지 악몽인지를 의심했다. 시골 처녀가 시집간 첫날에도 아마 이와 비슷한 것을 느끼게 될 것이고, 먼 베트남의 상공에서 추락하는 파일럿도 이와 비슷한 것을 체험할 것이며, 처음으로 아기 아빠가 된 젊은 남편도 이와 비슷한 느낌을 갖게 되리라고 믿는다.

이러한 경험은 반드시 큰 사건을 통해서만 생기지는 않는다. 인생을 되돌아보는 조용한 시간에도 많은 사람이 비슷한 느낌을 갖게 될 것이다. 어느덧 서른 혹은 마흔이 넘고 백발이 듬성듬성 나는 모습을 거울을 통해 들여다보면서 어떤 이들은 이것이 꿈인가 생시인가 생각해볼지도 모른다.

우리들이 일상적으로 믿고 있는 사실 혹은 진리에 대한 의문은 인생이란 엄청난 문제를 떠나서도 얼마든지 생기게 된다. 우리가 믿고 있는 많은 진리는 사실이 아니었다는 일이 흔히 있기 때문이다. 현대철학의 초석을 마련한 프랑스의 철학자 데카르트는 위에서 든 바와 같은 사실에서 그의 혁명적인 철학, 더 구체적으로 말해서 인식의 이론을 세우고 의심할 수 없이 확실한 앎의 체계를 마련하고자 했다. 그는 말하기를 모든 진리, 즉 선생에게 얻어들은 진리, 내가 보고 체험해서 얻은 진리, 내가 사고를 통해서 획득한 진리는 한결같이 확실한 근거가 없기 때문에 의문을 갖게 된다고 주장했다. 이러한 의문·의심·비판에서 출발한 그는 오직 하나만의 사실이 불변하는 확실한 진리로서 의심의 여지가 없다고 생각하고, 그 진리에 기반을 두고 지식의 체계를 세우려 했다. 그가 주장한 유일한 진리, "내가 사고하는 실체로서 존재한다"는 사고하는 존재로서의 자신만이 의심의 여지가 없다는 뜻이다. 현대문학 내지 현대의 과학 문명은 대체로 위와 같은 데카르트의 진리를 전제로 하고 있다. 이와 같은 기초적 믿음은 우리들의 존재를 가장 만족시켜주는 듯하다. 그러나 데카르트도 약 2천 년 전 장자의 상상력에까지는 이르지 못했다. 『장자』의 「제물편」 마지막에 보면 장자는 다음과 같은 꿈을 꾼다.

> 나는 꿈에 나비가 되어 이리저리 날아다니며 어디로 보나 나비였다. 나는 나비인 줄만 알고 기뻐했고, 내가 장주莊周인 것은 생각 못했다. 곧 나는 깨어났고 틀림없이 다시 내가 되었다. 지금 나는 사람으로서 나비였음을 꿈꾸었는지 내가 나비인데 사람이라고 꿈을 꾸고 있는지 알지 못하겠다.

이와 같은 사고를 통해서 장자는 우리들 인간 인식의 한계를 재미있고 투철하게 보여주며 인간 사고가 어디까지 뻗칠 수 있는지를 보여준다. "눈에 눈이 들어가니 눈물이냐 눈물이냐"라는 우리말도 어떻게 보면 장자의 사고 형태와 같다 할 것이다. 물론 이와 같은 사색은 현실 생활에 직접적으로 아무런 보탬이 되지 못할 뿐 아니라 무의미하다. 왜냐하면 지금 내가 이 글을 쓰고 있는 것이 사실은 꿈꾸는 것에 불과하다 하더라도 나는 지금 내가 하고자 하는 것을 해내기 위해서는 꿈이 아니라 현실이라는 전제에서 모든 것을 할 수밖에 없고, 내가 꿈을 꾸고 있다는 가설은 아무런 실질적인 영향을 주지 못하기 때문이다. 그럼에도 불구하고 인간은 놀라운, 정말 신비스러운 사고의 힘을 갖고 있음으로써 보다 넓고 높은 지점에서 사건은 물론 자기 자신도 관찰해볼 수 있는 능력이 있고 불행인지 다행인지 이러한 사고력만이 인간을 만물과 구별하게 하는 것이다.

보르헤스의 사색은 장자의 사색과 극히 유사하다. 그는 특히 『원형의 폐허』에서 우리가 꿈을 꾸는 것인지 혹은 우리의 존재 자체가 타인의 꿈의 일부인 것인지 하는 문제를 던지며 우리로 하여금 엄청나게 놀랍고 신비스러운 환상의 세계를 경험하게 한다.

주인공인 낯선 사나이가 의식적으로 꿈을 꾸려고 하는 까닭은 그가 꿈꾸기 이전에는 진정한 의미에서 현실감을 갖지 못하기 때문이다. 그는 자신의 현실을 꿈속에서 진정한 실체와 합쳐보고 싶어 한다. 다시 말하자면, 꿈의 세계가 실체의 세계이고 현실의 세계가 꿈의 세계인지도 모른다는 느낌을 갖기 때문이다. "그는 완전한 사람을 꿈에서 보고 그 사람을 실체 속에 삽입하고자 했다." 그는 마침내 꿈속에서 한 젊은이를 창조하는데 알고 보니 자기가 꿈을 꾸는 게 아니라 남의 꿈속에 나타나는 또 하나의 꿈에 불과함이 드러난다. 그는 자신 또한 꿈속에서 창조한

아들처럼 실체가 아닌 남의 꿈속에 나타난 단순한 현상임을 알게 된다. 이러한 사실은 작품의 처음부터 암시되었다. 왜냐하면 그는 가시덤불을 헤치고 피가 나도록 상처를 입었어도 아무렇지도 않았기 때문이다. 마지막에는 그가 불꽃 속을 걸어 들어가도 아무렇지도 않은 것으로 그의 존재가 실체가 아님이 드러난다.

이쯤 이르면 실체가 무엇인가에 대한 대답은 더욱 희미해지고 우리가 현실이라고 부르는 구체적인 세계가 마치 밤하늘 가득한 구름 속을 떠돌아 아물아물 사라지는, 잡힐 것 같으면서도 잡히지 않는 선녀의 치맛자락과 같다고 느끼게 된다. 결국 우리는 뿌리를 잃고 만 셈이다. 더 가까운 예를 들자면, 이국에 살면서 흔히 느끼게 되는 뿌리 없는 생활, 현실 이탈감이 그것이다. 그러나 우리는 이러한 심리적 상태를 견디기 어렵다. 우리는 확고부동한 실체 속에 뿌리를 박고자 한다.

상식적이고 과학적 관점에서 본 뿌리, 즉 실체는 말할 나위도 없이 내가 손으로 만져보고 두들겨볼 수 있는 물질의 세계다. 그러나 장자나 보르헤스의 보다 형이상학적인 관점에서 볼 때 우리가 실체라고 믿고 있는 것이 과연 꿈이 아닌가 하는 생각이 가능하다. 따라서 실체가 무엇인가라는 문제는 과학적인 해답을 넘어서 형이상학적인 해답을 요구한다.

서양철학 사상에서 볼 때 플라톤, 라이프니츠, 스피노자, 헤겔, 그리고 최근에는 베르그송이나 화이트헤드A. N. Whitehead 같은 사람들은 각기 자기 나름대로 실체에 대한 학설을 세웠다. 그뿐 아니라 모든 종교도 반드시 나름대로 실체에 대한 어떤 주장을 전제로 하고 있다.

실체에 대한 이론은 대체로 두 가지로 구분된다. 그 하나는 실체와 가상, 또 현실과 꿈을 완전히 구별하는 입장이요, 또 하나는 이런 구별을 부정하고 모든 것, 즉 현실과 꿈, 물질과 정신이 다 같이 똑같은 한 실체의 두 개의 측면이라고 보는 입장이다.

전자의 대표적 예는 플라톤과 기독교에서 찾아볼 수 있다. 플라톤은 우리가 알고 있는 구체적인 현상의 세계를, '이데아' 혹은 '원형'으로만 이루어진 관념적 세계의 그림자로 봄으로써 현상의 세계를 하나의 가상적인 존재로 인정했다. 또 한편 기독교의 교리도 내세에서만 경험할 수 있는 정신적 세계를 참된 세계로 보았고, 우리가 살고 있는 지금 이 땅 위에서의 세계를 하나의 과정으로 보았다. 모든 현상을 두 가지, 즉 실체와 가상, 정신적인 것과 물질적인 것으로 분리해서 보는 주장을 철학에서는 이원론이라고 부르는데, 이러한 주장을 하게 된 구체적인 이유는 여러 가지로 볼 수 있겠으나 근본적으로 우리들이 경험하는 세계를 질서 정연하게 설명하고자 하는 동기가 가장 중요한 이유의 하나라고 봐야 한다. 따라서 플라톤의 '이데아'나 기독교의 '천국'은 기껏해야 가설에 불과하고 실질적으로 그것들의 진부를 결정할 수가 없다. 다시 말하면 위와 같은 이론은 완전한 지식일 수 없다.

이와 반대로 스피노자나 불교에서는 현실과 가상, 정신세계와 물질세계의 구별을 부정했다. 스피노자는 모든 현상은 단 하나의 실체의 양면에 불과하다고 주장했고 불교에서는 모든 것이 분리될 수 없는 단 하나의 실체의 존재 양식인 윤회 속에 있다고 보았다. 우주를 구성하는 요소를 단 하나로 보는 철학적 이론을 일원론이라고 부르는데, 이러한 주장을 하게 된 까닭은 우리들이 경험하는 모든 것에 완전한 통일을 부여함으로써 질서를 주고자 하는 데 있다. 일원론도 이원론과 마찬가지로 그 진부를 결정할 수 없는 성질의 것이다.

1920년대부터 1950년대까지 철학계에 크나큰 혁명을 일으킨 이른바 '논리실증주의' 학파에 의해서 전술한 바와 같은 형이상학은 치명적인 타격을 받았고, 형이상학적 사색 자체가 허무맹랑한 사상이라 하여 부정되었다. 이 학파에 의하면 우리들이 가질 수 있는 지식, 그리고 그 결론으로 볼 수 있는 진리는 두 가지 종류에 국한된다. 논리적 진리와 실증적 진리가 그것이다. 논리적 진리는 하나에 둘을 보태면 셋이 된다는 지식을 말하고, 실증적 진리는 소금을 물에 타면 녹는다는 지식을 말한다. 전자에 있어서 내 지식의 옳고 그름은 수학 법칙을 전제로 하여 그 법칙에 의해서 결정되고, 후자의 경우에 있어서는 구체적인 실험에 의해서 결정된다. 형이상학적 지식, 예를 들어 하느님이 존재한다든가 혹은 우주의 실체는 분리할 수 없는 동일한 하나의 존재라든가 하는 지식은 이미 존재하는 어떤 법칙이나 실험을 통해서 옳고 그름이 결정될 수 없다. 따라서 형이상학적 지식이란 진정한 의미에서 지식이라 할 수 없으며 그러므로 형이상학이 제시하는 실체는 그 종류가 어떤 것임을 막론하고 근거 있는 사실로 받아들일 수 없음은 당연하다.

논리실증주의철학은 이처럼 형이상학을 부정하고 우리들을 구체적으로 경험할 수 있는 물질적 세계에 가두어놓음으로써 유일한 실체는 우리가 경험할 수 있는 물질적 세계임을 전제로 한다. 그러나 물질적 세계가 유일한 실체라는 전제 자체는 논리적 실증주의의 방법에 의해서 그 진부가 결정될 수 없는 성질의 지식이요 믿음이다. 따라서 이 학설 자체가 벌써 또 하나의 실체에 대한 형이상학을 밑받침으로 하고 있음이 명확하다. 결국 넓은 관점에서 볼 때 논리적 실증주의는 자기모순을 드러낸 셈이다.

위에서의 몇 가지 철학 이론에 대한 간략한 고찰로도 우리들이 갖고 있다고 생각하는 모든 지식의 근거와 분야에는 반드시 그 한계가 있음을 알 수 있다. 장자와 보르헤스의 작품은 무엇보다도 모든 지식에는 그 한계가 있음을 독단적인 사색가들에게 보여주고 그들의 오만을 빈축하는 의미를 내포하고 있다. 보르헤스의 이성에 대한 비판 자체는 또 하나의 주장이 아니냐는 의문이 자연히 생기게 된다. 모든 지식은 상대적이라는 주장 자체는 그 주장 자체만은 상대적인 한계를 넘어서 보편적이라는 것을 전제로 한다. 그러므로 상대주의는 일종의 자기모순을 내포하고 있다. 결국 이것은 모든 지식에는 한계가 있음을 뜻한다. 그러나 장자나 보르헤스는 "모든 지식이 상대적이다"라고 주장하는 것이 아니라 "모든 지식은 상대적일 수밖에 없지 않은가?"라고 의문을 던질 뿐이다. 그리하여 16세기 프랑스의 사색가 몽테뉴도 모든 종류의 독단주의를 경고하면서 "나는 아무것도 모른다"고 말하지 않고 "내가 무엇을 알랴 Que sais-je?"라고 표현했다.

문학적 가치를 떠나서 오직 철학적인 관점에서 볼 때 보르헤스의 『원형의 폐허』는 위에서 본 바와 같이 독단주의와 인간의 오만을 경계하는 의미를 갖고 있을 뿐 아니라 인간 자체와 우리들의 일상생활의 의미를 우주적이고 형이상학적인 관점에서 고찰하고 반성하게 함으로써 인간이 우주 내에서 어떠한 위치에 있는가, 우리들이 일상적으로 추구하는 생의 목적이 정말 뜻있는가를 새삼 더 인식하게 한다. 나와 가족, 나라와 지구의 관점을 떠나 우주적 형이상학 내지는 종교적인 입장에서 나의 진정한 모습은 더 분명해지고, 돈과 권력과 명예와 쾌락을 추구하기에 급급하여 눈이 어두워진 우리들을 잠시나마 해방시켜 그러한 목적을 추구하는 진정한 의미가 무엇인가를 생각하게 하고 보다 높은 차원에서 생의 가치를 찾도록 암시한다. 따라서 내가 앞에서 장자나 보르헤스 식의 사색이 무용한 것처럼 말했음에도 불구하고 참다운 인간으로서의 생활은 이러한 사색을 통해서 더욱 풍부해지고 깊어진다.

내가 이 글을 쓰고 있는 것은 실체가 아니라 하느님이나 강아지나 혹은 어느 구더기의 꿈속에 일어나는 사건에 불과할는지 모른다. 그러나 나는 이러한 가능성을 생각함으로써 내가 하느님과는 다른 인간, 강아지나 구더기를 초월하는 인간이라는 것을 역시 안다. 그것이 비록 또 하나의 꿈속에서 일어나는 꿈일지는 몰라도 데카르트 말대로 아마 인간에게 있어서의 궁극적인 실체는 의식일지도 모른다.

✲ 전재된 단편 『원형의 폐허』는 필자가 번역한 것으로 이 책의 초판이 출간되었던 1975년 당시에는 보르헤스의 작품이 한국에 거의 소개되어 있지 않았다. 1965년쯤, 필자가 파리에 있을 때 불역으로 된 시 한 편을 『사상계』에 번역한 일이 있었다. 현재는 보르헤스의 전집이 출간되어 이 작품도 정식으로 번역되었지만 이 책에는 필자의 번역본을 수정 없이 재인용했다.

자폭과 반항

⋮

알베르 카뮈 · 『칼리굴라』

모든 사람들은 무의식적이나마 자기대로의 인생관과 세계관을 갖고 있지만, 작가들은 보통 사람들보다는 더 체계적인 인생관과 세계관을 갖고 있다고 믿어진다. 많은 현대 작가 가운데서도 알베르 카뮈Albert Camus(1913~1960)는 가장 체계적인 철학을 갖고 있는 작가 중의 한 사람으로 그의 철학은 예술 작품 이외의 저서를 통해서도 많이 발표되었다. 그의 소설이나 희곡보다도 더 많이 읽히는 『시시포스의 신화』와 『반항적 인간』에도 그의 철학은 전개되어 있다. 철학적 문제는 허다하지만, 카뮈의 철학적 관심은 오직 인생의 문제에 국한된다. 그에게 있어서 가장 중요하고 긴급한 철학적 문제는 우리가 사는 인생에 의미가 있는가 없는가 하는 문제였다. 이와 같은 문제에 천착한 그는 인생의 '부조리'를 발견한다. 카뮈에 있어서 '부조리'란 개념은 특수한 의미를 갖고 있다. 그것은 '이성과 실존'의 알력으로부터 비어져 나가는 경험인데, 구체적으로 말하자면 인생의 궁극적 존재 이유의 부재, 일상생활의 허무성, 그리고 인생고의 무의미함을 지칭한다. 인생이 부조리하다는 결론이 나왔을 때 어떠한 삶의 태도를 취하는 것이 가장 앞뒤가 맞는 옳은 태도일까? 카뮈는 두 가지 상반되는 태도를 생각할 수 있다고 주장한다. 그 하나는 자살이요, 또 하나는 반항이다. 카뮈는 이미 『시시포스의 신화』 속에서, 그리고 『반항적 인간』 속에서 자살의 길을 규탄하고 반항적 인간을 구가謳歌한다.

카뮈의 대표작 중 하나인 4막으로 된 희곡 『칼리굴라』는 부조리의 경험과 그로부터의 결론으로 자폭의 길을 택한 인간의 덧없는 비극을 그린 작품이다. 많은 기독교인들을 잔인하게 학살하고, 위대한 예술을 위해 로마 시를 불태운 네로와 함께 폭군이란 이름이 붙게 된 젊은 황제 칼리굴라는 원래는 착하고 공정한 정치를 하려고 애썼던 인물이었다. 그러나 그는 사랑하는 누이동생 드루실라의 뜻하지 않은 죽음을 겪게 된 후 인생 만사의 무상함과 부조리를 발견하게 된다. 그는 처음으로 인생의 허무, 천하를 다스리는 로마 황제의 힘의 한계를 알게 된다. 인생의 허무를 발견하고, 그러한 진리와 적극적으로 화합함으로써 그 허무를 초월하여 열반의 기쁨을 찾았던 부처님과는 정반대로 칼리굴라는 그 진리에 도전함으로써 이성을 완전히 벗어난 행위를 하게 된다. 그래서 남들이 보기에 그는 어느 모로 보나 완전히 미친 사자처럼 변하게 된다.

황제 칼리굴라는 미친 사람처럼 밤중에 궁 밖에서 달을 바라보며 그 달을 소유하고 싶다고 한다. 그의 미친 행위는 이와 같은 낭만적인 것에 그치지 않는다. 아무 이유도 없이 충신들을 괴롭히고 학살한다. 달을 갖고 싶다고 하는 것이나 멀쩡한 충신들을 장난삼아 죽인다는 것은 인간으로선 할 수 없는 일이다. 그렇기 때문에 그는 정신이 나간 사람, 비인간적 잔인한 사람으로 보일 수밖에 없게 된다. 그러나 실상 그는 정신이 나가지도 않았고 보통 의미에서 잔인한 인간도 아니다.

그가 달을 소유하고자 잔인무도한 짓을 한 것은 그러한 소원이 이루어질 수 없다는 데 바로 그 이유가 있고, 그러한 행동을 인간으로서는 할 수 없다는 데에 바로 그 이유가 있다. 그는 불가능을 가능한 것으로 만들고자 하는 것이다.

> 나는 갑자기 불가능에 대한 욕망을 느꼈다. 그것이 내가 원하는 전부이다. 내 생각엔 세상만사가 아주 불만스럽다. ……(중략)…… 정말로 우리가 사는 이 세계, 이른바 현실은 정말 참을 수 없이 불만스럽다. 바로 그러한 까닭에 나는 달을, 행복을, 영생을, 즉 미친 소리 같을지 모르나 이 세상에 없는 무엇인가를 나는 바란다.

칼리굴라는 또 덧붙여 말한다.

> 극지極至의 힘을, 끝없는 의지를, 자신의 운명의 어두운 충동에 완전한 항복을 하지 않으면 결코 완전한 힘을 얻을 수 없다는 비밀, 그 비밀을 아는 사람은 이 세상에서 나 혼자밖에 없다. 그렇다, 결코 중단할 순 없다. 나는 나의 모든 생명이 말소될 때가지 계속 가야만 한다. 이와 같은 미치광이의 행복을, 이 자유를 정말 이룩한 사람은 역사를 통해서 겨우 두세 명밖에 없다.

불가능을 가능으로 만들겠다는 미치광이가 행복을 추구하는 것은 그 무엇보다도 인생이 궁극적으로 만족스럽지 못하다는 것, 즉 인생의 궁극적인 의미를 찾을 수 없다는 것을 의미한다. 궁극적 의미의 결여는 곧 부조리를 의미한다. 만약 부조리가 인생의 궁극적인 진리라면, 인간이 살아가면서 필연적으로 부여하게 되는 여러 물건과 행동 등의 가치는 궁극적으로 그 의미를 잃게 된다는 결론이 나온다. 어떤 물건, 어떤 행동의 가치는 그보다 차원이 높은 가치에 의해서만 결정이 될 수 있고, 또한 가치의 기준이 되는 그 가치는 더 차원이 높은 가치에 따라서만 결정될 수 있다. 그러나 만약 궁극적인 가치가 설 수 없다면, 즉 궁극적인 인생의 의미가 없다면, 모든 가치판단은 근본적인 의미에서 그 근거를 잃게 된다는 논리가 성립된다. 결국 부조리는 칼리굴라의 다음과 같은 말로 요약된다.

> 만사는 평등하다……. 이 세상은 아무 의미가 없다.

그러나 보통 사람들에게는 인생이 궁극적으로 무의미하다는 사실, 즉 부조리의 진리를 받아들인다는 것은 심리적으로 어려운 일이다. 그렇기 때문에 대부분의 사람들은 마치 인생에 의미가 있는 것처럼 자신을 기만한다. 칼리굴라의 미치광이 같은 폭주에 견딜 수 없게 된 신하들과 공모해서 마침내는 황제 암살의 주모자가 되는 케레아의 다음과 같은 생각은 우리들 대부분의 태도를 상징한다.

나는 의미를 다시 찾게 된 세상에서 조그마한 마음의 평화를 갖고자 할 뿐이다. 내 속을 뒤집어놓은 것은 야심이 아니라 내 인생도 한낱 먼지와 마찬가지로 의미가 없다는 비인간적 인생관에 대한 공포, 당연한 공포이다.

따라서 케레아는 부조리를 설사 그것이 진리라고 해도 받아들이기를 거절하고자 하는 것이다. 그는 심리적인 위안을 얻기 위해서 괴로운 진리보다는 즐거운 기만, 자기기만 속에 숨고자 하는 것이다. 이와 정반대로 칼리굴라는 작가 카뮈와 더불어 이러한 자기기만이 최대의 악이라고 생각한다. 그는 참다운 인간의 자유, 인간의 생활은 아무리 잔인하다 하더라도 진리를 받아들여야 가능해진다고 주장한다. 따라서 칼리굴라는 다음과 같이 반박한다.

나는 신하들이 하는 거짓말과 자기기만 속에 둘러싸여 있다. 그러나 나는 그런 것에 지긋지긋해졌다. 나는 모든 사람들이 진리의 빛을 따라 살기를 원한다. 나는 이런 목적을 실천에 옮기는 힘을 갖고 있다.

인간의 참다운 자유는 거짓과 자기기만을 벗어나는 데에서 비로소 시작된다. 부조리의 진리를 숨기려는 신하들을 경멸하면서 칼리굴라는 성을 낸다.

결국 칼리굴라는 미친 폭군이라고 할 수 없다. 그는 무엇보다도 그가 발견했다고 생각하는 진리, 즉 부조리를 자기기만 속에 사는 인간들에게 보여주려고 했고, 모든 인간들이 그 진리 속에 살기를 바란 것이다.

그는 이 불만스러운 진리 안에서 철저히 사는 방법으로 황제로서의 권력을 행사하면서 아무런 위안도 없이 "자신의 생명을 소진할 때까지" 이 부조리한 세계를 만들어낸 "제신諸神들의 인간에 대한 증오심과 우매함을 보상"하려고 했다. 그러나 모든 노력이 헛되어, 산꼭대기의 바위가 결국 다시 굴러내릴 것을 알면서도 어깨 위에 바위를 지고 산으로 올라가는 신 시시포스와 같이 칼리굴라는 거의 모든 노력이 오직 불가능을 찾는 노력임을 알고 있다. 이런 의미에서 칼리굴라는 부조리 속에서 자살하는 부정적 인간이 아니라, 그 부조리를 뛰어넘어서려는 반항의 인간처럼 보인다. 그러나 그는 진정으로 카뮈가 말하는 반항적 인간이었던가? 칼리굴라는 인생에 궁극적 의미가 없다는 사실로부터 모든 것이 무의미하고, 따라서 모든 것이 허용됐다고 생각했다. 그리하여 그는 그러한 관점이 옳다는 것을 보이기 위해서 인간의 생활을 부정하는 길을 택했다. 그는 죄 없는 충신들을 아무 이유도 없이 자신의 기분대로 학살하는 등의 만행을 저지른다.

여기에 이르러 카뮈는 칼리굴라의 논리가 그릇됨을 지적하고, 따라서 칼리굴라가 자신의 논리에 따라 취한 포악한 행동을 규탄한다. 카뮈에 의하면 칼리굴라는 반항적 인간과는 반대로 자살적 인간과 통한다. 부조리를 인생의 진리라고 확신하면서도 카뮈는 자살적 인간을 규탄하고 반항적 인간을 극찬한다. 그는 부조리가 진리라면, 그것으로부터의 논리 정연한 결론은 자살이나 자폭이 아니라 반항적인 인생이라고 주장한다. 부조리가 진리라면, 즉 궁극적으로 인생이 허무하다면 어째서 자살해서는 안 되는가를 카뮈는 이렇게 설명한다.

자의적으로 죽는다는 것은 비록 순간적으로나마 인생의 허무성을 시인함을 의미한다.

부조리는 인생의 의미를 논리적으로 찾는 인간과 그 요구에 무관심한 우주와의 대결에서 나타나는 것인데 '자살은 이와 같은 대결의 포기를 의미' 한다. 따라서 부조리의 인간은 자신의 근본적인 존재 조건을 스스로 부수지 않고서는 자살에 찬동할 수 없음을 깨닫게 된다. 부조리의 인간은 삶이 유일한 '선善'(가치)임을 시인한다. 왜냐하면 살아 있기 때문에 인간은 무관심한 우주와의 대결을 계속할 수 있고, 살아남지 않고서는 인간은 무의미에 대한 도전을 계속할 수 없기 때문이다. 인생이 부조리하다는 것을 말하려면, 우리가 살아 있음을 전제로 한다. 인생이 없어선 안 될 것이라고 인정하는 순간, 모든 인생은 다 함께 '선' 이 된다.

따라서 자살과 학살은 단 하나의 사상 체계, 즉 행동에는 어떤 한계가 있음을 시인하지 않고 지상과 천국을 동시에 파멸시키는 검은 승리를 선택하는 불행한 지성의 사상 체계이다.

그러므로 카뮈에 의하면 광적 학살을 통해서까지 부조리에 반항하려고 했던 칼리굴라는 옳은 의미의 부조리한 인간도 아니고, 옳은 의미에서 반항한 것도 아니다. 그의 행동은 일종의 자살, 즉 자폭의 모순된 행동이었다.

카뮈는 그의 사상의 성숙기를 대표한다고 볼 수 있는『반항적 인간』이란 작품 속에서 '한계' 혹은 '중용'의 개념을 강조하면서 반항이 옳은 일이긴 하되, 인간의 생명까지 부정하는 반항은 참다운 반항이 아니라고 역설한다. 다시 말하면 반항은 칼리굴라처럼 자신만을 위한 반항이 아니라, 나 아닌 다른 인간의 생명을 위한 반항이라야 한다는 것이다. 결국 인간의 생명이 반항의 한계를 이룬다.

이와 같은 카뮈의 중용적 사상, 한계 의식은 마침내 사르트르와의 절교의 원인이 되었고 그것은 또한 그의 정치철학의 밑받침이 된다. 카뮈는 가난한 집안의 무식한 어머니에게서 태어났다. 고학에 가까운 학창 시절을 보냈을 뿐 아니라 사회주의 사상에 젖기도 했다. 그럼에도 불구하고 그는 목적이 아무리 고귀하다 하더라도 수단을 가리지 않는 극단적인 정치 사상을 반대했다. 그는 소련의 무자비했던 공산주의를 비롯한 모든 형식의 독재주의, 수단을 가리지 않는 과격한 혁명을 반대했다. 따라서 그는 사르트르와 같이 극단적인 사상가나 공산주의자들로부터 부르주아의 공모자라는 손가락질을 받기도 했다.

이와 같은 이유로 카뮈는 필자 자신에게도 한때 미지근하게 느껴졌던 것 같다. 그러나 바로 이러한 미지근한 사상, 한계를 인정하는 그의 사상은 많은 젊은 독자들에게 공감을 얻는 이유인 것이며, 또한 그가 젊은 나이로 노벨문학상을 타게 된 원인이다. 바로 이 미지근한 점으로 해서 그의 사상은 위대하다.

카뮈의 사상을 평가하기에 앞서, 보다 정확한 이해를 위해 작품 『칼리굴라』를 중심으로 그의 사상을 다시 정리해보자. 그의 사상은 다음과 같이 요약될 수 있다.

첫째, 인생은 부조리하다. 인생의 궁극적 의미는 찾을 수 없다. 물론 부조리는 인간이 이성으로 발견할 수 있는 진리에 불과하다. 그러나 인간을 떠난 진리란 인간에게 아무런 의미도 갖지 않는다. 따라서 부조리란 인생의 유일한 궁극적인 진리이다.

둘째, 그것이 어떠한 성질의 것이든 간에 진리를 진리로 받아들이는 것이, 이유를 막론하고 진리를 등지고 자기기만 혹은 환상 속에 사는 것보다 훌륭하다. 이러한 결론은 진리라는 개념 속에 내포되어 있다.

셋째, 부조리의 진리는 모든 의미를 알고자 하는 인간 이성의 요구와 그 요구에 무관심한 우주의 침묵 간의 대결에서 발견되는 경험이다. 따라서 부조리의 존재는 인간의, 보다 더 정확히 말해서 인간 의식의 존재를 전제로 한다.

넷째, 부조리를 진리로 인정한 사람, 즉 진리 앞에 사는 사람을 부조리의 인간이라고 부를 수 있다면, 그 인간에게는 얼핏 보아서 인생에 대해 두 가지 선택의 길이 있는 것같이 보인다. 하나는 자살이나 자폭, 학살의 길이요, 다른 하나는 반항의 길이다.

다섯째, 그러나 자살이나 학살은 부조리의 인간에게는 받아들여질 수 없다. 왜냐하면 그러한 행위는 부조리한 진리의 근거가 되는 인간존재를 부정하는 행위이기 때문이다. 따라서 반항의 길만이 남아 있다.

여섯째, 부조리의 인간에게 있어서 반항은, 인간의 궁극적 의미의 요구에 무관심한 우주의 침묵에 대한 꾸준한 대결로만 가능하다. 그것은 구체적으로 창조적인 생활에서 가장 잘 표현된다.

일곱째, 무관심한 우주와의 대결에는 오직 하나의 '한계'가 있다. 그것은 인간의 생명, 즉 인생이 유일한 '선'(혹은 유일한 가치)이라는 것을 인정하는 데 있다. 이러한 유일한 가치에 상반되는 반항은 정말 반항이 아니라 자폭에 불과하다.

카뮈는 허무주의에 가까운 인생관에서 출발하여 인생을 적극적으로 긍정하고 그것을 구가한다. 카뮈는 궁극적으로 모든 노력이 결국은 허사로 돌아갈 것임을 알면서도 계속 노력을 중단하지 않는, 영원히 벌 받는 시시포스가 행복할 것이라고 믿는다.

카뮈는 그의 인생에 대한 이와 같은 긍정적인 관점이 하나의 관점이라고 주장하는 것이 아니라 인생이 부조리하다는 전제하에서 논리적으로 증명될 수 있는 진리로 나타내 보인다. 그러나 불행히도 그의 논리에는 큰 억지가 있다.

첫째, 부조리가 진리라고 한다면, 그러한 진리를 믿고 그러한 진리를 계속 응시하기 위해서 부조리한 인생에 반항하며 살아가야 한다는 결론이 나오지 않는다.

둘째, 인생은 절대적 '선', 즉 '가치'라는 결론이 나올 수 없다. '선', 즉 '가치'는 어떠한 기준이 있음으로써만 그 뜻을 가질 수 있는데 인생이 부조리하다면 궁극적인 가치의 기준이 있을 수 없다. 카뮈의 상기한 논리는 의미 혹은 가치에 대한 그의 혼돈에서 기인한다.

카뮈가 인생은 '선'이라고 할 때, 그리고 반항적 인생이 참된 인생이라 할 때, 그는 벌써 그러한 인생에는 '의미'가 있다는 가치판단을 내리고 있는 것이다. 인생의 '의미'라 할 때 '의미'라는 개념은 두 가지 다른 뜻을 갖고 있다. 첫째의 경우 '의미'는 '목적'을 뜻한다. 필자가 톨스토이의 『이반 일리치의 죽음』을 이야기할 때 밝혔던 것처럼, 이런 뜻에서의 '인생의 의미'는 있을 수도 없고 생각할 수도 없다. 왜냐하면 어떤 목적도 인간을, 더 정확히 말해서 인간 의식의 표현인 인간의 욕망을 떠나서는 생각할 수 없는데, '인간존재의 목적'을 묻는 순간 그러한 물음을 제기하는 인간 아닌 인간을 생각할 수 없기 때문이다. 이런 의미에서 인생은 카뮈의 말을 빌리자면 부조리하다. 따라서 '인생은 좋다'라든가, '참다운 인생은 반항적 존재'라든가 하는 논리적 결론이 나올 수 없다. 이런 뜻에서의 인생의 '의미'는 논리적 의미라고 할 수 있는데, 논리적인 뜻으로서의 인생의 의미라는 것은 불가능하기 때문이다.

둘째의 경우 '의미'는 '인생의 의미'라는 말처럼 심리적인 뜻으로 쓰이는 경우를 말한다. 이때의 '의미'는 '의미 있는 의미'를 말한다. 혹은 '의미 있는 인생이었다'라고 할 때 반드시 무슨 목적을 달성했다기보다는 '만족스러웠다'라는 표현으로 바꿔볼 수 있다. 개인의 성격이나 환경은 모두 다르기 때문에 살아가는 대부분의 시간은 많은 사람들에게 언제나 완전한 만족감을 채워주지 못한다. 그러나 살다 보면 때로는 그러한 경험을 하게 될 때가 없지 않다. 이와 마찬가지로 한 개인의 인생을 통틀어 보았을 때 어떤 사람이 자신의 인생이 만족스러웠다고 느낄 수 있는 것이다. 이러한 뜻으로의 인생의 의미는 모든 사람에게 전체적으로 적용될 수는 없다 할지라도 어떤 사람들에게는 가능하다.

따라서 카뮈가 인생이 부조리하더라도 인생은 가치가 있다, 즉 의미가 있다고 한 것은 심리적인 뜻으로의 의미가 될 수밖에 없다. 인생에서 만족감을 체험할 수 있다는 말이다. 카뮈는 논리적인 뜻으로서의 인생의 의미와 심리적인 뜻으로서의 인생의 의미 사이에 어떤 논리적인 관계가 있는 것처럼 생각하고 있으나 그것은 그의 착각이고 둘 사이에는 아무런 관계가 없다. 비록 논리적으로 의미가 없다 해도 인생은 심리적인 의미를 가질 수 있다. 모든 논리를 떠나서 아무리 고통스럽다 해도, 역시 눈을 뜨고 숨을 쉬는 이상 삶 그 자체, 단순히 살아 있다는 그 자체가 무엇보다도 신비롭고 즐거운 것이 아니랴? 인생의 의미에 대한 다음과 같은 아인슈타인의 말은 이 문제에 결정적인 답변을 해주는 것이다.

> 인생의 의미, 아니 모든 피조물의 생명의 의미는 무엇인가? 이러한 질문에 대한 해답을 안다는 것은 종교적인 것임을 의미한다. 당신은 내게 물을 것이다. 그렇다면 이러한 질문을 제기한다는 것이 말이 되는가라고. 나의 대답은 이렇다. 자기 스스로의 인생, 다른 인간들의 인생이 무의미하다고 생각하는 자는 불행한 사람일 뿐만 아니라 거의 인생에 적합하지 못한 자이다.

카뮈의 인생론에 논리적인 무리가 있다고 해서 그의 인생관이 그르다고는 말할 수 없다. 그는 무의식적이나마 억지 논리를 써가면서 인생이 역시 가장 귀중하다는 결론을 내릴 만큼 투명한 의식과 더불어 인생에 매혹되고 그것을 찬미했던 것이다. 그는 지중해의 푸른 바다와 뜨거운 태양을 구가하고 피와 살로써의 사랑에 지칠 줄 모르는 환희를 느낀 육체의 인간이기도 했다.

부조리와 절도節度의 반항에서 생의 찬가로 이어지는 곡선으로 된 카뮈의 인생관에는 어쩔 수 없는 부조화와 그에 따른 긴장이 내재해 있다. 그것은 한편으로 철저한 투명성을 필요로 하는 지적 요구, 그것에 동반하는 부정적 진리와 또 한편으로는 생에 격렬한 환희를 느끼는 육체의 긍정적 본능과의 알력이요 긴장이다.

카뮈는 부조리의 논리적인 결론을 끝까지 끌고 나가겠다면서, 미치광이처럼 달을 갖고 싶다고 무고한 충신들을 기분대로 학살한 부조리의 황제 칼리굴라를 지적으로 이해하고 공감을 갖긴 하지만, 그와 동시에 황제의 절도 없는 반항을 엄격히 처벌하면서 마침내는 긍정적 인간이 승리하는 것을 그린다.

작품 『칼리굴라』 속에서 황제에게 충신이었던 자기 아버지가 학살당했고, 자신마저 견디기 힘든 모욕을 받았음에도 불구하고 황제를 증오할 수 없다는 시인 스키피오와 황제 암살의 주모자인 케레아의 다음과 같은 대화는 작가 카뮈의 정신적 상황을 보여줄 뿐 아니라 작가이자 사상가로서 카뮈의 사상을 가장 요령 있게 요약해준다.

케 레 아: 그렇다면 당신은 그(칼리굴라)의 편이란 말이오?

스키피오: 그렇지 않소. 그렇지만 난 그에게 반대할 수 없소. 내가 그를 죽였다 해도 내 가슴은 역시 그와 함께 있을 거요.

케 레 아: 하지만, 그자는 당신의 부친을 학살하지 않았소?

스키피오: 그렇소. 바로 거기서부터 모든 것이 시작되었고, 거기서에서 모든 것이 끝나오.

케 레 아: 그자는 당신이 믿고 있는 것을 다 부정하고 당신이 신성하다고 생각하는 모든 것을 짓밟지 않았소?

스키피오: 케레아, 나도 그걸 알고 있소. 하지만 내 마음속의 무엇인가는 그와 가까움을 느끼고 있소. 똑같은 불길이 그와 내 가슴속에서 다 함께

타고 있소.

허무한 인생에 대해 반발하면서 '달을 갖고 싶다', '불가능을 가능하게 하고 싶다'는 미친 사람 같은 황제 칼리굴라의 무한한 공백감, 그것에 대한 반발심에 함께 미칠 것 같아지고, 함께 울고 싶고, 공감을 느끼면서도 또 한편으로 바로 그러한 칼리굴라의 비인간적 횡포를 규탄하지 않을 수 없는 카뮈의 착잡한 심정은 비단 스키피오의 심정에서뿐만 아니라 인간의 가장 깊은 마음속에 깃든 심정일 것이다.

현대 문명과 '성性문학'

⋮

데이비드 허버트 로런스 · 『사랑하는 여인들』

작가 데이비드 허버트 로런스David Herbert Lawrence(1885~1930)의 이름은 적나라한 성행위의 묘사로 20세기 문학계에 크나큰 스캔들을 일으켰던 작품 『채털리 부인의 사랑』을 통해 가장 잘 알려져 있다. 이 작품은 물론이고 로런스 작품의 공통적인 주제는 적어도 표면상으로는 성性에 있다. 『채털리부인의 사랑』이 성의 깊은 아름다움과 숭고함을 감각적으로 보여주었다면, 이 작가의 또 다른 대표작으로 평가받는 『사랑하는 여인들』은 로런스의 성의 철학을 진술한 소설이다. 여기서 성은 남녀간의 생물학적 성행위를 말한다. 성에 대한 일반적 견해는 전통적, 특히 기독교 정신에 입각한 서구의 전통적인 입장에서 볼 때 대개 두 가지 관점으로 정리될 수 있다.

첫째, 육체적 행위로서의 성은 생식을 위한 불가피한 자연현상으로, 이와 같은 자연적 기능을 넘어서는 아무런 가치가 없다는 관점이다. 따라서 정신적으로 도덕적 동물인 인간에게 '성이란 자연적인 동물로서의 불가피한 필요악'이 된다.

둘째, 성은 모든 사람에게 아마도 가장 강렬한 향락의 수단이라는 생각이다. 따라서 모든 정상적인 인간은 싫든 좋든 생식을 위한 도구 혹은 방법으로서뿐 아니라, 그러한 목적과 상관없이 '오직 향락 자체를 위하여 성을 갈구하게 되는' 본능에서 벗어나지 못한다.

이와 같이 성은 생명의 근원이요 생명을 가장 기쁘게 하는 원천임에도 불구하고 동서를 막론하고 대체로 부끄러운 것, 숨겨야 할 것, 더러운 것, 비윤리적이고 비인간적인 것으로 부정적인 평가를 받아왔다. 언뜻 보기에는 퍽 모순된 성에 대한 태도가 어찌해서 거의 예외 없이 모든 인간 사회의 공통된 현상으로 나타나게 됐느냐는 문제에 대해서 정신분석학 혹은 사회학은 많은 설명을 제시한다. 정신분석학 혹은 사회학은 지금까지 다양한 연구를 통해 성 자체, 즉 생식을 떠난 성, 향락을 위한 성이 악惡이 아님을 간접적으로 보여준다. 이러한 현대의 정신분석학은 오늘날 서구에서 볼 수 있는 성의 자유, 혹은 개방이란 결과를 낳는 데 일조했다.

언뜻 보기에는 현대를 사는 젊은 세대의 성에 대한 관점은 전통적인 그것과 전혀 다르고, 오히려 우리가 이제 고찰하려는 거의 한 세기 이전의 영국의 작가 로런스의 성에 대한 태도와 공통되는 것 같다. 그럼에도 불구하고 로런스의 성에 대한 이론은 전통적인 성관性觀은 물론 이른바 성자유주의자의 성관과도 근본적으로 다르다. 전통적 성관이나 성자유주의자의 성관은 근본적으로 자연주의적 관점에 서 있다. 다시 말하자면 성은 생리 현상, 즉 물질 현상이란 관점을 전제하고 있다. 따라서 성의 현상도 합리적인 설명이 가능하다는 결론이 선다. 성자유주의자의 성관이 전통적 성관과 다른 점은 후자가 윤리적이며 반反향락주의적인데 비해서 전자는 비윤리적이며 향락주의적인 데 있을 뿐이다.

로런스의 성관이 독창적인 점은 그것이 자연주의적이지도 않고 윤리적이지도 않고 향락주의적이지도 않은, 신비주의적이라는 데 있다. 로런스에 의하면 성은 생식을 위한 물질로서의 자연현상만도 아니고 향락의 수단만도 아니다. 그것은 어떠한 개념이나 범주로 정의되고 규정되며 논리적으로 설명될 수 없는, 무엇으로도 분석해낼 수 없는, 살아 있는 생물 자체의 표현으로, 도달할 수 없는 궁극적 존재를 인식하는 유일한 길이요 한 인간이 모든 것을 초월하여 우주의 어떤 궁극적 목적과 조화를 이루는 유일한 통로이다.

작품 『사랑하는 여인들』은 로런스의 이런 관점에서 그 근본적인 작품의 의미가 파악될 수 있다.

보랭켄가家의 자매인 스물여섯 살이 된 어슐러와 스물다섯 살이 된 구드런은 '경험', 즉 성에 대한 자연스러운 호기심을 억제할 수 없어 결혼을 생각하게 되는데 각각 같은 마을에 사는 서른이 넘은 버킨가의 루퍼트와 크리크가의 제럴드와 가까워지게 되고 사랑의 쌍곡선이 이루어지게 된다. 어슐러와 루퍼트는 마침내 결혼을 하게 되지만, 구드런과 제럴드의 관계는 제럴드의 자살에 가까운 죽음을 통해서 비극으로 끝나게 된다.

이런 줄거리를 통해서 작가 로런스는 사랑의 참된 가능성과 그릇된 남녀 간의 태도가 어떤 것인가를 암시한다. 초등학교에서 아이들을 가르치고 있는 어슐러와 그 지방의 장학관인 루퍼트가 감정적인 인간인 데 비하여 파리에서 미술 공부를 한 구드런은 지적이며 독립심이 강하고, 그 지방의 광산업을 하는 부호의 아들 제럴드 역시 개성이 강한 의지의 인간이었다. 이와 같은 성격의 대조를 통해서 로런스는 지성과 의지를 규탄하고 감성을 찬양한다. 사랑은 '하나로의 결합과 차이를 초월한 조합'을 의미하는 것인데, 강한 개성과 의지, 그리고 지성의 기능은 근본적으로 고립, 대립, 분리를 의미하기 때문이다. 이와 같은 반주지주의反主知主義는 로런스의 철학을 대변하는 것이다. 이것은 작중인물 루퍼트가 헤르미온이란 부호의 딸을 싫어하는 것으로 입증된다. 헤르미온은 교양, 즉 지식이 풍부한 이지적인 여성이다. 한편 구드런이 얼마만큼 지적인 여인인가는 그녀가 마지막에 스키장에서 만난 동성애자인 예술가 로르키에 끌린 것으로 증명된다. 로르키는 모든 환상을 탈피해 현실을 뱀처럼 냉철한 눈으로 보고 있는 이지理智를 가진 사람이었던 것이다.

사건이나 줄거리로 보아서는 소설 『사랑하는 여인들』은 별로 새롭거나 신기할 바가 없다. 문체로 보아도 마찬가지다. 그럼에도 불구하고 이 작품이 로런스의, 그리고 20세기 영문학의 대표작 중 하나로 인정받고 있는 까닭은 작가 로런스의 성에 대한 독창적 해석이 이 작품을 통해서 잘 나타나고 있기 때문이다.

로런스의 성에 대한 관점은 생리적이거나 윤리적인 것이 아니고 형이상학적이다. 작가는 그의 성의 철학을 통해서 서양 문화와 현대 문명의 근원적인 철학적 대전제를 부정하고 동양적인 것에 가까운 형이상학을 주장하고 나온다.

그가 부정하는 현대 문명의 대전제는 '기계주의'라고 부를 수 있는 자연관과 '성공주의' 라고 부를 수 있는 인생관이다. 플라톤의 '이데아의 세계' 에서부터 시작하여 데카르트의 '우주관' 을 거쳐 뉴턴 이후의 '과학적 우주관' 에 이르기까지 서양철학의 밑바닥을 흐르고 있는 실체에 대한 근본적인 관점은 기계적, 즉 메커닉한 자연관이다. 그들은 자연이 수학 공식으로 번역될 수 있는 엄격한 기계적인 질서를 갖고 있다고 믿어왔던 것이다. 따라서 자연은 지성을 통해서 완전히 지식의 대상이 된다. 지식은 언어를 통한 개념화를 거쳐야만 묘사나 설명이 가능한 것인데, 그러한 개념화는 근본적으로 그 대상이 어떤 기계를 분석하듯이 분석될 수 있다는 전제하에 가능하다. 이런 과정을 통해 하나의 우주는 자연과 인간, 육체와 정신, 객체와 주체, 남자와 여자, 지성과 감성, 유기적인 것과 기계적인 것 등으로 한없이 분해된다.

로런스는 이와 같은 자연관의 한 표현인 주지주의, 그 결과로서의 현대 과학과 사회주의를 공격하며 위와 같은 사상을 대표하는 헤르미온, 구드런, 로르키를 부정적 인간으로 취급한다. 어느 날 루퍼트가 짓궂게 그를 따라다니는, 교양과 지식을 뽐내는 헤르미온과 헤어져서 헤르미온의 지적 세계와 대조되는 자연의 속에서 느끼는 감정을 로런스는 다음과 같이 그린다.

> 무엇 때문에 자기가 인간들과 어떤 관계를 갖고 있다고 생각할 필요가 있을까? 여기에 그의 세계가 있었다. 그는 오직 사랑스럽고 섬세하고 감수성 있는 식물들과 자기 자신, 살아 있는 자아를 빼놓고는 그 아무도, 그 아무것도 원하지 않았다.

루퍼트는 "동물과 같은 자연스러움"을 갖고 있고, "오직 어린애들과 동물만을 사랑하는……. 그녀 자신처럼 외롭고 비사교적인 동물을 가장 사랑하는 어슐러"를 찬미한다. 또한 로런스는 루퍼트의 입을 통하여 "지식은 마치 지난 여름의 자유를 구스베리 열매가 든 병 속에 집어넣는 것과 마찬가지"라고 말하면서 지성의 기능을 맹렬히 부정한다. 로런스에 의하면 지성은 실체를 왜곡시키는 것이고, 직감적인 것, 즉 자연적인 것이야말로 참된 것이다.

> 감성은 우리들을 충족시켜준다. 그것은 머릿속에 가질 수 없는 위대하고 어두운 앎이다.

로런스가 공격하는 서양의 형이상학은 기독교에서 인간과 자연과의 대립으로 나타날 뿐 아니라, 인간이 자연의 주인이라는 인간관과 자연관으로 나타난다. 제럴드가 말(馬)을 다루는 태도는 이런 전통적 관점의 좋은 예가 된다. 어느 날 제럴드는 자기가 타고 있던 말을 공연히 학대하며 그 잔인한 행동을 다음과 같이 설명한다.

> 나는 말(馬)은 이용되기 위해서 존재한다고 생각한다. 그것은 내가 그 말을 샀기 때문이 아니라, 그것이 자연의 이치이기 때문이다. 사람이 말을 스스로 이용하는 것이, 말이 사람 앞에 가서 사람 맘대로 이용해달라고 애걸하는 것보다 더 자연스럽다.

이와 같은 형이상학, 이와 같은 자연관과 인간관은 서양 특유의 성공주의적 인생관을 낳았다. 인생의 목적은 지성을 기르고 그것으로 지식을 축적하고 그 지식의 힘으로 자연을 정복하고 인간이 뜻하는 대로 많은 것을 생산함으로써 무엇인가를 성취하는 데 있다. 그것은 이미 니체가 말한 '권력에의 의지'라는 철학을 나타낸다. 이는 결국 대립과 투쟁, 그리고 힘의 인생관이다. 이러한 인생관은 작품 속의 제럴드에게서 역력히 나타난다.

> 그는 물질(자연)과 땅, 그 땅 속에 들어 있는 석탄과 싸워야 했다. 지하의 생명 없는 물질에 그의 마음은 온통 쏠려 있었고 그 물질을 그의 의지대로 굴복시키고자 집중하고 있었다. 그런데 물질과의 이러한 싸움을 하기 위해선 완전한 조직과 더불어 완전한 도구를 갖춰야만 한다.
>
> 이러한 조직은 극히 세밀하고 조화롭게 활용될 수 있는 체제를 가졌는데 인간의 마음이 대표적인 것이다. 그리고 그 체제는 주어진 동작의 끊임없는 반복을 통해 비인간적 목적을 달성하게 될 것이다. 제럴드에게 거의 종교적인 열광적 영감을 불어넣어준 것은 그가 건설하려고 했던 체제가 갖고 있는 비인간적 원칙이었다.

제럴드의 인생의 목적은 자연의 정복, 의지의 실천에 있었다. 이와 같은 제럴드의 근본적인 인생의 목적은 광업을 기계화해서 성공하려는 욕망 속에서, 그리고 그의 여자에 대한 정복의 욕망 속에서 나타난다. 그의 인생의 보람은 '일하고 무엇인가를 생산하는 데' 있다.

이와 같은 제럴드의 인생관은 현대인, 특히 현대 서구인들의 핵심을 이루고 있다고 볼 수 있다. 이는 1960년대 이전의 미국의 근본적인 가치관이다. 인생의 보람, 혹은 의미는 자아실현에 있다고 보는 것인데, 그것은 구체적으로 생산적이고 창조적인 결과를 강조하는 성취의 정신으로 나타난다. 이런 인생관은 적극적인 자아의 긍정, 자아의 주장을 나타내게 마련이다. 또한 자연과 주어진 모든 여건에 저항하고 그러한 여건을 자아의 뜻대로 길들이고 굴복시키려는 의지의 힘에 가치를 부여하는 것으로 나타난다. 강렬한 자아의 긍정은 인간과 자연 간의 균열을, 나와 사회 혹은 타자와의 균열을 필연적으로 나타내게 되고, 이러한 균열에서 인간은 언제나 소외감을 면할 수 없게 된다.

결국 이와 같은 현대의 서구적 인생관은 한 개의 전체로 본 우주와의 조화, 인간 사이의 조화를 깨뜨리는 결과를 가져오게 되고, 인생의 영원한 불만을 자아낼 수밖에 없게 된다. 루퍼트의 입을 통한 로런스의 인간에 대한 다음과 같은 혐오감은 이 작가의 기계주의적인 존재학과 성공주의적인 인생관, 특히 현대 과학 문명의 기반이 되는 서구적 인생관의 부정을 의미한다.

> 난 인간이 없는 세계에서 어느 아침 하늘을 나는 종달새가 됐으면 참 좋겠다. 인간은 하나의 과오이다. 인간은 반드시 이 세상에서 없어져야 한다. 추잡한 인간에 의해서 방해를 받지 않는다면 풀 · 산토끼 · 살모사, 그리고 보이지 않는 임자, 즉 실제로 존재하는 천사들은 자유롭게 돌아다닐 수 있을 것이다. 만일 인간이 지상에서 싹 씻겨서 없어진다면 창조는 무한히 찬란하게 새로 시작될 것

이다. 난 나 자신을 정말 경멸한다. 난 내가 인간임을 경멸한다. 인류는 거대한 허위이다. 아무리 거대하더라도 허위는 작은 진리보다 못하다.

로런스는 계속 말한다.

만약 오늘의 인류가 멸종한다면 무한히 창조적인 신비로운 실체는, 보다 섬세하고 훌륭하고 사랑스러운 새로운 인종을 만들어내서 창조를 아름다운 것으로 성취시킬 수 있을 것이다. 창조의 과정은 아직 끝이 나지 않았다. 창조의 신비는 잴 수 없을 만큼 깊어서 결코 중단되지 않으며 무한정 영원히 지속될 것이다.

지성과 의지로 자연에서 스스로 이탈하여 우주적 조화를 깨뜨리고 오늘날의 기계화된 문명을 만들어낸 서양의 형이상학과 인생관은 우리로 하여금 마침내 로런스가 미처 상상도 못했던 공해와 싸워가며 살아야 하는 세상을 만들어 놓았다. 이와 같은 서양적 형이상학·인생관에 대한 강렬한 반발은 그의 죽음에 대한 다음과 같은 관점 또한 설명해준다.

죽는다는 것은 보이지 않는 세계를 향해 가는 것을 의미한다. 또한 죽는다는 것은 알려진 것보다 더 큰 것, 즉 순수한 불가사의의 세계를 받아들이는 기쁨이기도 하다. 의지의 동기와는 아무 관계없이 기계적으로 살아간다는 것, 불가사의한 세계에서 해방된 존재처럼 산다는 것, 그러한 것은 부끄럽고 창피한 일이다.

로런스는 기계적 형이상학을 대신해서 유기적 형이상학을, 이지적 인식론을 대신해서 직감적 인식론을, 성공주의적 인생관을 대신해서 환희의 인생관을 제시한다. 참된 실체는, 분석할 수는 없지만 살아 있는 유기체로서 그것은 개념을 통해서 논리적으로 이해될 수 없고, 오직 직감을 통해서 전체를 파악할 수 있는 존재이다. 우주 전체를 하나의 살아 있는 유기체로 볼 때 인간이 자연과 대립하고, 인간의 목적이 그 자연을 지배하는 데 있다는 인생관은 설 수 없게 된다. 인간은, 아니 모든 삶의 목적은 힘을 발휘하는 데 있지 않고 살아 있는 하나의 유기적 우주와 조화를 유지함으로써 삶의, 창조의 환희를 경험하는 데 있다.

이와 같은 로런스의 관점은 철학적으로 볼 때 과히 독창적인 사상이 되지 못한다. 이 사상은 기원 훨씬 이전부터 동양에서는 힌두교·불교·노장 사상의 핵심을 이루고 있었으며, 근대 서양에서 니체를 비롯해서 키르케고르·베르그송, 그리고 현대에 와서는 하이데거·야스퍼스·마르셀과 같은 철학자들에 의해서 강조되어 왔다. 위의 여러 사상은 한결같이 존재에 대한 과학적 유물주의 해석의 그릇됨을 강조하고 오직 직감으로 접촉할 수 있는 개념화 이전의 실체의 신비를 강조한다. 이 실체는 힌두교의 '브라만—아트만', 노장 사상의 '도', 하이데거의 '존재'(Sein), 야스퍼스의 '초월', 마르셀의 '신비' 등과 같은 막연한 개념으로 기술된다. 이들의 철학은 모든 종류의 개념화의 인위성, 언어의 한계를 강조한다.

로런스의 기계화된 문명·지식·이성에 대한 공격, 인류에 대한 혐오도 위와 같은 철학을 전제로 하고 있다. 그러나 이성에 반대하고, 직감의 우월성을 특징으로 하는 직감주의에는 큰 난점이 있다. 왜냐하면 모든 인식과 사고는 언어를 떠나서는 있을 수 없는데, 언어는 필연적으로 개념을 형성함으로써만 가능하다. 개념은 그 본질상 추상적일 수밖에 없으므로 모든 우리들의 현실 인식은 어떠한 것이건 간에 어느 정도 추상적일 수밖에 없다. 이와 같이 추상성을 떠날 수 없는 언어 밖에서는 어떠한 인식도 불가능한 것이 확실한 논리라면, 그러한 추상에서 완전히 해방된, 구체적인 현실을 안다는 것, 그러한 현실을 논의하는 자체에 모순이 있다. 그러므로 로런스와 위의 철학가들의 이성에 대한 반대 이론을 액면 그대로 이해한다면 그들의 이론은 받아들일 수 없는 것이 된다.

로런스의 참된 독창성은 그의 철학 체계에 있지 않고 그것의 특수한 부분인 '성의 철학'에 있다. 그는 참된 성의 행위는 개념으로 파악될 수 없고, 지성으로 분석될 수 없는 하나의 살아 있는 실체인 '우주의 법칙'이요, 그러한 법칙을 인식하는 길이며, 동시에 그러한 인식을 통해서 얻을 수 있는 존재의 절대적 경험, 즉 삶의 환희라고 본다. 그에 의하면 관념적인 플라토닉한 사랑이 부정되는 동시에 생리적인 성도 부정되고, 성은 정신과 육체를 초월한 형이상학적 의미를 갖는 성聖스러운 것으로 나타난다. 그러므로 로런스는 이렇게 말하고 있는 것이다.

> 만약 여자가 존재하지 않는다면 아무것도 존재하지 않는 것과 마찬가지다. 오직 남아 있는 것은 여자와의 완전한 결합, 일종의 절대적 결혼일 뿐이다.

이리하여 성의 충동 속에는 생식이라는 기능을 훨씬 넘어서서 "뚜껑

이 벗겨지지 않은 감각적이고 지적인 무서운 신비가 있다." 남자는 사랑하는 여자 속에서 생식의 크나큰 원천을 찾고, 여성은 사랑하는 남자 속에서 절대적인 실체와 접촉한다. 만물은 "오직 신비적 결합, 두 인간 사이의 절대적 결합을 통해서 유지되어 있다. 그런데 가장 직접적인 결합은 남자와 여자 간의 결합" 이다. 남녀 간의 성행위는 '창조의 법칙' 인 까닭에 누구도 이 법칙을 깨뜨릴 수 없다. 이러한 성을 통해서 우리들은 마치 한 별이 다른 별과 조화를 이루듯 신비스러운 조화와 완전성 속에 활기를 갖게 된다.

이와 같이 성은 정신과 육체, 자연과 인간, 남자와 여자, 주체와 객체를 초월한 근원적인 하나의 존재로 조화를 이루는 통로이며 동시에 그러한 조화의 표현이다. 그리고 이렇게 우주의 절대적 진리와 조화를 이뤄야만 우리는 참된 인생의 의미, 즉 환희를 경험하게 된다. 작가 로런스는 이런 경험을 다음과 같이 묘사한다.

> 그녀(어슐러)는 그 무엇인가 찬란하고 이상적인, 생명 자체보다도 찬란한 무엇인가를 발견했다. ……(중략)…… 그녀는 루퍼트 버킨 속에서 우주 창조 때부터 존재하는 신의 한 아들을 발견했고 루퍼트 버킨은 그녀 속에서 인간의 가장 훌륭한 딸을 발견했다.

이어서 로런스는 이렇게 말한다.

> 그(제럴드)는 그녀(구드런) 속에서 무한한 휴식을 발견했다. 그것은 정말 놀

랍게 좋았다. 그것은 하나의 기적이었다.

그러나 로런스는 성을 구가하면서도 남녀 간의 성의 한계를 지적할 뿐 아니라 그것을 혐오한다. 소설의 마지막에 루퍼트는 어슐러에게 말한다.

당신을 알게 된 이상 난 평생을 통해서 어떠한 다른 사람, 어떠한 단순한 애정을 갖지 않고도 살 수 있소. 그러나 당신과의 사랑을 완전한 것으로 하기 위해, 정말로 행복하기 위해, 난 한 여자와의 영원한 결합, 남녀 간의 사랑과는 다른 사랑을 갖고 싶었소.

이와 같은 로런스의 태도에는 큰 모순이 있어 보인다. 그러나 성에의 혐오, 남녀 간의 사랑만에 대한 불만은 이 작가가 성의 참된 의미를 생리적인 것을 넘어선 형이상학적인, 아니 거의 종교적인 것으로 보고 있음을 강조해주는 것이다. 성을 통해서 절대경에 도달할 수 있긴 하지만 성은 필연적으로 절대적 차원이 되기 이전의, 아니 그 이하의 차원, 즉 생리적이고 육체적인 차원을 떠날 수 없기 때문이다. 그러기에 루퍼트는 어슐러에게 말한다.

당신 속엔, 내 속엔 사랑 이상의 것, 마치 어떤 별들이 인간의 시야 너머에 있는 것처럼 사랑 이상의 어떤 초월적인 무엇인가가 있소.

그렇다면 로런스에게 이상적인 성의 관계는 무엇인가? 남녀 간에 지배와 복종의 관계가 되어서는 안 되며, 무엇보다도 자연스럽고 감성적이어야 한다. 그러나 사랑은 언제나 지배와 복종, 사디즘과 마조히즘의 모순되는 두 개의 욕망에 의해서 지배된다. 이 모순이 서로 조화를 이루려면 남녀가 서로 복종하면서, 즉 자기의 자아를 버리면서도 동시에 독립하여 설 수 있는 동등한 인간이어야 한다. 이와 같은 사랑의 심리적 구조가 사르트르의 존재학적 분석보다 훨씬 앞서 로런스에 의해 밝혀졌다는 것은 로런스의 작가적 명민함을 보여주는 것이라 하겠다.

로런스의 성의 철학이 성의 찬미라는 점에서는 히피족의 성관과 통하는 바가 없지 않다. 그러나 이런 공통점은 표면적인 것에 그치고 만 것이다. 히피족은 근본적으로 향락주의자들이다. 그들은 성을 신비화하지도 않고 천한 것으로 동물화하지도 않고 인간에게 다소나마의 즐거움, 행복을 줄 수 있는 자연의 선물이라고 본다.

그렇다면 로런스의 성의 철학은 프로이트의 성관과는 어떻게 다른가? 프로이트와 로런스는 정반대이다. 프로이트는 모든 정신적인 행위까지도 비정신화·비신비화하여 생리적으로 본 성의 입장에서 해석했다. 이에 반하여 로런스는 성의 성聖화, 즉 성에 형이상학적인 의미를 부여하면서 그것을 신비화했다. 어떤 이론이 더 진리에 가까운가? 프로이트의 학설을 어느 정도 구체적으로 입증할 수 있다는 점으로 보아 진리라 할 수 있겠지만, 한편 로런스의 철학적 이론은 구체적으로, 즉 경험적으로 입증될 수 없긴 하지만 그가 진리의 규준을 비구체적인 것, 비과학적인 것이라고 보는 이상 어떤 것이 진리인가 결정하기 어렵다.

그러나 아무리 해도 로런스의 반지성적 진리의 기준은 너무나도 막연하고, 허황한 것 같다. 만약 그의 관점이 어떤 진리를 갖고 있다면 그것은 우리가 보통 말하는 진리와는 완전히 차원이 다르다고밖에 할 수 없다. 근본적으로 중국 고대의 음양 사상과 그 구조가 같은 로런스의 성의 철학은 입증될 수 있는 진리라기보다는 하나의 이데올로기, 하나의 현대 문명, 특히 기계 문명의 세계관에 대립되는 이데올로기의 표현이라고 봄이 적당할 것 같다.

그는 성을 통해서 하나의 존재론, 하나의 인식론, 그리고 하나의 새로운 인생관을 세운 것같이 보이지만 사실상 그가 몹시 불편해했고 소외된 느낌을 받은 기계 문명, 그것을 밑받침하는 가치관에 대해 반발을 표현한 것으로 보는 것이 타당할 것이다. 그는 현대 문명 속에서 질식감을 느꼈던 것이며, 인위적이고 부자연스러운 세계에서 탈출하여 동물의 순수한 자유를 갈망했던 것이다.

가만히 생각해보면 오늘날 대부분의 사람들은 로런스와 같은 해방에의, 자유에의 억제할 수 없는 욕망을 느낄 것이다. 그리고 그가 갈구했던 어떤 순수한 생의 환희를 평생 한 번이나마, 단 한 순간이라도 갖고 싶어 할 것이다. 아마도 이러한 경험은 로런스가 주장하는 것처럼 순수한 남녀 간의 성을 통해서만 가능할지도 모른다.

지식과 지혜

⋮

헤르만 헤세 · 『싯다르타』

헤르만 헤세Hermann Hesse(1877~1962)가 노벨문학상을 받을 만한 자격이 있는 작가였는지는 매우 의심스럽다. 그의 사상이나 예술성은 너무나 단순하고 과히 깊이가 있어 보이지 않는다. 그럼에도 그의 작품은 많은 독자들에게 애독되고 있다.

미국에 한해서 말한다면, 그의 작품이 널리 알려지기 시작한 것은 전후에 큰 문학적 조류를 형성했던 1950대의 이른바 '비트beat세대'와 그 시기를 같이했다. 이후 헤세는 1960년대의 '비틀스Beatles세대'와 1970년대의 '히피hippie세대'를 거치면서 오늘에 이르기까지도 젊은 세대에게 계속 어필하고 있는 것 같다. 이런 사회적 현상과 헤세 작품에 대한 대중의 애정은 둘을 관통하는 어떤 정신적 요소가 있음을 암시한다.

그 요소의 핵심은 지혜의 추구라고 할 수 있는데, 여기서 말하는 지혜란 우리가 말하는 지식과는 구별되는 개념이다. 지식은 객관적 사실과 논리에 관한 정보 습득과 그 축적 능력을 말한다. 따라서 지식은 지성의 소산이요, 지성의 한계를 넘어서는 있을 수 없다. 이에 반해서 지혜는 주관적인 태도와 심리 상태를 가리키는 개념이다. 그러므로 지혜는 지성을 넘어서거나 혹은 지성에 앞서서 존재하는 직감의 세계에 속한다. 바꾸어 말하면, 지식이 앎을 뜻하는 반면에 지혜는 의미를 말한다. 앎의 세계와 의미의 세계는 다르다. 전자가 논리적 범주에 속한다면 후자는 가치의 범주에 속한다.

아무리 많은 지식을 갖고 있는 학자라도 삶의 의미를 얻지 못하고 얼마든지 삶을 무의미하게 느낄 수 있는 데 반해서 비록 지식이 없는 농부라도 삶의 뜻을 터득했을 수 있다. 갑부이거나 엄청난 권력을 행사하는 사람이 불행할 수 있는가 하면 하루 끼니를 벌기 위해서 허덕이는 가난한 지게꾼이 가족과 더불어 무척 행복할 수도 있다.

앞서 든 '비트', '비틀스', '히피'의 사조는 권력을 행사하면서도 불행감을 느꼈던 기존 지성인들의 자기반성을 의미하며 삶의 뜻을 알고 마음의 평화를 얻으려는 지혜를 추구하는 노력을 뜻한다. 동양의 문화를 지혜의 문화라고 한다면 서양의 문화는 지식의 문화라 할 수 있을 것이다. 동양의 문화가 근본적으로 실천적이라는 것을 특징으로 한다면 서양의 문화는 인식적인 점을 특색으로 하고 있다.

서양의 지성은 모든 현상을 인식의 대상으로 삼는다. 이와 같은 서양의 근본적인 의식의 구조는 부득이 모든 것을 분리하고 분해해버리는 능력으로 나타난다. 이러한 분리 작업은 서양의 종교에서도 나타난다. 기독교는 근본적으로 창조자와 피조물, 신과 그 밖의 존재를 분리하는 것을 바탕으로 한다.

이에 반해서 동양의 종교인 불교나 도교는 분리를 부정하는 데 근본적인 특색이 있다. 동양은 마음의 조화를 중요하게 여긴다. 많은 과학적 지식을 축적하고 그것을 이용하여 물질적으로 부유해진 서양인들은 차츰 더 근본적인 정신적 갈구를 느끼게 됐다. 그들은 행복하지 않았던 것이다. 여기에서 동양 문화에 대한 관심이 시작되었다.

그들은 차츰 인생의, 우주의 근본적인 뜻을 느끼지 못하는 허무주의의 길로 빠지게 된다. 이와 같은 허무주의는, 근본적으로 체계를 달리하는 동양의 사상 속에서 하나의 빛을 찾으려 했다. 지금까지도 서양에서 유행하고 있는 '선불교', 인도 정신 수련의 한 방법인 '요가', 남방불교의 수행 방편인 '위파사나 명상' 등의 인기는 서양인의 정신적 출구 모색의 표현이며, 그들이 어디선가 '마음의 안식처', 즉 지혜를 찾고 있음을 의미한다.

대체로 말해서 헤세의 모든 작품의 밑바닥에는 서양적 지식과 대치해서 생각할 수 있는 동양적 지혜가 흐르고 있으며, 특히 작품 『싯다르타』는 힌두교 내지 불교철학을 거의 그대로 소설화한 것이라고 볼 수 있다. 서양적 지식 문명의 한계에 나타나는 현대 서양인들의 불만과 헤세의 소설이 지식 문명을 넘어서서 동양적 지혜의 세계로 향하는 표현이라는 사실은 전후, 특히 미국의 젊은이들에게 헤세가 애독되었던 이유가 될 것이다.

짤막한 소설 『싯다르타』는 주인공 싯다르타가 집을 떠나 수도의 길에 나서서 몇 가지 곡절을 겪고 참다운 지혜를 얻어 성자의 경지에 이르기까지의 고행을 그린 이야기이다. 석가모니가 생존했던 기원전 5세기경에 인도의 승려 계급을 이루는 브라만의 아들로 태어난 싯다르타는 마치 부처가 그러했듯이 자아가 무엇인지를 알기 위해 아버지의 허락을 얻어 친구 고빈다와 집을 떠난다. 그들은 금욕 수도승인 '사마나'가 되어 도를 닦게 된다. 그러나 싯다르타는 완전한 만족을 얻지 못한다.

그러던 중에 싯다르타는 아름다운 여인 카말라를 만나 육체의 쾌락에 빠지게 된다. 싯다르타는 카말라의 소개로 무역가인 카마스바미를 알게 되어 장사를 통해 돈을 많이 번다. 그러나 그는 차츰 물질적인 환락에 대한 불만을 참지 못하게 되어 마침내 정부와 재산을 모두 버리고 다시 수도의 길로 나선다. 때마침 부처가 제자들을 가르치고 있다는 소문을 듣고 그를 찾아 가르침을 받았으나 깨달음을 얻지는 못한다. 그러던 가운데 어느 강가에서 아주 평범한 뱃사람을 만나 그 뱃사람과 흐르는 강의 경치를 보다가 싯다르타는 처음으로 영감을 얻는다. 그는 이 과정에서 참다운 삶의 진리를 깨달아 지혜의 세계에 도달하게 된다. 그가 도달한 지혜의 세계는 '열반'(니르바나)의 세계인데, 그것은 한마디로 말하자면 온갖 심적 동요로부터 해방된 완전한 마음의 평화 상태를 가리키는 것이다.

주인공 싯다르타를 통해서 나타난 헤세의 불교적 사상은 대체로 부정적 인생관에서 출발하여 직감을 통한 형이상학적인 진리를 깨달음으로써 마침내 긍정적인 인생관으로 지향해가는 것으로 나타난다. 석가모니의 구도가 부정적 인생을 경험한 데서 시작됐던 것처럼 주인공 싯다르타의 수행에 대한 결심도 인생의 무상함, 인생의 고뇌를 깨달음으로 시작된다.

그는 장사꾼들이 물건을 거래하고, 왕자들이 수렵을 가고, 상을 당한 사람들이 슬피 울고, 창녀들이 몸을 바치고, 의사들이 환자를 보살피고, 승려들이 파종일을 결정하고, 연인들이 사랑을 하고, 어머니들이 아이들을 달래는 광경을 보았다. 그러나 이 모든 것들은 하나도 눈여겨볼 것이 없다. 그것들은 모두 거짓으로 싸여 있다. 그것들은 모두 감각과 행복, 그리고 아름다움의 환상이었다. 모든 것들은 멸망할 운명이다. 세계는 입맛이 쓰고 인생은 고통이다.

사실 우리들은 흔히 인생을 '눈물의 고해苦海'라고 한다. 그러나 정말 인생은 고통으로만 차 있을까? 물론 어떤 인생이든 고통이 없는 인생은 없다. 그럼에도 불구하고 인생에는 순간적이고 하잘것없을지라도 분명히 즐거움이 있다. 싯다르타도 아름다운 카말라를 만나 생의 기쁨을 경험한다.

그는 실체를 찾지 않았다. 그의 목적은 이 세상 아닌 다른 세상에 있지 않았다. 이곳에서의 삶은 단순하다고 싯다르타는 생각했다. 아무런 문제도 없는 것이다. 그런데 그가 금욕 수도승인 사마나가 됐을 때는 모든 것이 어려웠고 거북스러웠고 마침내는 절망적이었다. 그런데 지금은 모든 것이 쉽다. 애인 카말라가 키스로 알려주는 뜻만큼 쉽다. ……(중략)…… 그는 총명하고, 아름다운 정부와 정말 즐거운 시간을 보냈고, 그녀의 제자, 그녀의 애인, 그녀의 친구가 됐다. 여기 정부와 더불어 그의 눈앞에 인생의 가치와 의미가 놓여 있다. 이와 같은 행복한 경험을 할 수 있음에도 불구하고, 인간은 인생을 전체적으로 볼 때 허무한 것, 무의미한 것, 고통스러운 것으로 보며 불만을 느낀다. 행복했던 싯다르타는 갑자기 자기의 행복에 회의를 느끼고 부정적인 것으로 보기 시작했다. 그는 정부와 행복했던 과거의 몇 년 동안의 생활에 일종의 구역질을 느끼면서 마을에서 멀리 떨어진 숲 속을 방황했다. 그에게는 아무런 목적도 없었다. 이 모든 혼돈스러운 꿈을 털어버리고, 탁해진 포도주도 뱉어버리고 입맛 쓰고 고통스러운 인생에 종지부를 찍고자 하는 깊고 고통스러운 욕망만이 오직 그에게 남아 있을 뿐이었다.

여기에서 우리들은 즐거움을 느끼면서도 결국에는 즐겁지 않다고 생각하는 싯다르타의 모순된 심리 상태의 이유를 물어볼 필요가 있다.

즐거우면서도 즐겁지 않다는 이유는 무엇일까? 힌두교·불교·도교에서는 그 이유를 무엇보다도 사람들이 자아에 집착하기 때문이라고 보고 있다. 자아에 대한 강한 의식과 집착은 자아와 타인과의 대립 또는 독립을 의미한다. 독립된 자아는 한 개체로서 언젠가는 종말이 오게 마련임을 깨닫게 된다. 모든 개체로서의 생명체는 죽음을 맞이하고 모든 존재는 끊임없이 변한다. 따라서 죽음으로 종말을 짓게 마련인 자아는 본능적으로 죽음에의 공포뿐 아니라 죽음에 의해 선명하게 나타나는 인생의 모든 희로애락의 허무함과 무의미함을 느끼게 된다. 이와 같은 의식이 인생을 '눈물의 고해'로 보게 하는 것이다. 인생고를 해결하기 위한 논리적인 결론은 명확하다. 그것은 다름 아니라 자아로부터의 해방에 있다. 흔히 말하는 불교적 명상에 대한 관심은 무엇보다도 자아로부터의 해방을 이루고자 하는 사람들의 욕망을 의미하는 것이다. 그렇다면 자아로부터의 해방은 구체적으로 무엇을 의미하는가? 의식을 잃고 잠을 잘 때 우리들은 자신의 자아를 의식하지 않음으로써 그것으로부터 해방된다. 최면을 통해서도 자아는 상실된다. 술에 취하고 최면에 걸려서라도 자아를 망각하고자 하는, 우리들의 심정도 이런 관점에서 이해할 수 있다. 그러나 이와 같은 자아 망각 혹은 상실의 방법은 부정적인 방법이기 때문에 불교의 사상과는 배치背馳된다.

참된 자아의 해방은 참된 앎, 우주적 진리에 기반을 두어야 한다. 자아를 망각하는 것이 아니라 자아가 일종의 꿈, 환상임을 깨달음으로써 참된 자아의 해방이 있을 수 있다. 다시 말하면, 자아가 한낱 독립된 개체가 아니라 분리될 수 없는 하나의 유기적인 전체의 한 면, 한 관점에 불과함을 깨닫는 것이 우리가 자아로부터 해방되고 따라서 고통에서 벗어날 수 있는 진정한 길이다.

여기에서 바로 모든 것을 전체적으로 보려는 동양 사상의 근원적 태도가 나타난다. 힌두교에서의 '브라만' 이란 개념, 도교에서의 '도' 의 개념은 다름 아닌 분리될 수 없는 모든 존재 전체를 가리키는 개념이다. 모든 개체, 모든 자아는 세상·물체·우주와 구별되는 별개의 존재가 아니라 우주 전체와 동일한 것이다. 그것을 '하나'(유일)의 사상이라고 불러도 좋다. 신과 인간, 창조자와 피조물, 정신과 물질, 너와 나, 실체와 현상들은 서로 대립된 존재가 아니라 하나의 통일된 존재이다. 그렇기 때문에 도를 통해 환희의 경지에 도달한, 헤세 소설의 주인공은 "모든 존재의 통일 속에 내가 들어간다" 고 말할 수 있었던 것이다. 이러한 관점에서 볼 때 '열반의 경지는 변화무쌍한 현상의 세계와 동일한 것' 임을 알게 된다.

이와 같은 형이상학적 해석을 통해서 이른바 '무아경無我境'의 불교적 의미가 명확해진다. 모든 존재를 단 하나로 볼 때 독립된 개체로 인식했던 자아가 한낱 환상임을 깨달을 수 있다. 전체와 개체, 우주와 나는 동일한 것이다. 따라서 나는 바로 우주 전체요, 우주 전체를 바로 나라고 할 수 있는 것이다. 오직 나의 형태가 달라질 뿐이다. 우리들의 고통이 자아에 대한 집착, 자아의 죽음에 대한 공포에 기인한 것이라면 일단 자아가 우주 전체임을 깨달아야 한다. 자아는 사멸하지 않고 시간이 없는 영원 속에 존재하는 것임을 알게 되면 나는 죽음의 공포에서 벗어나게 될 것이다.

이와 같은 사상이 동양철학의 근본을 이루고 있는 것이며 이 동양 사상이 헤세의 『싯다르타』 속에 나타난 작가 자신의 형이상학이다. 그러나 우주와 나 자신의 자아가 한 개의 존재라는 것, 자아가 하나의 환상이라는 것을 어떻게 아는가? 어떻게 증명하는가? 헤세는 이에 대해 이성의 한계를 지적하며 그러한 우주의 진리는 직감으로만 파악될 수 있다고 믿고 그러한 경지가 지혜라고 주장한다.

그런 까닭에 싯다르타는 어느 스승에게서도 석가모니의 설교에서도 이러한 진리를 배울 수 없었던 것이다. 그리하여 헤세는 다음과 같이 말한다.

> 지식은 전달될 수 있지만 지혜는 그럴 수 없다. 우리는 그것을 스스로 발견하고 그것을 실천해나가고 그것을 통해서 마음이 든든해지고, 그 힘으로 기적을 이룰 수 있지만 그것을 남에게 전달하고 가르쳐줄 순 없다.

언어 표현을 초월한 개념화 이전의 진리는 구체적인 체험을 통해서만 도달할 수 있는 것이기 때문에 싯다르타는 사상가가 아닌 일개 늙은 뱃사람과의 접촉을 통해서, 그리고 강의 모습을 관찰함으로써 그러한 진리에 도달할 수 있었던 것이다. 이렇게 하여 불교적 지혜에 도달했을 때 처음엔 고통스럽기만 하고 무의미하게만 보였던 인생과 세계 전체는 비로소 찬란한 긍정의 빛을 띠게 된다.

이젠 그에게는 낯익은 나그네들, 장사꾼들, 병정들, 여인들—이 모든 사람들—이 그전처럼 낯설지 않았다. 그가 그들의 사상이나 견해를 이해한 것도 아니고 함께 나누어 가진 것도 아니었지만 그들과 더불어 생명의 갈망과 가지가지 욕망을 나눌 수 있었다. 그는 이제 수신修身을 완성한 단계에 이르렀지만 그 평범한 사람들이 마치 자기의 형제인 것처럼 가까이 느껴졌다. 그 사람들의 허영과 욕망, 시시한 생활이 그에게는 이미 무의미한 것같이 보이지 않았다. 그는 그들의 욕망과 필요 속에서 생명, 생기, 불멸한 것, 그리고 브라만을 보았다.

긍정적인 눈으로 세계와 인생을 바라볼 수 있는 열반의 상태를 헤세는 소설 주인공인 싯다르타를 통해서 다음과 같이 묘사한다.

그때부터 싯다르타는 자기의 운명과 싸우기를 멈췄다. 그의 얼굴에는 이미 모순된 욕망과 정면으로 부딪치기를 포기한 사람, 구원을 받은 사람, 사건의 흐름·인생의 흐름과 조화를 이루고 동정과 공감을 담뿍 느끼면서 그러한 흐름에 자신을 맡기고 모든 만물과 단 하나로 합쳐진 사람, 그러한 사람에게서만 나타날 수 있는 슬기로운 지혜가 빛나고 있었다.

이미 언급한 것처럼 지식과 지혜, 인식과 윤리, 사실과 행복은 각기 서로 다른 범주에 속하는 개념들이다. 그럼에도 불구하고 실질적으로는 서로 관련을 갖고 있다.

하나의 세계관은 필연적으로 어떤 인생관을 낳게 마련이며, 하나의 인생관은 필연적으로 어떤 세계관을 갖게 마련이다. 동양 사상은 근본적으로 실천적인 문제, 즉 인생관에 근본적인 관심을 갖고 있지만 그러한 인생관은 반드시 세계관, 우주에 대한 하나의 인식을 필요로 한다. 반면 서양 사상은 주로 인식의 문제에 집중하지만 그것은 결국 구체적인 인생관을 낳을 수밖에 없다. 그리하여 불교나 도교가 궁극적으로는 평화로울 수 있는 인생에 대한 사상이지만 그러한 인생이 옳다는 것을 증명하기 위해서는 헤세의 소설 『싯다르타』에 나타나 있는 형이상학이 필요했던 것이며, 플라톤이나 기독교에 내포된 서양의 형이상학은 니체 혹은 키르케고르로 대표되는 파우스트적인 인생관을 낳았던 것이다.

지식으로 대표되는 서양 사상과 지혜로 대표되는 동양 사상의 위와 같은 대조는 사상이란 개념과 흔히 동의어로 쓰이는 철학이란 개념을 비교함으로써 보다 잘 이해될 것이다.

이러한 재검토를 통해서 동서철학의 비교도 가능할 수 있다. 흔히 철학은 모든 문제의 근원적인 원칙, 혹은 우주와 인생, 궁극적인 진리에 대한 학문, 혹은 그러한 진리 자체를 뜻한다. 따라서 우리들은 정치철학·과학철학·교육철학, 인생철학, 혹은 형이상학적인 뜻으로 '나의 철학'

이란 말을 쓰기도 한다. 이런 뜻으로의 철학이란 개념은 동서양을 막론하고 쓰이고 있다.

그러나 1930년대부터 일부 서양에서 철학이란 개념이 더 확실하고 제한된 의미를 갖기 시작했다. 철학의 근본적 기능은 언어 밖에 있는 객관적 진리 혹은 사실의 표현에 있지 않고, 그러한 진리 혹은 사실을 표현하는 개념으로서의 언어를 분석해서 명확한 의미를 밝히는 데 있다고 주장하는 것이다. 다시 말하면, 철학은 '개념의 분석'이라는 것이다. 이 학설에 의하면 플라톤이나 아리스토텔레스, 데카르트나 칸트 같은 사상가들도 그들이 무의식적이나마 개념을 분석했기 때문에 위대한 철학가인 것이다. 개념을 분석한다는 것은 결국 한 개념의 뜻을 명확하게 밝히고, 여러 개념 간의 관계를 정확히 하는 것이다. 따라서 간단히 말해서 철학은 넓은 의미에서의 논리인 것이다.

사실에 대한 우리들의 앎(지식)은 직감적으로만 파악된 것은 거의 없다. 대부분의 지식은 복잡한 논리로 연결된 결론이다. 논리 자체는 진리와 아무 관계가 없기 때문에 사실에 대한 진부眞否를 전혀 가르쳐주지 않는다. 그러나 논리는 사실에 대한 진부를 밝히는 데 그 근본적인 기능이 있다. 논리적 결론이 진리가 되려면 그런 결론으로 이끌어가는 논리가 확실해야 할 뿐만 아니라, 논리의 기초인 전제가 우선 진리여야 한다. 조금 생각해보면 대부분 논리의 전제는 따지고 보면 이미 논리적 결론임을 알게 된다. 그러나 전제의 전제, 더 정확히 말해서 궁극적인 전제는 논리적으로 봐서 논리적 결론이 될 수 없다.

여기에 인식 수단으로서의 이성과 직감의 문제가 제기된다. 논리는 이

성의 활동이지만 논리적 결론이 될 수 없는 궁극적인 전제는 직감으로만 파악된다. 헤세가 보여준 우주나 불교에 내포된 형이상학은 직감으로만 파악될 수 있는 것이다. 동양 사상이 전체적으로 이성을 부정하고 직감에 호소하는 한 좁은 의미에서의 철학은 될 수 없다.

그것은 일종의 믿음에 가깝다. 문제는 그 믿음이 정말 옳은가 그렇지 않은가, 어떤 근거가 있는가 없는가에 있다. 또한 싯다르타와 같은 수도자들이 직감으로 깨달았다고 믿는 브라만이나 도를 모든 사람들이 똑같이 직감할 수 있느냐고 하는 것이다. 그렇다면 브라만이나 도가 몇몇 사람들의 환상에 불과하지 않은가 하는 의문에 생기게 된다.

동양의 지혜에는 논리가 없다. 반면 서양의 논리에는 마음의 평화가 없다. 칸트의 말을 빌리자면, 논리가 없는 지혜가 맹목적이랄 수 있다면 마음의 평화를 주지 않는 논리는 공허하다 할 수 있다. 흔히 생각하는 것처럼 육체와 정신은 대립하지 않고 서로를 보완한다. 이와 마찬가지로 과거 동양이 서양의 과학을 배워야 했다면, 이제 서양이 동양의 지혜를 배워야 함은 당연한 논리다.

헤세와 같은 작가가 서양에서 나타나고, 히피족이 현대 서양인들에게 공감을 불러일으킨 것은 서양철학의 한계를 구체적으로 보여준 좋은 예인 듯싶다.

구원으로서의 미美

⋮

제임스 조이스 · 『젊은 예술가의 초상』

『젊은 예술가의 초상』은 작가 자신의 자서전이 되기도 하겠지만, 서구의 한 시대의 종교적·사회적 풍토를 보여주는 사회학적으로 흥미로운 작품이며, 한 소년의 정신적 성장을 그린 심리소설이기도 하다. 그러나 이 작품은 무엇보다 작가 자신의 가치관, 특히 예술관을 나타내는 소설이다. 어찌해서 스티븐 디덜러스는 종교와 정치에 흥미를 잃고 예술에 몸을 바치기로 했는가? 제임스 조이스James Joyce(1882~1941)는 예술을 어떻게 보았는가?

이 작품의 주인공 스티븐 디덜러스가 걸어간 길의 과정은 키르케고르가 옳다고 주장하는 생의 길과는 정반대의 것이었다. 키르케고르는 인생의 가치를 세 단계, 즉 '심미적 단계' '윤리적 단계' '종교적 단계' 로 나누고 종교적인 생이 가장 가치 있는 것이라고 생각했다.

심미적 인생이란 감각적 만족을 추구하는 인생을 가리킨다. 호의호식이나 성性의 만족 혹은 예술 작품을 통한 감각의 만족을 추구하는 인생이 심미적 인생인데, 이러한 인생의 욕망은 가장 초보적이랄까 원시적인 인생의 가치를 의미한다. 그뿐만 아니라 감각적 만족은 일시적이기 때문에 항상 불만을 남기게 마련이다. 따라서 또 다른 새로운 만족을 끊임없이 추구하게 되고 그러한 과정은 만족보다는 불만에 찬 인생이 되어버린다.

심미적 인생이 감각적이고 순간적 충동의 연속인 데 비해서 윤리적 인생은 순간적인 충동에서 벗어나서 어떤 원칙을 갖고 사는 인생이다. 여기서의 원칙은 순간순간의 감각적 만족에 의해서 그때마다 결정되는 것이 아니라 기준이 되는 원칙에 따라 가치가 결정되기 때문에 그 가치는 지속성을 갖게 된다. 종교를 갖지 않은 대부분의 사람도 종교인 못지않게 선악을 구분하며 절도 있는 생을 산다. 그러나 신이 없는 윤리만의 세계에서는 어떠한 가치도 절대성을 갖지 못한다. 윤리적 선악은 상대적이기 때문이다. 키르케고르에 의하면 이러한 상대적 세계에서는 참다운 만족, 영구적인 인생의 의미를 찾아낼 수 없다.

따라서 당연히 가장 높은 최종의 단계인 종교적 인생이 요구된다. 신의 존재가 신학적으로 증명되지는 못하더라도 신의 존재를 믿음으로써 절대적 가치가 성립될 수 있고 따라서 영원한 만족, 참다운 생의 의미를 발견할 수 있다. 키르케고르에 의하면 종교적 인생의 차원이 가장 높고, 심미적 인생의 차원이 가장 낮다. 키르케고르는 우리에게 종교적 인생을 살도록 설득하려고 했다.

제임스 조이스, 다시 말하면 『젊은 예술가의 초상』의 주인공인 스티븐 디덜러스가 생각하는 참다운 인생은 키르케고르의 인생관과는 정반대의 것이다. 디덜러스는 종교적 인생에서 시작하여 윤리적 인생과 종교적 인생을 모두 부정하고 '심미적 인생'을 살기로 결심한다. 이러한 그의 결심은 단순한 편의주의나 인생의 쾌락을 찾기 위해서가 아니라 가장 참다운 인생을 살기 위한 그의 진지한 정신적 탐구의 결론이다.

키르케고르와는 달리 디덜러스에게 있어서 예술은 감각의 만족만을 의미하는 것이 아니다. 예술적 탐구는 진리의 탐구와도 통하는 것이다. 그렇다면 디덜러스는 어떤 경로를 밟아 키르케고르와는 정반대의 길을 택하고, 그에게 있어서 예술은 무엇을 의미하는가?

지금도 세계 곳곳에서 일어나고 있는 종교전쟁이 증명해주듯이 종교의 문제는 개인에 있어서나 국가에 있어서 중요한 문제다. 디덜러스의 고국 아일랜드는 오랫동안 광신에 가까운 믿음에 의해 지배된 종교적 풍토에 싸여 있고, 그가 나고 자란 더블린 시는 철저한 가톨릭교의 교리가 지배했다. 그의 가정도 물론 이 같은 분위기 속에 놓여 있다. 또한 영국의 오랜 지배를 받고 독립운동으로 엄청난 피지배 민족의 비극을 겪어온 아일랜드는 정치의식이 강렬하고, 국민들의 애국심이 강했다.

디덜러스는 '가톨릭 교리'와 '애국'이란 두 개의 절대적 가치, 두 개의 권위에 의해서 지배되는 세계 속에 산다. "단 한 가지 필요한 것은 영혼의 구원이며 그 밖의 모든 것은 가치가 없다"라고 전제하는 가톨릭의 도그마(교리)는 인간으로 하여금 무조건 그 도그마를 믿고 그것에 복종할 것을 강요한다. 도그마에 의하면 신에 의한 이브와 아담의 창조, 인간의 원죄, 사후의 지옥과 천당이 진리다.

그것은 또한 인간을 포함한 모든 현상이 신의 뜻으로 지배되고 결정됨을 뜻한다. 가톨릭, 아니 기독교에 의하면 성서에 기록된 모든 이야기를 절대적 진리로 믿어야 하며, 성서에 기록된 모든 행위의 가르침에 절대적으로 복종해야 한다. 이러한 가톨릭 신앙 속에 사는 가톨릭 학교의 교장, 신부들, 학생들은 테니슨A. Tennyson이 기독교 시인이기 때문에 바이런G. Byron보다 더 위대한 시인이요, 위고V. Hugo가 가톨릭의 가르침에 어긋나는 시를 썼다는 이유로 보잘것없는 작가라고 우기게 된다. 이들의 논리를 그대로 받아들일 때, 기독교의 교리는 너무나도 독선적이고 무비판적이며, 비인간적이고 부자연스럽다.

이런 정신적 풍토에 거의 포로가 되어 있으면서도 예술적 감성이 발달한 디덜러스는 날카로운 시인 바이런, 위고를 좋아한다. 그는 일찍이 극히 철학적인 사고에 빠지기도 했던 이성적 소년이었고, '우주 다음엔 무엇이 있을까? 아무것도 없다. 그렇지만 무無가 시작되기 전 우주의 한계를 보여주는 무엇인가가 있었을까?' 라고 생각한 적이 있을 만큼 논리적이며 형이상학적 인물이다. 그러면서도 그는 외부로부터 강요된 세계관이자 가치 체계인 기독교의 진리를 완전히 버리지 못한다. 16세 때 그는 창녀와의 관계에서 처음으로 성을 알게 되는데, 이런 경험 후 크나큰 죄의식에 고통을 받다가 마침내 어느 신부 앞에서 참회를 하게 된다. 그 후 머리가 뛰어난 그는 신부로부터 성직에 투신할 것을 권유받게 된다.

그러나 디덜러스에게는 교육이나 신앙보다도 강한 어떤 본능이 그가 종교에 완전히 빠질 수 없도록 막고 있다. 그것은 미묘한 적개심에 찬 본능이어서 그러한 생활에 순종하지 못하게 그를 무장시키는 것이다. 종교 생활의 차가움과 질서에 대해 그는 반발한다. 그러면서 그는 여태껏 영혼이 머물 곳이라고 생각해오던 곳에서 자신의 영혼이 얼마나 떨어져 있는가에 새삼 놀란다. 현세와 내세에 영원히 이 몸의 자유가 없어지도록 위협을 당할 때, 오랜 세월 동안 그를 지배해온 질서나 복종의 힘이 의외로 약한 데 그는 놀랐던 것이다. 자신이 남과 떨어져 자신만의 지혜를 배우든가 그렇지 않으면 속세의 온갖 함정 사이를 헤매며 스스로 남의 지혜를 배워야 하는 운명에 처해 있는 것이다. 그는 "속세의 함정은 죄의 길이지만 나도 빠져보자"고 생각한다. 아직은 빠져본 적이 없지만 삽시간에 빠져버릴 것이라고 느낀다. 디덜러스가 성직을 거절하고 난 후의 이런 감정을 작가 조이스는 다음과 같이 그린다.

고함을 지르고 싶은 충동에 그는 목이 쑤셨다. 하늘 높이 나는 매나 독수리의 외침을, 자신의 해방을, 바람을 향해 사무치게 외치고 싶었다. 이것은 자신의 영혼에 호소하는 생명의 외침으로, 의무와 절망의 세계가 가진 지루하고 무딘 음성은 아니다. 황홀에 찬 순간에 그는 해방되었다. 그리고 그의 입에서 억눌리고 있던 승리의 외침 소리가 그의 뇌수를 찢었다.

디덜러스가 여기서 버린 것은 비인간적인 질서이며, 그로 인해 그가 처음으로 찾은 것은 인간적인 생명이다. 그는 생명의 순수한 아름다움과 그 속의 환희를 알게 된 것이다. 그것은 교리적인 세계로부터 예술적인 세계로 통하는 길이다. 종교적 신앙을 잃는다는 것은 구원을 상실하는 것이 아니다. 오히려 참다운 구원은 생생한 생명의 아름다움 속에서 찾을 수 있는 것이다. 그러기에 디덜러스는 말한다.

나는 신앙심을 잃어버렸다. 그러나 자존심까지 버렸다는 말은 아니다. 논리적이고 전후 일관한 부조리를 버리고 비논리적이고 전후가 일관치 않은 부조리를 받아들인다면 어찌 해방이 될 수 있겠는가?

바닷가에서 본 한 소녀는 디덜러스에게 있어서 생명과 아름다움을 상징하고, 그는 그 아름다운 경험을 예술화하려는 욕망을 느낀다.

소녀의 그림자는 영원히 그의 영혼 안에 들어와 어떠한 말도 그의 황홀감에 젖은 거룩한 정적을 깨뜨리지는 못했다. 소녀의 눈은 그를 불렀고 그의 영혼은 그 부름에 뛰어들었던 것이다. 이 세상에 나와 실수하고 타락하고, 이겨내고 삶에서 다시금 삶을 창조한다. 분방한 천신이 그 앞에 나타났다. 속세의 청춘과 미의 천사, 현세의 아름다운 정원에서 온 사신이 이 한순간의 황홀 속에 허물과 영광의 모든 길로 통하는 문을 그의 눈앞에 열어젖혀준 것이다.

예술적 아름다움과 진실성을 발견한 디덜러스는 종교를 등짐으로써 키르케고르의 이른바 종교적 인생을 저버렸을 뿐만 아니라 윤리적 인생도 저버리게 된다. 디덜러스의 이와 같은 정신적 자세는 애국심과 효도와 같은 윤리적 가치를 부정하는 데서도 나타난다. 디덜러스는 애국심에 호소하면서 조국을 위하여 함께 일하기를 권하는 친구에게 이렇게 대답한다.

아일랜드란 나라가 무엇인지 아는가? 이 나라는 제 새끼를 먹어치우는 늙은

> 암퇘지야. ……(중략)…… 한 사람의 영혼이 이 나라에 탄생할 땐 날아가지 못하게 잡아두기 위한 그물이 씌워져 있어. 자네는 국민성·언어·종교를 내게 운운하지만 난 이 그물 속에서 빠져나가려 하네.

종교 문제로 어머니와 싸워 어머니가 상심하는 것을 보고 친구는 디덜러스를 나무라며 그를 꾸지람한다. 그러나 그는 자기가 옳다고 생각하는 것을 위해 어머니와도 싸울 마음의 준비를 하고 있다. 그는 대답한다.

> 내 기억이 틀림없다면 파스칼은 여성과의 접촉을 두려워한 나머지 자기 어머니에게 키스조차 못하게 했다고 하네. 예수 역시 군중들 앞에서는 자기 어머니를 좀 예의에 벗어나게 대접했던 모양인데, 예수회의 신학자요 스페인 신사인 수아레스는 예수를 위해 변명을 하고 있어.

디덜러스는 종교적 교리의 사슬로부터 해방됐을 뿐만이 아니라 윤리적인 구애로부터도 해방된 것이다. 이 해방은 가치로부터의 해방을 의미하지는 않는다. 그것은 오직 외부로부터의, 비판 이전에 주어진 진리와 가치관으로부터의 해방을 의미할 뿐이다. 이런 해방을 거쳐서 그는 참다운 자기를 발견하고 내부로부터 솟아난 가치관에 의해서 행동할 수 있게 된 것이다. 그는 모든 외부로부터 강요된 속박에서 해방되어 "인생과 예술의 양식을 발견해서 자기 자신의 정신을 구애 없는 자유 속에서 표현하고자 한다." 그리고 이러한 인생의 양식을 예술에서 발견한다. 그는 자기의 인생이 극히 외로울 수 있고 가난한 것일 수 있음을 잘 알고 있으면서 모든 것을 무릅쓰고 예술의 길을 걷기로 결심한다.

나는 내가 믿지 않는 것은 그게 가정이건, 조국이건, 교회건, 무엇이건 섬기지 않겠다. 그리고 나는 가능한 한 자유롭게, 가능한 한 전적으로 어떤 생활, 혹은 예술의 양식으로 나 자신을 표현하려고 노력할 것이다. 나 자신을 지키기 위해서 나 스스로 사용하기를 허용한 유일한 무기, 즉 추방과 꾀를 쓸 작정이다.

이처럼 디덜러스는 신神의 사제나 선善의 사제가 되기를 거절하고 미美의 사제가 되려고 한다. 그렇다면 그에게 있어서 미를 창조하는 것으로 생각되는 예술의 본질은 무엇인가? 미는 무엇인가?

디덜러스, 즉 제임스 조이스의 예술관은 다음과 같은 두 가지로 요약된다.

첫째, 예술이 표현하고자 하는 아름다움, 즉 심미적 미는 반反육체적이며, 정적이고 정신적인 것이다. 욕망과 감정을 흥분시키는 예술은 호색적인 것이건 교육적인 것이건 잡스러운 예술이다. 그러므로 심미적 감동은 정적이다. 이런 비육체적이고 정물적인 감동을 우리가 경험할 수 있는 것은 우리들이 정신적 세계에 존재할 수 있기 때문이다. 예술가가 표현하는 미는 우리들 가운데 동적인 정서나 또는 순전히 육체적인 감각을 일으킬 수 없는 것이다. 그것은 미적 정지 상태, 즉 이상적 공포와 이상적 연민, 다시 말하자면 자신의 이른바 미의 리듬으로써 야기되고 지속되고 이윽고는 해소되는 하나의 정지 상태를 일으키고 또는 일으켜주어야 되는 것, 유발하고 또 유발해야 하는 것이다. 그런데 리듬이란 미적인 전체 가운데 부분과 부분, 그 미적 전체와 부분, 또는 모든 부분, 혹은 어느 부분의 총합인 미적 전체, 이런 것 사이의 일차적이며 형식적인 미적 관계를 말한다.

둘째, 미의 본질을 리듬으로 보고, 리듬의 본질을 모든 동물의 전체와 부분의 형식적 관계로 보는 미학은 확실히 지적인 미학이다. 이런 미학은 미를 진리로, 예술을 인식으로 연관 짓게 한다. 이것은 플라톤 이후 서양의 한 미학적 전통을 이루는 관점이다. 그리하여 디덜러스는 다음과 같이 진술한다.

> 플라톤이 한 말이라고 믿지만, 미는 진리의 광휘라고 했다. 이 말은 진실한 것과 아름다운 것이 가깝다는 사실을 의미하는 것이라 생각한다. 진실이란 지적인 것의 가장 만족스러운 관계로 말미암아 충족되는 지성으로 관조되는 것이며, 아름다움이란 감각적인 것의 가장 만족스러운 관계로 말미암아 충족되는 상상력으로 관조되는 것이다.

만약 아름다움이 한 개인의 사물에 대한 반응이거나 감정 혹은 욕망의 표현이 아니고 객관적인 인식의 대상이라면, 아름답다고 느끼는 감성적 의식 상태는 옳다고 생각하는 지성의 인식 상태와 어떻게 다른가? 바꾸어 말해서 미적 의식의 내용은 무엇인가? 디덜러스는 이에 대한 생물학적 설명을 부정한다. 생물학적 설명을 따른다면, 가령 한 여자가 아름답게 보이는 것은 그 여자가 우수한 자녀를 낳을 것이라는 것을 느끼게 하기 때문이다. 이 학설은 미의식이 주관적인 것임을 의미한다. 다시 말하자면, 설사 많은 사람들이 한 대상을 아름답게 느꼈다 해도 그 느낌은 아름다움이 객관적으로 그 대상 속에 존재해서가 아니라, 많은 사람들의 그 대상에 대한 심리적 반응이 일치했다는 것을 뜻할 뿐이다. 그러나 디덜러스는 미의 객관성을 주장하며 다음과 같은 가설을 세운다.

> 똑같은 대상이 모든 사람들에게 아름다워 보이지 않더라도 하나의 아름다운 대상을 찬미하는 모든 사람들은 그 대상 속에서 모든 심리적 인식의 각 단계를 만족시키고 또 그것에 부합되는 일정한 관계를 찾아내고 있다. 그러니까 한 사람에겐 한 형식을 통해서, 또 다른 사람에겐 그와는 다른 형식을 통해서 볼 수 있고 느낄 수 있는 관계들은 미의 필연적인 특질임에 틀림없다.

그에게 있어서 심미적 경험은 한 사물의 절대적 특질의 체험인 것이다. 디덜러스의 이와 같은 예술관은 인식과 평가, 미의 차원과 진리의 차원의 차이를 근본적으로 부정하는 입장이다. 디덜러스, 즉 제임스 조이스의 미학을 받아들일 수 있는가?

플라톤에서 시작하여 후설에 이르기까지 미를 발견과 인식의 객관적인 대상으로 보려는 줄기찬 전통이 있음에도 불구하고 나는 플라톤적 미학이 받아들일 수 없는 것이라고 생각한다. 어떤 사실이나 사물은 객관적인 존재로 인식이 될 수도 있고 인식되지 않은 채 남아 있을 수도 있지만, 그 존재의 형태에는 아무런 변동이 없다. 그 존재는 의식, 즉 인식의 행위 밖에 있는 것이다. 그러나 그 존재 자체는 옳지도 않고 그르지도 않으며, 아름답지도 않고 밉지도 않다. 그것은 그냥 그대로 있을 뿐이다.

그 존재에 관한 옳고 그름, 아름답고 미움의 문제는 그 존재에 대한 진술이 있고서야 비롯된다.

그러나 인식적 진술과 심미적 진술은 완연히 구별된다. 전자는 의식 밖에 있는 객관적 사실을 서술하기 때문에 그 진술의 옳고 그름은 객관적 사실에 맞느냐 그렇지 않느냐에 의해서 쉽사리 결정될 수 있다. 그러나 후자의 경우는 객관적 사실을 서술하는 진술이 아니라 그 사실에 대한 인식의 태도 혹은 반응을 표현하는 진술이다. 다시 말하자면, 아름답다 혹은 밉다는 표현은 객관적인 것을 묘사하는 것이 아니라 그것을 대하는 의식 상태 자체를 나타내는 말이다. 일그러진 복순이의 얼굴이 어떤 이에게는 절세의 미로 보이지만 다른 사람에게는 생각만 해도 불쾌함을 느끼게 할 수도 있는 것이다. 이런 사실은 아름다움이 객관적 존재가 아니라 보는 이의 심리 상태를 나타내는 것임을 증명해주는 좋은 예가 된다. 그러나 복순이의 예는 과장이 없지 않다.

실제로 어떤 얼굴, 어떤 모양, 어떤 색들은 대부분의 사람에게 다 같이 대개 아름답게 보이거나 밉게 보인다. 이와 같은 구체적이며 경험적인 사실은 아름다움이 한 개인의 기분에 달려 있지 않고 개인적인 심리 상태를 초월해서 객관적으로 존재하는 것임을 입증하는 것처럼 보인다. 예술사藝術史의 존재도 위와 같은 미의 객관성을 입증하는 것처럼 보인다. 왜냐하면 예술사에서 거론되는 작품들은 그 많은 예술품 중에서 아름다운 것으로 어느 정도 보편적인 평가를 얻어서 선별된 작품이기 때문이다.

그러나 좀 더 생각해보면, 어떤 대상이 보편적으로 아름답거나 혹은 흉하다고 평가되는 사실과 그 대상이 객관적인 아름다움이나 추함을 '소유'하고 있다는 것과는 전혀 별개의 문제다. 다시 말해서 한 대상에 대한 보편적인 미의 평가는 절대로 그 미의 객관적 존재성을 보증하지는 못한다.

심미적 가치 평가의 보편성은 인간성의 보편성에 의해서 설명될 수 있다. 물론 인간은 각자 다소의 육체적, 지적, 감정적 차이가 없지 않다. 각 개인의 차이는 선천적인 차이뿐 아니라 환경이나 교육 등에 의해 지배되는 후천적 요소로 인해 커질 수도 작아질 수도 있다. 그럼에도 불구하고 동물로서의 인간은 대체적으로 똑같은 기능과 욕망을 갖고 있다. 양이 물을 싫어하고 파리가 더러운 것을 좋아하듯, 인간이란 종으로서의 사람이 다 같이 어떤 것을 좋아하고 어떤 것을 싫어하게 된다는 사실은 충분히 이해될 수 있는 문제이다. 각 개인의 다소간의 심미적 취미의 차이는 각 개인이 갖고 있는 생리적 차이나 환경, 교육의 차이에서 오는 것이라고 봐야 한다.

이와 같이 볼 때, 제임스 조이스가 주장한 미의 본질, 즉 '사물 간의 형식적인 관계의 조화'도 이해가 된다. 그러나 이 관계의 조화 자체가 미는 아니고 인간에게 보편적으로 유쾌한 느낌을 일으키게 하는 조건이라고 보면 된다. 물론 어째서 '관계의 조화'가 즐거운 심리 상태를 일으키느냐 하는 문제는 별개의 문제다.

아름다움을 하나의 객관적 존재로 보지 않고, 일종의 만족스럽거나 즐거운 심리 상태로 본다면 남은 문제는 심미적 즐거움이 어떤 종류의 즐거움인가를 밝히는 것이다. 왜냐하면 인간은 미에서 얻는 즐거움뿐만 아니라 지식에서 얻는 즐거움도 있고, 식욕·성욕·소유욕을 채우는 데서 얻는 즐거움이 있기 때문이다.

인간의 궁극적인 욕망이 '권력에의 의지'라고 본 니체는 심미적 쾌감도 일종의 권력에서 느끼는 쾌감의 일부에 지나지 않는다고 보았다. 그러나 니체의 설명은 모순된 문제를 내포하게 된다. 우선은 권력이란 개념이 막연한 데서 생기는 문제이지 않을까 싶다. 만약 미에의 추구가 권력에의 추구에 지나지 않는다면 어찌해서 많은 예술가들이 정치가나 장군이 되려 하지 않고 궁상스럽고 외롭게 방구석에 앉아서 모든 것을 희생하면서까지 작품을 만들어내는 데 전력을 기울이는가? 만약 우리가 모차르트의 음악이나 라파엘로의 그림을 보고 아름다움을 느끼는 것이 사실이라면, 정말 우리들은 그런 예술품 앞에서 '권력'이나 '힘'을 체험한단 말인가? 그러나 이는 이미 아리스토텔레스가 지적했듯이 아름다움을 경험할 때 우리들이 정신적인 카타르시스를 체험한다는 것이 더 진리에 가까운 것 같다. 우리들의 심리는 권력이나 힘에서 멀어져 일종의 정적인 평화와 따스함을 체험하는 것이다.

한편 프로이트의 미학은 니체의 미학에 못지않게 독창적이고, 니체 이상으로 큰 영향을 주고 있다. 프로이트는 니체의 '권력' 대신 '에로스'를 도입해서 심미적 경험을 설명하려 한다. 프로이트의 주장은 어느 면에서는 다윈주의적이고 생물학적인 부분이 있지만 기본적으로는 정신분석학에 입각해 있다. 프로이트에 의하면 인간은 궁극적으로 에로스의 만족을 찾는다. 그러나 현실에서는 그러한 욕망을 자유자재로 만족시킬 수 없다. 사회질서는 물론 한 개인의 계속적인 생존을 위해서는 사회적 행동의 규범이 필요하게 되고, 그러한 규범으로 도덕이 강요되기 때문이다. 예술 활동은 이처럼 좌절된 에로스에의 욕망을 승화의 형식을 빌려 해결하는 방법이다. 따라서 프로이트는 미에서 느끼는 즐거움도 근본적으로는 성적인 즐거움과 다를 바가 없다고 주장한다. 프로이트의 이론은 얼핏 보아서 퍽 단순하여 수긍할 수 있을 듯하지만 좀 더 생각해 보면 문제점이 없지 않다. 만약 프로이트의 이론이 옳고 그러한 이론을 적용한다면 그 아무도 예술이란 험난한 길을 구태여 택해 성적 욕망을 만족시킬 필요를 느끼지 않을 것이다.

우리는 많은 예술가들이 환락을 희생하면서까지 예술 작품을 만들어 내기 위해서 인생을 바친 예를 얼마든지 볼 수 있다. 만약 프로이트의 이론이 옳다면 피카소는 그의 많은 작품을 생산하는 시간을 아껴서 더욱 많은 젊은 여성과의 관계를 가졌어야 하지 않겠는가? 프로이트의 이론은 니체의 이론 못지않게 예술의 어떤 본질, 심미적 경험의 어떤 본질을 망각한 것 같이만 보인다. 미적 경험에는 권력이나 성에서 얻을 수 있는 즐거움으로는 결코 대치할 수 없는 특수한 즐거움이 있다.

여기에 이르러 우리는 사르트르의 미학을 생각하게 된다. 사르트르에 의하면 인간의 궁극적 목적은 '권력에의 의지'도 아니고 '에로스의 만족'도 아니다. 인간의 궁극적인 욕망은 인간의 심리 상태에서 찾아볼 수 있는 것이 아니라, 그 이전에 인간의 존재학적 구조에 의해서 이해되어야 한다.

사르트르는 모든 존재를 '대자'와 '즉자'로 구분한다. 모든 것은 인간과 인간 아닌 것으로 바꿔 생각할 수 있으며, 그것은 다시 의식 있는 존재와 의식 없는 존재로 구별할 수 있다. 의식의 존재 양식은 '실재하지 않는다는 것으로서의 존재'이며, 의식 없는 모든 존재는 '그냥 실재하는 것으로서의 존재'이다. 이와 같이 하여 대자는 언제나 '실재로 존재하는 존재'가 되고자 하지만 그와 동시에 자기 자신이 그와 같은 양식으로 존재한다는 것을 확인하려 한다. 즉, 의식하고자 한다. 그러나 그와 같이 의식하는 이상 그는 완전한 실재, 즉자로서 존재하지 못하고 역시 '실재하지 않는 것으로서의 실재'로 머물러 있게 마련이다. 따라서 이와 같은 존재학적 구조를 가진 인간은 '즉자인 동시에 대자적인 존재' '의식을 갖지 않은 존재이면서 그것을 의식하는 존재'라는 완전히 모순된 존재학적 욕망에 사로잡혀 있게 마련이다. 이와 같이 모순된 욕망은 현실적으로 절대 불가능하다.

예술은 현실적으로 불가능한 인간의 존재학적 욕망을 만족시켜줄 것 같은 환각을 갖게 하는 수단이다. 사르트르에 의하면 현실적인 것은 절대로 아름답지 않다. 아름다운 것, 미는 언제나 상상적인 존재에서만 얻어지는 경험이다. 어떤 대상이 현실적인 것이 아닌 현실로 파악되었을 그 대상은 미적 각도에서 평가되는 것이다. 모든 예술이 언제나 상상의 산물이라는 사실, 아름다운 것이 언제나 꿈같은 것으로 느껴지는 이유가 여기에 있다.

사르트르의 미학은 내가 알고 있는 가운데서 가장 깊이가 있고 가장 설득력이 강하다. 우리는 그의 극히 독창적인 해석에 감탄하지 않을 수 없다. 그러나 그의 이론에는 설명되지 않는 부분이 있다. 과학자가 새로운 학설을 생각해낼 때나 하나의 기술자가 새로운 기계를 고안해낼 때 그들이 하는 일은 실재하지 않는 실재, 즉 상상적 존재를 생각해내는 것이다. 그러나 과학자나 기술자의 이와 같은 경우는 예술가들이 작품을 만들 때 느끼는 경험과는 다르다. 과학자나 기술자의 경험은 심미적인 경험이 아니다. 또 한편 우리들은 아름다운 꽃이나 여성을 상상하면서 미를 경험하지만 추한 뱀이나 괴물을 상상하면서 미를 경험하지는 못한다. 이러한 예들은 미의 경험이 사르트르가 말하는 인간의 존재학적 구조로는 충분히 설명되지 않는다는 것을 증명하는 것이다. 사르트르의 이론으로는 심미적인 만족감과 그 밖의 만족감을 구별하기 어렵다.

그뿐 아니라 심미적 경험 대상의 보편성 또한 설명해주지 못한다. 우리들은 경험을 통해서 디덜러스, 즉 제임스 조이스가 주장하는 것처럼 어떤 형태의 물질이나 어떤 종류의 색채나 어떤 종류의 조합의 관계는 보편적으로 즐겁게 아름답게 느껴지는 반면, 어떤 것들은 그렇지 못하고 정반대의 기분을 느끼게 한다는 것을 알고 있다. 이와 같은 사실은 어떤 사물이나 형태가 결코 객관적으로 존재하는 아름다움이 될 순 없지만, 인간으로 하여금 아름다움을 느끼게 하는 객관적 조건을 갖고 있다는 것을 증명하는 것이다. 디덜러스가 말한 대로 얼핏 보기에는 유럽인, 중국인, 아프리카인들이 각기 다른 모습의 여인들을 아름답다고 말할 것 같지만 그들이 아름답다고 느끼는 여인들을 분석해보면 어떤 보편적인 모습을 찾아낼 수 있을 것이다.

아름다움의 경험이란 이와 같은 객관적 대상을 보았을 때 느껴지는 즐거운 심리 상태이며, 예술이란 그러한 대상들을 인위적으로 만들려는 활동이요, 예술적 즐거움이란 이와 같은 것을 창조하는 데서 오는 기쁨일 것이다. 이러한 예술적 창조의 기쁨은 우리들이 경험할 수 있는 기쁨 가운데서 가장 근본적이고 전인적인 기쁨이다. 창조의 기쁨은 자유를 경험하는 기쁨이기도 하다. 자유를 전제하지 않은 창조는 있을 수 없기 때문이다.

비록 디덜러스, 즉 작가 제임스 조이스의 미학이 완전히 옳은 것은 아니지만 그가 부조리한 종교에서 해방되고, 애국적 활동이나 윤리적인 문제에 흥미를 잃고 예술에 몸을 바치기로 한 이유는 가장 깊은 인생의 환희는 미의 세계, 예술적 창조생활에서 얻을 수 있다고 믿었기 때문이다. 참다운 영혼의 구원은 신이라는 외적 존재로부터 주어지는 것이 아니라, 미에서 찾을 수 있는 참다운 전인적인 내적 환희 속에 있었던 것이다.

제임스 조이스는 『젊은 예술가의 초상』을 통해서, 예술이 그저 감각적인 만족을 만들어내기 위한 수단이 아니라는 것, 아름다움의 경험은 단순한 감각적 만족이 아니라는 것을 보여주고, 예술 활동이나 아름다움의 경험을 통해서 종교가 할 수 없는 영혼의 참다운 구원이 가능하리라는 것을 말해주고 있다. 그것은 달리 말해서 신이 없는 우주 속에서도 인간은 환희를 경험하고 의미를 갖고, 그의 영혼이 구원될 수 있다는 것을 우리에게 시사한다.

철학적 허무주의

⋮

사뮈엘 베케트 · 『고도를 기다리며』

한 문학작품에 표현되는 작가의 사상은 직접적이거나 혹은 간접적인 방식으로 나타난다. 전자는 도스토옙스키의 『지하생활자의 수기』 등에서 볼 수 있는 바와 같이 작가가 어떤 이념을 자기가 만든 가공의 인물들을 통해서 직접 표현하는 것이다. 후자의 예로는 사뮈엘 베케트Samuel Beckett(1906~1989)의 『고도를 기다리며』에서와 같이 작가의 사상이 작품 전체를 통해 하나의 간접적 또는 상징적인 언어로 표현되어 있는 것이다. 이런 작품에서는 주인공이 자신의 이념을 직접 표현하지 않기 때문에 독자들은 그 속에 숨어 있는 의미를 통해 이념을 도출해내야 한다. 전자와 같은 작품의 주인공들이 사상가로서 자기들의 언어를 통하여 그들의 사상을 표현하는 데 반해서 후자와 같은 작품의 주인공들은 사상가가 아니며 언어로 자신의 사상을 표현하지 않고 그들 인물 자체가 바로 어떤 이념을 뜻하는 언어로서 존재한다.

2막으로 된 희곡 『고도를 기다리며』는 극적 사건이 없는 극이며, 이야기라고 말할 수 있는 이야기가 없는 작품이다.

잎사귀 하나 붙어 있지 않은 버드나무 하나만이 오도카니 서 있는 적적한 시골길의 어느 날 저녁. 어딘지 어수룩해 보이는 에스트라공과 블라디미르가 등장해 그들이 만나기로 약속한 고도라는 인물을 기다리면서, 시간을 보내기 위해 무의미한 대화를 나눈다. 그러는 동안 그 땅의 임자인 포조가 럭키라는 자를 노예를 부리듯 학대하며 나타난다. 블라디미르는 포조가 고도란 인물인 것으로 생각했지만 결국 착각이었다는 것이 드러나고, 그들은 얼마 동안 바보 같은 대화를 지껄이다가 포조와 럭키는 사라지고 에스트라공과 블라디미르는 다시 고도를 기다린다. 그러나 한참 후에 어떤 소년이 나타나 고도가 그날 저녁은 못 오고 다음 날 저녁에 올 것이라고 전한다. 다음 날 저녁, 에스트라공과 블라디미르는 똑같은 장소 똑같은 시간에 역시 똑같은 실없는 대화를 나누며 따분한 시간을 보내면서 고도를 기다린다. 그러나 끝내 고도는 나타나지 않고 다시 소년만 나타나서 고도는 다음 날에야 올 수 있다고 전한다. 이 소식을 들은 에스트라공과 블라디미르는 다음 날 다시 올 것을 기약하고 그곳을 떠나기로 한다.

이 시시한 이야기 같지 않은 이야기 속에는 아무런 철학적인 대화도 없고 그곳에 나오는 다섯 명의 인물은 사상가라고 하기에는 너무나도 무식하거나 바보 같고 어리석다. 따라서 이 작품이 철학적인 의견을 나타내고 있다면, 그것은 주제, 인물의 성격, 극이 전개되는 장소 등을 종합적으로 분석함으로써 전체적으로 나타나는 상징적인 의미 속에서만 찾아낼 수 있다.

작품의 주제는 말할 나위도 없이 기다림, 더 정확히 말해서 이루어지지 않는 기다림이다. 에스트라공과 블라디미르는 처음부터 끝까지 그저 기다리고만 있는 것이다. 당분간 좌절된 것이 아니라 근본적으로 영원히 '좌절된 기다림'의 상징적 의미는 무엇인가? 그것은 기다림의 무용성, 무의미를 말한다. 기다림은 기다리는 것이 이루어짐으로써, 아니면 적어도 그런 가능성이 있을 때만 뜻을 갖게 되는데, 기다림이 근본적으로 좌절된다면 아무 뜻을 가질 수 없게 됨은 당연한 논리다. 기다리는 노력의 좌절을 허무, 즉 '니힐'이라고 불러도 좋다. 만약 인간의 매일매일의 생활이 죽는 날까지 다음 날, 또 다음 날의 무엇인가를 기다리는 연속이라고 가정하고 그와 동시에 죽는 날까지 아무리 애를 쓰고 다음 날까지 무엇을 기다려도 그 기다림은 결국 성취되지 않고 이 땅에서 사라져 한낱 흙이 된다든가, 혹은 어떤 벌레의 밥이 될 것이 확실하다면 우리들의 인생은 예외 없이 허무하다는 결론이 나올 수밖에 없다. 인생을 비롯해서 모든 것이 그저 무의미하게 존재했다가 다른 형태의 물질로 변해 없어진다는 관점을 '철학적 허무주의'라 부른다. 이러한 철학적 사상은 두말할 것 없이 인생을 철저히 부정적으로 바라보는 사상이다.

『고도를 기다리며』가 철학적 허무주의를 나타낸다는 것을 전제로 하고 베케트가 말하는 인간의 기다림의 내용, 그것이 좌절된 의미, 그리고 좌절될 것을 알고서도 계속 기다려야 하는 의미를, 마지막으로 그런 상황 속에서 베케트가 본 대로의 인간 생존의 모습을 작품 속에서 분석해 보자.

기다림의 대상이 되는 고도Godot를 '그He'라고 표현하거나 또 '그'가

벌을 줄지도 모른다는 표현으로 보아 적어도 표면적인 고도는 기독교에서 말하는 인격신God을 의미한다고 보는 것이 옳은 해석일 것이다. 그러나 작가 베케트가 '고도'라는 단어를 통해 진지하게 신을 의미했을까? 소년이 설명하는 고도는 인간의 고통이나 인간 사회의 불의에 대해서 무관심하다. 이러한 신은 비록 전능하다 하더라도 무한한 사랑의 상징인 기독교의 인격신과는 배치된다. 뿐만 아니라 고도는 영원히 나타나지 않는다는 사실은 인격신인 조물주로서의 신과는 맞지 않는다.

차근차근 설명하자면 상당히 이단적인 해석이 될지도 모르지만 필자는 고도를 인간의 어쩔 수 없는 필연적인 존재 조건의 상징으로 봄으로써 작품 전체를 보다 정연하게 해석할 수 있을 것 같다. 인간이 살아가기 위해서는 어쩔 수 없는 필연적인 조건이 있고 그것은 인간의 힘을 초월한다는 점에서, 초월할 수 없는 전지전능한 신의 개념과 일치한다. 고도를 기다리는 노력이 좌절될 수밖에 없다는 것은 인간의 존재 조건은 그가 살아 있는 이상 아무리 벗어나려고 해도 벗어날 수가 없다는 뜻이 되겠다.

그렇다면 보다 구체적으로 말해서 고도로 상징되는 어쩔 수 없는 인간의 존재 조건이란 무엇일까? 그것은 '만족을 모르는 생존에의 본능'이다. 생명체로서의 인간은 다른 모든 생물체와 마찬가지로 어떠한 상황에서든지 만족을 모르고, 언제나 자신의 생명을 더 연장시키려는 본능에서 벗어날 수 없다. 왜냐하면 생존이야말로 모든 조건 가운데서도 가장 근본적인 생존 조건이기 때문이다. 다음과 같은 에스트라공과 블라디미르의 대화는 이런 해석을 뒷받침해준다.

에스트라공: 정확히 뭘 고도에게 부탁할 거야?

블라디미르: 글쎄, 뭘 부탁해야 할지 몰라.

에스트라공: 우린 꼭 매여 있는 것 아니야?

블라디미르: 매여 있다니? 누구한테 매여 있단 말이야?

에스트라공: 고도한테 말이야.

인간 생존의 근본 조건인 생존 본능에서 우린 떠날 수 없다. 죽을 때까지 만족을 얻지 못하는 것이 사실이라도 이러한 상황을 떠날 수는 없다. 우리들은 그저 본능에 따라 살면 되기 때문이다. 그러나 언뜻 보아서 인간은 동물과 같은 본능에 지배되는 동시에 그러한 본능을 객관적으로 바라보고 때로는 초월하고자 하는 능력과 또 다른 본능이 있다. 동물과 달리, 살아가는 기쁨과 괴로움을 의식하는 인간은 경우에 따라서 자기 자신의 생명을 스스로 버리고자 하는 욕망을 갖게 된다. 즉, 생명에의 본능을 초월하거나 말살하려는 부정적 또는 소극적인 욕망을 갖게 된다. 프로이트는 이와 같은 인간 특유의 욕망을 '죽음에의 욕망'이라 불렀다. 그러나 '죽음에의 욕망'은 사실 따지고 보면 죽음을 원하는 것이 아니라 삶에 대한 욕망의 뒤집힌 표현으로 봐야 한다. 따라서 자살을 실제로 시행하는 사람이 있다고는 하지만 아무리 비참한 경우에 놓이거나 아무리 가까운 날에 내가 죽게 되리라는 것을 확신하고 또한 인생에 대한 어떠한 이론적인 가치도 전혀 가질 수 없다 해도 절대다수의 인간은 생명에 대해 동물로서의 악착같은 애착을 초월할 수 없다. 이와 같은 우리들의 모습은 다음과 같은 대화에서도 찾을 수 있다. 고도를 기다리다 못해 지치고 단지 살아 있을 뿐인 따분한 삶에서 의미를 찾을 수 없는 에스트라공은 블라디미르에게 이렇게 말한다.

에스트라공: 우리 목매달아 죽어버리면 어때?

블라디미르: 뭘로?

에스트라공: 자네 끄나풀 한 가닥 갖고 있지 않았어?

블라디미르: 아니…….

에스트라공: 그럼 우린 목매달아 죽지도 못하겠네.

비록 우리가 살아가는 데 의의나 신명을 얻지 못할 뿐만 아니라 오히려 비참하고 따분하다는 것을 의식하게 되더라도 생존에의 본능, 즉 고도에게 묶여 있는 것이다. 몇 번이고 똑같이 되풀이되는 다음의 대화는 위에서 본 바와 같은 인간의 상황을 웅변적으로 요약해준다.

에스트라공: 돌아가세.

블라디미르: 안 돼.

에스트라공: 뭣 때문에 안 돼?

블라디미르: 고도를 기다려야 해!

고도의 상징적 의미를 인간의 생존에 대한 본능으로 해석한 우리는 '고도를 기다리'는 기다림의 뜻을 좀 더 살펴볼 필요가 있다. 왜냐하면 고도를 본능으로 해석할 때 '본능을 기다리며'라는 말로 바꿔 쓸 수 있게 되는데, 이러한 표현은 문자 그대로는 말이 될 수가 없기 때문이다.

'기다림'은 어떤 결핍된 대상을 향한 욕망을 의미한다. 그렇다면 채워지지 않는 생존에의 본능에 묶여 나오지 못한다는 것은 이루어지지 않는 기다림을 갖고 있다는 것과 마찬가지 뜻이 될 것이다. 이러한 의미에서 인생은 덧없는 기다림 그 자체가 된다. 따라서 우리가 기다리는, 즉 그것으로부터 해방될 수 없는 궁극적 집착의 대상은 반드시 신과 같은 초월적인 존재가 아니어도 좋다. 이는 종교를 갖지 않은 사람, 신을 믿지 않는 사람, 초월적 세계를 믿지 않을 뿐 아니라 그런 데에 관심을 가질 정신적·육체적 여유마저도 없는 많은 사람들이 항상 내일을 위해, 다음 해를 위해 살아가고 있다는 것을 보아도 역력히 증명된다.

위에서 나는 베케트의 작품 『고도를 기다리며』가 궁극적 목적이 없이 어쩔 수 없는 본능에 매달려 살고 있는 인생의 근본적 존재 조건 혹은 양상을 표현하는 것임을 밝히고자 했다. 이제 우리는 이와 같은 근본적 존재 조건 속에서의 인생을 베케트는 어떻게 묘사했는가를 살펴볼 필요가 있다. 한마디로 베케트가 보는 인생은 유쾌한 것, 아름다운 것이 못 된다. 우선, 무대배경이 되는 잎사귀 하나도 없이 말라빠진 나무 한 그루만 서 있는 시골길과 저녁 광경이 유쾌하거나 생동적이지 않다. 2막에서는 잎사귀가 몇 개 붙여진 것으로 보아 완전한 죽음의 세계는 아니지만 인생은 근본적으로 쓸쓸한 과정으로 해석되었음을 알 수 있다. 뿐만 아니라 등장인물들을 보아도 에스트라공처럼 어리석고 인생이 무엇인지 알지 못하고 살아가는 괴물이거나 블라디미르처럼 외롭거나 포조처럼 잔학하거나 럭키처럼 불쌍하다. 문자 그대로 죽지 못해 사는 이러한 인생은 극히 따분한 것이기도 하다. 이런 인생의 권태로움이 다음과 같은 대화에서 나타난다.

블라디미르: 아무 얘기나 좀 해!

에스트라공: 생각하는 중이야.

블라디미르: 아무 노래나 해봐!

따지고 보면 따분한 이 '인생이란 아무 사건도 일어나지 않고 아무도 찾아오지 않고, 아무 데로 떠나가지도 않는' 권태로운 장소다. 그런 권태를 잊기 위해서 블라디미르처럼 이야기를 꾸며보아야 하고 에스트라공, 포조 또는 럭키처럼 이상한 곡예를 부려야 한다.

그렇다면 무엇 때문에 이처럼 따분하고 가련하고 쓸쓸한 생활을 계속해야 하는가? 인생의 의미는 무엇인가? 이와 같은 질문에는 해답이 없다. 이 작품 속의 한 인물이 말하듯이 모든 것은 혼돈뿐이라고 할 수 있다.

"이 엄청난 혼돈 속에서 단 한 가지만이 확실하다. 그것은 다름이 아니라 우리들이 고도를 기다리고 있다는 바로 그 사실뿐이다."

인생이 혼돈이라 함은 인생이 이성으로는 풀 수 없는 수수께끼라는 것을 의미한다. 이와 같은 혼돈의 인생은 에스트라공이 기억을 자꾸 상실하고 같은 사람, 같은 물건, 같은 장소를 하루만 지나도 기억하지 못하는 것으로 암시되며 또한 고도를 만나더라도 무엇을 묻거나 부탁해야 할지 전혀 모르는 것으로 표현된다. 고도를 기다린다는 사실만이 확실한 것인데 고도는 다름 아닌 생존에의 궁극적 본능의 상징이다. 그런데 그러한 본능은 결코 완전히 만족될 수 없기 때문에 계속 만족되기를 기다리기 마련이다. 결국 이럴 수도 저럴 수도 없으면서 무의미한 갈등 속에 끊임없이 얽혀 있는 것이 인생이다. 우리는 무엇 때문에 살고 무엇 때문에 본능에 집착하는지 모른다. 그렇다고 본능에서 해방될 수 없다. 이와 같이 모순되고 난처한 완전히 비극적인 상황은 몇 번이고 반복되는 다음의 대화에 요약된다.

에스트라공: 어떻게 하면 좋을까?

블라디미르: 무얼 해도 아무 소용 없어.

잘라 말해서 우리가 무슨 노력, 무슨 짓을 해도 인생은 죽어 흙으로 썩어갈 때까지 '한낱 어리석은 잡담을 하면서 시간을 보내는 것이란 결론'이다.

실존주의자 하이데거는 인생을 뜻있는 인생과 뜻 없는 인생으로 구별하고 뜻 없는 인생을 가리켜 '어리석은 잡담의 인생'이라 했다. 그의 인생관에는 어두운 일면이 없지 않지만 일부 비평가들의 생각과는 달리 하이데거의 사상은 허무주의가 아니다. 왜냐하면 어리석은 잡담의 인생 밖에서 뜻있는 인생이 가능하기 때문이다.

그러나 하이데거와는 달리 적어도 베케트의 작품『고도를 기다리며』에 나타난 작가의 인간존재에 대한 견해는 철저한 허무주의로밖엔 볼 수 없다. 인생의, 아니 만물의 존재가 궁극적으로 무의미하다는 사상, 그 허무주의의 의미는 무엇일까? 그것은 한마디로 말해서 죽음에 대한 의식이다. 만약 내가 영원히 존재할 수 있다면 내가 하는 모든 것의 의미가 밝혀질 가능성은 언제나 남아 있다. 그러나 만약 나의 죽음이 나에게 있어서 완전한 마지막이 된다면 그러한 가능성은 없어진다.

신도 죽고, 역사에 아무 목적도 없다면, 우주라는 존재에는 처음부터 아무 목적도 없었다면, 이 땅 위에 인간으로 태어나 역사 속에서 홀로 사라지고 마는 나의 존재에는 아무런 의미가 없다. 그러나 자신의 행위에 의미를 부여하지 않으면 만족할 수 없고, 죽음을 초월해서 언제까지나 생존하려고 하는 본능에서 해방될 수 없는 우리에게는 이러한 인생관은 심리적으로 받아들이기 어렵다.

전통적으로 허무주의는 종교나 형이상학, 혹은 여러 종류의 신화를 통해서 부정되고 우리는 인생에 의미를 부여하려고 한다. 종교에 있어서는 기독교가 그 좋은 예가 되는데, 기독교에 의하면 육체적 죽음이 마지막이 아닐 뿐 아니라, 지상에서 인생의 목적은 천국에 있다고 믿음으로써 지상에서의 노력이 의미를 갖게 된다. 형이상학의 좋은 예는 헤겔의 『정신현상학』인데, 이 학설에 의하면 모든 현상은 가이스트geist(정신)의 변증법적 전개의 엄격한 과정으로 이곳에서의 인생은 형이상학적이고 우주적인 목적과 연결됨으로써 뜻을 갖게 된다. 한편 우리들은 국가·문화·인류·가족·사랑 등의 신화를 통하여 현재의 나의 행위나 노력, 나의 희생이나 죽음에 어떠한 의미를 부여한다.

불행인지 혹은 다행인지 모르겠으나 우리가 살고 있는 현재는 예전처럼 맹목적으로 신을 믿을 수 없게 되었다. 오로지 인간만이 다른 어떤 동물도 할 수 없는 자기희생 같은 행위를 의식적으로 하기 때문에 인간의 위대성이나 숭고성이 특별하기는 하지만, 웬만한 지성인이면 위에서 말한 가치가 하나의 신화에 불과하다는 의식을 하게 되었다. 따라서 종교나 형이상학적 신념을 통해서 혹은 신화로밖엔 볼 수 없는 초월적 가치를 위한 희생을 통해서, 심리적으로 우리들의 인생이 무의미하지 않다는 느낌을 가질 수 있음은 확실하다 하더라도, 그러한 의미는 어디까지나 주관적인 개인의 느낌에 불과하지 사실은 아니다. 그것은 아름다운 환상에 지나지 않으며 엄격한 의미에서 볼 때 논리적으로 객관적 의미는 있을 수 없다. 결국 우리가 얻을 수 있는 결론은 앞서 말한 대로의 허무주의, '신의 죽음'을 선고한 니체가 말하는 허무주의, 베케트의 작품 『고도를 기다리며』에서 볼 수 있는 허무주의를 부정하기는 어렵다는 사실이다.

철학적 허무주의, 즉 인생을 떠나서는 그 아무것에도 목적이 없고 언젠가는 죽게 마련인 인간의 일평생 자체에는 아무런 의미나 목적이 없다고 해서 우리는 베케트나 그 밖의 많은 사람들이 생각하는 것처럼 절망해야 하는 것인가? 죽으면 그만인 인생은 반드시 초라하고 가엾고 고통스럽고 우울하고 따분한 것이어야 하나?

베케트가 암시한 것과는 달리, 톨스토이가 생각했던 것과는 달리 애당초 논리적으로 볼 때 인생을 떠난 인생 밖에서의 의미나 목적, 즐거움이나 절망은 있을 수 없다.

모든 가치, 모든 의미는 오직 내가 살아 있는 한, 내가 살아서 무엇인가를 욕망하는 한 뜻을 가질 수 있는 개념이기 때문이다.

나는 내가 언젠가는 죽어서 이 살(육체), 이 심장이 썩어 흙이 되리라는 것을 확신한다. 내가 죽은 다음 나는 맛있는 음식, 즐거운 음악, 정다운 친구, 독서의 즐거움도 갖지 못하게 될 뿐 아니라 지금까지 노력해서 닦아온 여러 가지 앎이 완전히 한낱 백일몽이 되리라는 것도 안다. 그리고 또 한편, 어찌해서 이 무한한 시간과 공간 가운데서 하필이면 내가 지금 살고 있는 시공 속에 태어나서 죽어야 하는지를 알 길이 없다. 무엇 때문에 인류는 태어났고 왜 우주가 존재하는지를 알 수 없다. 나에게 위와 같은 현상은 오직 거창한 수수께끼요, 헤아릴 수 없이 깊고 어두운 신비일 뿐이다.

그렇다면 나는 절망하고 있으며, 내 꼴은 비참한가? 나는 꼭 절망해야 하고 비참해야만 하는가? 물론 머지않아 내가 진토塵土가 되어 외롭고 쓸쓸한 들에 묻혀야 한다는 것을 생각하면 본능적으로 서운하고 허전해짐은 물론이다. 그러나 베케트가 강조한 것처럼 이와 같은 사실은 '어쩔 수 없는' 것이다. 그러나 반대로 내가 정말 영원히 살아야만 한다고 가정하자. 그 얼마나 따분하고 무서운 일이랴. 내가 언젠가는 죽어야 하기 때문에 문자 그대로 일장춘몽 같은 나의 인생은 신명이 나고 아름답고 즐거울 수 있으며, 눈을 감고 죽으러 떠나는 날까지 나는 헤아릴 수 없는 의미로 가득 채워질 수 있다. 행복한 환상보다는 불행한 현실이 더 아름답고 가치가 있다.

베케트가 그린 인간은 가련하면서도 우스꽝스럽다. 그는 인생을 희비극의 넌센스로 보았다. 그러나 이러한 인간상은 오직 인생 밖에서 인생을 바라볼 때 가능하다. 행인지 불행인지는 우리는 살아가는 동안 인생을 떠나 인생 밖에서만 인생을 바라볼 수 없다. 우리는 비극적이고도 희극적인 인생을 힘껏 살아감으로써 그것을 극복하고 초월할 수 있다.

순전히 사상사적 입장에서 볼 때 『고도를 기다리며』는 두 가지 중요한 의의를 갖는 것 같다. 첫째, 그것은 소박한 과학 문명에 대한 결정적인 비평으로, 진보를 낙관적으로 보는 태도에 종지부를 찍는다는 것이다. 인간의 문제, 인간의 행복이 과학의 발전으로만 해결될 수 없다는 것을 이 작품은 웅변적으로 상징한다. 둘째, 우리는 이 작품을 하나의 정직한 인생의 거울로 삼아 우리가 의식하지 못했거나 혹은 오로지 추상적으로만 알았던, 우리의 또 다른 면을 구체적으로 역력히 체험함으로써 보다 더 자신의 참된 모습을 의식하게 된다.

정말 보람 있는 우리의 인생은 적나라한 우리의 거짓 없는 모습을 지각함으로써 비로소 시작될 수 있다.

목적과 수단

이그나치오 실로네 · 『빵과 포도주』

현대 정치사가 자유주의와 공산주의의 치열한 싸움으로 점철되어 있음은 누구나 다 알고 있다. 해방 후, 특히 우리 한국인들은 이 싸움에서 비롯된 쓰라린 체험을 계속하고 있다. 자유주의와 공산주의의 정치사상은 실질적으로 극도로 대립하고 있지만, 다 같이 인간 평등주의에 바탕을 두고 있다. 진정한 의미에서의 민주주의가 이 두 개의 대립되는 정치적 이념의 철학적 밑받침이 되고 있는 것이다. 제2차 세계대전 때 자유주의 서구 세계와 공산주의 소련이 손을 잡고 나치 독일과 제국주의 일본에 대항해서 싸울 수 있었던 것은 여러 가지 이해관계로 설명할 수 있지만 자유주의와 공산주의가 다 함께 인간 평등주의의 철학적 사상을 밑받침으로 하고 있기 때문이라고 봐야 한다.

오늘날 인간 평등사상은 대체로 자명한 진리처럼 생각되고 있지만, 실제로 이 사상은 극히 근대적인 것으로 이것이 자명한 진리로 받아들여지기까지 몇백 년, 아니 몇천 년이 걸렸다. 이 사상이 긴 투쟁을 통해서 정립될 수 있었던 사조임을 망각해서는 안 된다.

오랜 역사를 두고 세계를 지배한 군주주의와 귀족주의는 인간이 선천적으로 차별적이고 또 그렇게 되어야만 한다는 계급주의에 바탕을 둔 것이고, 독일의 나치즘이나 일본의 제국주의는 이와 같은 인간의 차별을 전제할 때만 가능한 것이었다. 한 계급에 의한 다른 계급의 착취와 지배, 한 민족에 의한 다른 민족의 탄압과 지배는 '인간 불평등'이란 철학에 의해서 정당화되었다.

기독교가 세계적으로 보편화된 이유의 하나는 이 종교의 민족이나 계급을 떠난 만민 평등사상에 있지만, 기독교는 오랜 역사를 통해서 지배자의 편에 서 왔다는 것이 더 사실에 가깝다. 기독교는 지상에서 실현되지 않는 만민 평등의 이념을 다른 초월적 세계에서 실현할 것이라는 구실하에 이념과 실천의 모순을 합리화하려고 했다.

하나의 정치 이념으로의 평등사상은 17세기의 불우했던 철학자 루소로부터 비롯된다. 루소의 평등사상을 보편적인 정치 이념으로 온 세계가 받아들이게 되기까지는 2백 년이란 길고 피 묻은 세월이 흘러야만 했다. '인간 평등사상'은 인종·출생·지위·연령을 떠나서 모든 인간은 인간으로서 각자가 동등하게 취급되어야 한다는 사상이다. 그것은 인간 각자의 존엄성을 주장한다. 이 사상은 루소의 영향을 받은 독일의 철학자 칸트에 의해서 가장 요령 있게 설명되었다. 그에 의하면, 모든 인간은 각자가 목적으로 취급되어야 하며, 수단으로 취급될 수 없다고 했다. 칸트는 인간 각자는 그 자신이 군주로 간주되어야 하지, 결코 종복으로 취급되어서는 안 된다고 말했다.

요약해서 말하자면 인간 평등사상이란 모든 인간이 예외 없이 완전히 자유로운 존재임을 인정하려는 사상이다. 왜냐하면 자유야말로 가장 높은 인간성을 나타내는 구체적 증거이기 때문이다.

루소나 칸트와 마찬가지로 나는 이와 같은 사상이야말로 모든 가치, 특히 윤리적 가치의 가장 근본적인 밑바탕이 된다고 확신한다. 다시 말하면, 모든 행위의 가치는 인간 평등사상에 비추어 평가되어야 한다고 믿는다. 인간 평등사상은 '가치의 가치'가 된다. 그러나 모든 절대적 전제가 그러하듯이 모든 가치 평가의 전제가 되는 평등주의 자체는 결코 그것의 정당성이 증명될 수 없는 절대적 가치이다. 꼭 정당화해야 한다면, 나는 그것이 '양심'의 거울에 비춰서 그저 자명하게 보이기 때문이라고 대답해야만 할 것 같다.

자유주의나 공산주의는 다 각기 하나의 정치 이념으로, 그 이념은 결코 그 자체가 목적이 될 수 없고 오직 평등사상을 실천하기 위한 수단에 불과하다. 평등주의가 하나의 가치를 의미한다면 어떤 정치적 이념을 막론하고 그 자체로는 궁극적인 가치를 가질 수 없고 그것은 오직 어떤 가치를 실천하기 위한 도구에 불과하다.

자유주의와 공산주의의 차이는 같은 가치를 실천하는 데 어떤 수단을 써야 하느냐에 대한 견해의 차이로 귀결된다. 자유주의가 개개인의 정신적 '자유'를 강조하는 데 비해서 공산주의는 경제적 '평등'에 초점을 둔다. 결과적으로 자유주의는 흔히 경제적 불평등을 낳고 공산주의는 정신적 부자유를 초래한다. 문제는 경제적, 즉 실질적인 평등이 없이 진정한 정신적 자유가 있는가 하는 것과 정신적 자유가 없는 물질적 평등이 만족스러운가 하는 것이다. 경제적 평등이 없는 자유는 참다운 자유가 아니며 동시에 정신적 자유가 없는 경제적 평등은 참다운 인간 사회일 수 없다. 자유주의는 흔히 인간에 의한 인간의 착취와 부패로 타락하고, 공산주의는 예외 없이 폭력과 공포의 사회로 타락하게 된다. 그것은 이상적인 인간 사회가 자유와 평등이 동시에 공존하는 사회라는 것을 망각하고, 더 근본적으로는 정치 이념이란 인간 가치의 실천을 위한 수단에 불과하다는 것을 망각하는 데서 기인한다. 근래에 실질적으로는 자유주의 사회가 사회주의적 경제체제를 어느 정도 수용하고, 그와 반대로 공산주의 사회가 자유주의적 경제체제를 일부 받아들이고 있는 경향은 정치 이념이 인간의 행복을 실현하기 위한 수단이라는 사실을 차츰 의식하게 되었음을 증명하는 것이다.

이탈리아의 대표적인 작가 이그나치오 실로네Ignazio Silone(1900~1978)의 작품 『빵과 포도주』는 모든 정치가 수단에 불과하다는 것, 정치의 참다운 목적이 인간의 행복에 있다는 것을 새삼 의식하게 하는 소설이다. 이 소설을 통해서 작가는 독선적이 되기 쉬운 정치 이념을 비판하고 정치가들이 빠지기 쉬운 광신을 경고하며 정치의 참다운 의의가 어디에 있는가를 우리에게 자각하게 한다.

시골에서 75세의 생일을 맞는 돈 베네데토는 평생을 수도자로서 학교에서 아이들을 가르쳤으나 한창 세력을 뻗치고 있는 무솔리니의 파시스트 정권에 협력하지 않은 관계로 일찍 은퇴해서 극히 가난하고 외로운 생활을 하고 있다.

그의 여러 제자들 가운데는 탕아가 된 사람, 파시스트 정권에 적극 협력하는 사람, 변호사가 된 사람, 의사가 된 사람 등등이 있다. 이 제자들이 성자와 같이 존경하는 은사의 75세 생일을 축하하려고 모이게 된다. 그러나 이 가운데는 스승이 가장 아끼는 제자가 끼여 있지 않다.

이 제자의 본명은 피에트로 스피나로 그 지방의 부유한 집안에 태어났으나 지진으로 집안이 망하고, 그 충격으로 성직에 봉사하려고 마음먹는다. 그러나 결국 기독교에 실망하여 신앙을 잃고 공산당에 가입하여 반파시즘과 혁명운동에 가담한다. 그는 10여 년 동안 스위스, 프랑스, 벨기에 등 이탈리아 밖의 타국에서 지하활동을 했다. 그러나 본국을 떠나 외국에서 지하활동을 하는 것이 너무나 비현실적이고 추상적임을 절감하고 '돈 파오로'라고 이름을 바꾸고 신부로 가장해서 자기의 고향인 이탈리아의 벽촌에 숨어든다. 그는 직접 그곳의 농민들과 접촉하며 반파시즘 혁명운동을 하려는 것이다. 그러나 그가 이탈리아에 돌아왔을 때는 이미 오래전부터 앓고 있던 폐질환이 악화되어 있었다. 그는 의사가 된 옛 동창의 도움을 받아 완전히 비밀리에 어느 깊은 산골에서 휴양하게 된다. 그곳에서 그는 극히 무식하지만 단순하고 솔직한 시골 농민들과 접촉하면서 참다운 인간의 구체적인 진실이 어디에 있는지를 발견하게 되고, 그가 속해 있는 공산당 이념의 독단적이고 비인간적 성격, 불성실성에 대해서 회의를 느끼기 시작한다. 그는 파시즘이 완전히 세력을 잡고 제국주의적인 정책을 쓰면서 에티오피아 침략 전쟁을 일으키게 되자 이런 만용에 열광하는 모든 사람들과는 반대로 그것에 저항한다. 그는 이미 단순한 공산당의 투사이기보다는 한 명의 구체적인 살아 있는 인간으로서 비인간적인 것에 저항하게 된 것이다.

여기에 나오는 주인공 스피나는 작가 자신의 그림자와 같은 존재다. 따라서 이 소설은 작가 자신의 정치에 대한 견해의 변화, 작가의 참된 삶에 대한 추구를 그린 일종의 자서전이다. 실제로 1900년에 태어난 작가 실로네는 교회에서 경영하는 학교에 다니며 기독교 사상에 심취되었으나, 그가 태어난 지방의 가난과 부정에 맞서 싸우기 위해서 교회를 떠나 정치 운동에 적극 참가했고, 당국의 눈을 피하기 위해 이름을 바꾸기도 했다. 그는 파시스트 무솔리니가 정권을 잡은 뒤 스위스로 망명했으나 1931년 자신이 가담했던 공산당과의 관계를 끊기도 했다.

작가 실로네는 『빵과 포도주』 속에서 구체적으로 어떻게 독재정치에 대한 그의 정치적 견해를 전개하는가? 참된 정치, 특히 참된 혁명가들의 근본적인 동기는 앞서 말한 것처럼 인간 평등이란 가치를 믿음으로써 생기는 것이다. 우리가 검토하고자 하는 소설의 주인공만 해도 자신의 생명을 무릅쓰면서까지 공산당에 가입하여 반파시즘 운동에 참여한 근본적 동기는 예외일 수 없다. 그는 이미 재학 시에 다음과 같이 자기의 생의 길을 결정한다.

> 나는 내 생전에 성자가 되고자 한다. 나는 환경이나 장소나 물질적 편의만을 따라서 살고 싶지 않다. 그러나 나는 결과가 어떤 것이든 간에 내 눈에 정당하고 참된 것을 위해서 싸우고 싶다.

정의와 평등사상은 기독교의 핵심이다. 그러나 스피나는 이미 기독교를 믿지 않게 되고 유물론에 철학적 토대를 둔 공산주의 프롤레타리아

혁명에 가담한다. 그가 교회를 떠난 이유는 무엇보다도 교회가 자신들이 싸워야 할 부패하고 타락한 불의의 사회와 타협하고 있기 때문이다.

불의와 위선, 폭력과 허위는 모든 주의와 이념을 넘어서 인간 양심의 적이다. 그렇기 때문에 참다운 기독교인과 참다운 혁명가는 근본적으로 모든 철학적 이론을 넘어서 통하는 데가 있다. 그들을 연결하는 것은 '말만의 진리'를 넘어선 휴머니즘이다. 어떤 비평가가 카뮈의 이상을 '신 없는 성자'라고 말했거니와 어떤 면에서는 『빵과 포도주』의 주인공 스피나는 카뮈의 『페스트』에 나오는 주인공 의사인 리외와 흡사하다.

혁명가들을 포함한 모든 정치가들은 모두가 다 같이 동의할 수 있는 가장 귀중한 인간 가치, 즉 자유와 정의를 위해서 싸워야 한다. 정치가들은 정치적 이념이 정치가 인간 가치의 실현을 위한 수단이나 도구에 불과함을 알고 있지만, 불행히도 자칫하면 그들의 이념은 광신적 성격을 띠게 되고 어느덧 수단이 목적이 되고 목적이 수단으로 전도된다. 마침내 정치가들은 본래의 목적했던 가치를 망각하고 정치적 권력 자체를 목적으로 삼게 된다. 여기서 정치의 타락이 시작되는 것이다.

18세기 프랑스혁명 때의 공포정치에서 볼 수 있듯이 모든 형태의 정치 이념은 무자비하고 비인간적인 독재와 공포정치로 변신하기 쉽다. 분단된 한반도에 사는 우리는 오늘날 어떤 다른 나라보다도 정치 이념의 타락을 아주 가까이서 체험하고 있다. 그것의 가장 심한 예가 북한의 경우이다.

북한의 이른바 공산주의 정권은 철저한 일인 독재에 의해서 공포와 완전한 허위의 사회로 변하고 있다. 그곳에서 인간은 하나의 기계로 타락하고 그 기계는 한 독재자에 의해서 철두철미하게 조종된다. 공산주의를 구실로 삼아 모든 인간을 살아 있는 꼭두각시로 만들어버리는 것이다. 북한은 극단적인 예에 불과하다. 우리들은 소련에서, 중국에서, 그리고 자유주의를 표방하는 여러 형태의 독재 정권에서 얼마든지 정치 이념의 타락을 목격했다. 정의와 자유를 다 같이 구호 삼고 있는 정치 이념이 부패와 폭력에 의해 변신하는 오늘날의 정치를 우리는 멀리서 또는 가까이서 뼈저리게 경험하고 있는 것이다.

『빵과 포도주』의 주인공 스피나는 비록 파시즘을 타도하고 정의와 자유의 사회를 만든다는 의도에서 공산당에 속하게 되지만 그는 처음부터 위와 같은 위험을 예감한다. 그는 스스로 이렇게 묻는다.

정치에 가담해서 한 당을 위해 봉사하면서 동시에 진실할 수 있을까? 내게 있어서의 진리가 당의 진리요 정의가 당의 정의로 되어버리지 않았던가? 당이 내 내부에 있는 윤리적 가치를 소시민적 편견이라고 경멸하면서 그것을 말살해버리지 않았던가? 당 자체가 절대적 가치로 되어버리지 않았던가? 그렇다면 나는 퇴폐한 교회의 기회주의를 피했음에도 불구하고 한 당파의 마키아벨리즘 속으로 떨어져버린 것이 아닌가? 만약 이 같은 의문이 위험한 생각이라 해서 내 혁명 의식으로부터 이 생각을 제거해야 한다면 어떻게 내가 신념을 갖고 지하투쟁의 위험에 대면할 수 있는가?

작가 실로네의 정치혁명에 대한 비판적 태도는, 과거에 공산당이었다가 현재는 탈당하고 비관주의자가 된 우리바라는 인물의 입을 빌려서 더욱 확실해진다.

어찌해서 모든 혁명은 폭군으로 그치고 말았는가? 어찌하여 단 하나의 혁명도 폭군의 길을 면할 수 없었던가?

아직도 혁명을 믿고 있는 주인공 스피나는 반문한다.

설사 그것이 사실이라 하더라도 다른 결론을 내려야 해. 나는 모든 혁명이 타락했다는 것을 인정한다. 그러나 우린 지금 우리의 이상에 충실한 하나의 혁명을 일으키고자 하는 거야.

이런 낙관적 태도에 대해서 우리바는 반발한다.

환상이야! 망상이야! 자네는 아직도 혁명에 성공하지 못하고 있어. 자네는 아직도 지하운동에 가담하고 있네. 그러나 자네는 벌써 썩었어. 우리가 학생단체에 다 같이 소속해 있을 때 우리를 들끓게 했던 개혁의 정열은 그 자체가 하나의 이념의 거미줄로 변해버렸어. 그렇기 때문에 자네도 변명할 순 없어. 물론 이런 결과는 자네의 과실이 아니라 자네를 혼돈하게 하는 조직체의 과실일지도 몰라. 공산당에 있어선 모든 생각이 공식화되어 선전으로 사용되고 있어. 공식화된 생각을 보존하기 위해서 한 개의 조직체가 조직되고 그 조직체가 그 생각을 해석하기로 되어 있네.

그 조직체는 때로 월급을 지불하면서까지 선택되고 있지만, 모든 경우에 상부의 감시를 받고 있어. 상부에서 하는 일이란 의심 분자와 이탈자들을 골라내는 것이지. 일단 한 생각이 국가의 공식적 교리가 될 때, 거기엔 아무도 빠져나갈 구멍이 없어.

그렇다면 부정과 폭력의, 옳지 못하다고 믿어지는 사회를 어떻게 살아나가야 하는가? 작가 실로네는 세 가지 경우를 예로 들고 그중 두 가지 예를 부정한다.

첫 번째는 이상적 사회를 잠시 단념하고 마음에 없지만 기존 사회에 적응하는 길이다. 이것은 자신의 위험을 무릅쓰고 옛 동창인 스피나를 숨겨준 의사의 태도로 표현된다. 그는 파시즘에 반대한다. 그러나 자신과 가족들의 생활을 위해서 그것에 반항하지 않고 그대로 단념하고 적응하려는 수동적인 태도를 취한다. 이러한 태도는 대부분의 사람들이 취하는 것이다. 그는 말한다.

우린 모두 집행유예된 삶을 살아가고 있다. 다만 당분간 모든 일이 그릇되어 가고 있다. 당분간 이에 적응하고 모욕을 받고 살아야 하지만 그런 것을 일시적인 것이라고 생각한다. 진정한 생활은 언젠가 시작될 것이라고 생각한다. 우리들은 정말 단 한 번도 참되게 살아보지 못했다는 불평을 갖고 죽을 각오를 한다. 나는 가끔 이와 같은 생각에 집착하고 있다. 우린 단 한 번밖엔 살지 못한다. 그런데 언젠가는 참된 인생이 시작되리라는 헛된 희망을 갖고서 한 번밖에 없는 이 인생을 임시변통의 인생으로 살아간다. 이렇게 사는 것이 인생이다.

이와 같이 인생에 대한 비관적 태도를 가질 때 우리는 모든 미래에의 희망, 그것을 위한 투쟁도 헛된 것이라는 결론을 내리게 된다. 작가는 이런 첫 번째의 생의 태도를 비판한다. 그 비판은 자유에 대한 이런 해석에 근거를 두고 있다.

> 자유는 선물처럼 얻는 것이 아니다. 힘의 정치와 투쟁하는 한도 내에서 우리는 그 힘의 정권 밑에서 살 수 있으며 자유로울 수 있다. 제 정신으로 생각하고 그 정신을 타락시키지 않는 한 우리는 자유로울 수 있다. 자기가 옳다고 생각하는 것을 위해서 싸우는 사람은 자유로운 사람이다. 인간은 자기 자신의 한계와 맞부딪쳐 싸우지 않는 한 진정한 의미에서 존재하지 않는다.

두 번째 태도는 현실도피적 태도이다. 이 태도는 수녀가 되려고 하는 크리스티나에게서 나타난다. 그녀는 폭군 같은 조모 슬하에서 학대를 받고 사는 착한 여자이다. 그녀는 이 현세에서 경험하는 모든 악을 신의 섭리라고 믿으면서 지상에서의 구원을 단념하고 참된 구원을 내세에서 찾으려 한다. 그녀는 "수녀가 되는 천직天職은 진짜이다"라고 말하면서 스피나가 개혁하려는 "사회적 불평등은 신이 만든 것이기 때문에 그것을 존중한다"고 덧붙인다. 이 태도는 알 수 없는 미래를 위해서 현세에서의 참된 인생을 희생하려는 것이다. 작가 실로네는 두 번째의 태도 역시 거부하는데, 이는 이 태도가 너무나 비현실적이고 도피적이기 때문이다. 작가는 스피나의 입을 빌려 이렇게 비판한다.

크리스티나여, 그대 갖고 있는 것을 그대가 버렸다는 것은 사실이다. 그러나 무엇을 위해서, 아니 누구를 위해서 그대를 희생하는 것인가? 우리들의 사랑, 우리들 자신을 희생하고 버리려는 태도는 우리들과 같이 생긴 사람들 사이에서 사용됐을 때만 가치가 있는 것이다. 윤리는 오직 실천적 생활 속에서만 살고 발전한다. 우리들은 우리들뿐만 아니라 다른 사람들에 대해서도 책임이 있다. 만일 우리들 주위를 지배하고 있는 악을 느낀다면 우리들은 가만히 앉아서 내생을 기다리며 오늘 우리들의 슬픔을 위안할 순 없다.

결국 작가 실로네가 우리에게 요구하는 생활의 태도는 제3의 길, 즉 실천적이며 구체적인 선의의 투쟁이다. 그것은 반反비관적이며 반도피적이다. 그러나 근본적인 그의 요점은 모든 정치적 투쟁이 궁극적으로 인간을 위한 봉사가 되어야 한다는 것이다. 그것은 기독교에서 살(肉體)과 피(血), 즉 생명을 의미하는 '빵과 포도주'로 상징된다. 작가 실로네는 기독교를 믿지 않지만 기독교의 본질인 동포애와 사랑을 사회적 정의와 동지애의 정신으로 받아들이고 있는 것이다.

그는 이와 같이 정치의 궁극적인 목적이 무엇에 있는가를 환기시키면서 모든 형태의 독재정치를 비난한다. 이와 더불어 어떤 정당한 정치적 이상을 위해서 싸우는 혁명이라도 쉽사리 또 하나의 비인간적인 독재를 저지를 수 있으며 부정한 조직체로 변모할 수 있다는 사실을 경고한다. 바꿔 말하자면 수단이었던 정치가 흔히 목적으로 변할 수 있다는 부조리한 사실을 새삼 상기시키는 것이다.

이런 관점에서 볼 때 작품 『빵과 포도주』는 헉슬리의 『멋진 신세계』,

오웰의 『1984년』, 게오르규의 『25시』와 더불어 공산주의라는 미명과 그 밖의 여러 형태로의 정치 이념이 비인간적인 폭력과 허위로 싸인 독재로 변하고 있음을 경고하는 작품이다. 정치는 한 개인의 권력과 영화를 위한 수단이 되거나 특정한 계급 또는 어떤 민족이 다른 계급이나 다른 민족을 지배하는 수단으로 흔히 타락함으로써 인간 사회에 커다란 악으로 나타난다. 그리하여 정치는 본래의 목적과 기능을 잃고 그 자체가 많은 사람들의 욕망의 대상으로 변한다. 군주정치, 공산독재정치, 무제한 자유주의정치, 제국주의정치 등은 예외 없이 반드시 이런 정치악을 동반하고 있음은 부인할 수 없는 사실이다.

그럼에도 불구하고 인간 사회는 정치를 떠나선 살 수 없다. 어느 철학자가 말했듯이 인간은 정치적 동물이다. 이성을 가진 인간은 다른 동물과는 달리 어떻게 하면 가장 적은 노력을 들여서 가장 큰 효과를 얻을 것인가를 계산하게 된다. 생활의 합리화에 대한 인간의 자연스러운 요구는 생활의 공동화를 낳게 마련이다. 욕망을 채우기 위해, 필요한 것을 생산하기 위해서 한 사회 내의 여러 인간들은 노동을 분화해야 하고, 이러한 필요성 때문에 사회는 하나의 합리적인 유기체로 조직된다. 정치는 다른 것이 아니라 바로 이와 같은 조직체인 것이다. 조직체로서의 정치는 그 자체가 악일 수도 없고 악을 만들어내지도 않는다.

그러나 불행히도 인간은 모두가 천사나 현인이 아닐 뿐만 아니라 항상 각 개인의 이해관계는 상반되기 쉽고 따라서 알력을 낳게 마련이다. 이와 같이 상반되는 이해관계를 조절하는 기관이 필요한 것은 당연하다. 생산의 합리화를 위한 조직체로서 정치는 이런 개인 간의 이해관계를 조절하는 권력의 기능을 겸하게 된다. 권력은 반드시 어떤 통제를 갖게 되고 흔히 어떤 개인이나 단체의 이익을 위해 그 밖의 사람들을 탄압하는 폭력이나 부정을 낳기 쉽다. 여기서 정치는 본래의 목적과 기능을 망각하고 그 자체가 목적인 것처럼 처신하게 된다. 이와 같은 목적과 수단의 전도는 기나긴 정치사를 통해서 군주정치·귀족정치·공산독재정치 등에서처럼 한 개인의 절대적 우상화나 나치즘, 파시즘, 그리고 일본 제국주의에서처럼 한 민족이나 특정 문화의 절대적 우상화로 변질될 수 있다.

다시 말하면 정치는 위와 같은 우상을 위해서 한 사회 내의 모든 사람들, 다른 민족이나 문화의 희생을 강요하게 했다. 수단으로의 정치 이념이 목적이 되고, 목적이 되어야 할 한 사회 내의 모든 개인들이 그런 이념을 위한 수단이 되고 만 것이다.

이런 역사의 흐름이 인간 사회에서 불가피한 요소였다 해도 우리는 정치의 가장 중요한 첫 번째 명제가 어디까지나 한 사회 속에 살고 있는 구체적인 각 개인의 인간적인 행복 실현이라는 것을 명심해야 하며, 어떠한 형태의 광신주의에도 빠져서는 안 된다. 다시 말하지만, 정치의 목적은 어떤 특수한 개인이나 단체의 이익을 위해서가 아니라 모든 개인의 행복을 똑같이 실현하는 데 있다. 이런 관점에서 볼 때 모든 형태의 귀족주의·군주주의·민족주의에 입각한 정치적 이념은 배격되어야 할 것이다. 이런 정치 이념은 인간 사이의 차별을 전제로 하고 있기 때문에 넓은 의미의 정의를 부정하고 있는 것이다. 또 한편 우리들은 모든 형태의 힘의 정치를 배격하여야 할 것이다. 힘의 정치는 그 말이 암시하는 것처럼 각 인간의 평등한 자유를 부정함으로써만 가능하기 때문이다. 그런데 자유 없는 인간 생활이 진정한 인간 생활일 수 없음은 자명한 진리이다. 독재정치란 인권을 무시함으로써만 가능해지는 것이다.

정치철학의 문제는 여기에서 그치지 않는다. 두 가지 상반되는 정치 이념이 자유와 평등을 공히 전제로 하고 있을 때 우리는 어떤 정치 이념을, 즉 어떤 수단을 선택해야 할 것인가를 합리적으로 결정해야 한다. 구체적으로 예를 들자면, 현대를 지배하고 있는 상극인 두 개의 정치 이념, 즉 자유주의와 공산주의는 다 같이 모든 인간의 자유와 평등이 가능한 사회를 목적으로 하고 있다. 그럼에도 불구하고 자유주의와 공산주의는 치열한 투쟁을 계속하고 있다. 우리는 동일한 목적을 가졌음에도 불구하고 서로 상극인 수단을 주장하는 위의 두 가지 정치 이념 중에 어떤 근거에서 한 가지를 선택할 수 있을까?

공산주의자들은 완전히 물질적으로 자유롭고 평등한 지상천국이라는 존재하지 않는 미래를 위해서 현재를 희생할 것을 강요하면서 잔인한 독재를 정당화하려 한다. 그러나 그들의 정치는 모든 사람들을 공포와 부자유 속으로 몰아넣고 마치 기계처럼 취급하기에 이르렀다. 그리고 진리가 땅에 짓밟힌 채 선전과 독단으로 지배되는 완전한 허위의 사회를 조성하고 있다. 우리들은 이러한 예를 북한의 독재 정권에서 확실히 볼 수 있다. 사실상 북한 전체는 한 독재자의 영원한 집권에 대한 야망의 수단으로 바뀌고 말았다 할 것이다. 그들은 목적을 위해서는 수단을 가릴 필요가 없다고 주장한다.

그러나 그들의 이와 같은 주장은 근본적인 오류를 범하고 있다. 만약

한 사람의 생명을 구하기 위해서 나의 명예와 부와 향락을 희생한다면 그것은 논리적으로 모순이 없다. 왜냐하면 한 사람의 생명은 명예나 부나 향락과는 완전히 다르고 높은 차원에 있는 가치이기 때문이다. 높은 가치를 위해서 낮은 가치가 희생될 수 있음은 앞뒤가 정연하다. 그러나 한 인간의 자유와 권위를 위해서 다른 인간의 자유와 권위가 희생되어야 한다는 이론은 완전한 자가당착이다. 이러한 사실은 아무리 옳은 목적을 위해서도 그것을 실천하는 수단과 방법에는 엄격한 한계가 있어야 함을 보여준다. 따라서 만약 공산주의가 목적을 위해서는 수단을 가리지 않겠다는 정치 이념이라면 우리는 그것을 받아들일 수 없다. 공산주의자들은 평등, 더 정확히 말해서 물질적 평등을 강조하고 그러한 사회를 이상적인 사회로 생각한다. 진정한 자유는 물질적 평등에서만 가능하다고 믿는다. 그러나 정신적 자유가 없는 기계와 같은 평등, 노예나 가축들과 같은 물질적 평등이 무슨 의미가 있겠는가?

한편 이른바 자유주의 정치 이념은 어떠한가? 이 정치 이념은 물질적 평등보다도 개인의 정신적 자유에 더 높은 인간적 가치를 두고 있다. 그러나 흔히 자유주의는 부의 불평등을 초래하게 된다. 그렇다면 물질적 불평등이 있는 곳에 진정한 의미의 정신적 자유가 얼마만큼 가능한지 의심스럽다. 왜냐하면 물질적으로 빈약한 자는 물질적으로 강한 자의 지배를 받게 되는 경우가 대부분이기 때문이다.

이와 같이 이른바 정치적 이념은 그것을 극단적으로 끌고 갈 때 이론상으로 제아무리 아름답다고 하더라도 공산주의건 자유주의건 실질적으로 내적 모순을 지니고 있다. 뿐만 아니라 앞서 말한 바와 같이 정치적 이념은 흔히 그 본래의 기능을 망각하고 광신의 대상으로 우상화되고, 몇몇 사람들의 권력 유지를 위한 도구로 타락하기 쉽다. 정치적 광신, 정치적 폭력, 정치적 위선은 어떠한 정치 이념도 목적을 달성하기 위한 수단과 방법의 이론에 불과한 것임을 잊지 않아야만 극복될 수 있을 것이다. 우리들은 정치적 이념의 노예가 되어서는 안 된다.

그러나 불행히도 이것은 어디까지나 이상이다. 정치가들은 성자나 천사가 아니다. 정치가들은 많은 경우 아무리 훌륭한 동기를 갖고 정치에 참여한다 할지라도 일단 정권을 잡으면 자기의 개인적인 권력욕을 만족시키기 위해서, 정권을 한 공동체의 공평한 이익을 위해서보다는 그 공동체를 압박하는 수단으로 타락시키는 경우가 허다하다. 이와 같이 하여 아름다운 이상을 내건 정치 이념은 마침내 공포와 폭력의 수단으로 변해버린다.

이러한 정치적 현실에서 우리는 단순히 이상론만을 운운할 수는 없다. 현실은 정직하고 용감한 사람에게 폭력에 순순히 복종하거나 그것으로부터 도피를 거부하고 구체적인 저항을 위한 행동을 취할 것을 요구한다. 이러한 저항과 투쟁은 어떤 종류의 희생을 동반하지 않을 수 없는 또 하나의 정치적 행동이 되게 마련이다. 여기에 모든 정치 행위의 윤리적 고민이 나타나게 된다. 만약 희생을 강요하는 정치적 권력에 대한 저항으로의 정치적 행위가 역시 희생을 요구한다면 어떤 근거에서 행위의 기준을 찾을 것인가? 이 상황에서 우리는 희생과 그 효과를 비교함으로써 행동을 선택해야만 한다. 만약 한 사람, 혹은 몇 사람의 희생이 더 많은 사람을 구하게 된다면 우리는 부득이 그러한 희생을 치를 수밖에 없다. 그러나 여기서 가장 중요한 것은 정치적 투쟁의, 정치적 희생의 목적이 자유와 평등이라는 것을 명심해야 한다는 것이다.

작품 『빵과 포도주』는 그 자체가 목적이 되어 타락해버리는 모든 정치, 특히 과격한 혁명적 정치 이념에 대한 일종의 경고다. 그러면서 작가 실로네는 우리에게 정치적 참여, 정치적 투쟁을 종용한다. 왜냐하면 우리들의 이상은 그저 손만 벌리면 얻을 수 있는 선물이 아니라 투쟁으로 쟁취되어야 하기 때문이다. 그러나 가장 중요한 점은 모든 정치적 이념이 인간의 최고 가치, 즉 모든 인간의 자유와 평등을 실현하는 수단에 불과하다는 것을 명심해야 한다는 데 있다.

이 작품은 작가의 파시스트 무솔리니의 독재에 대한 저항에서 얻은 경험을 토대로 한 것으로, 직접적으로는 파시스트 독재를 고발하는 자유의 소리이다. 그러나 그와 동시에 이 작품은 모든 양식의 독재와 부정을 고발하는 증언으로, 이 작품이 쓰인 시대를 초월해서 보편적 가치를 지니고 있다. 나치즘, 파시즘이 타도된 지 몇십 년이 지난 지금도 우리는 여러 형태의 독재와 부정, 폭력과 허위로 가득 찬 정치를 뼈저리게 경험하고 있지 않은가? 우리는 정치가가 가장 천하고 무력한 사람으로 취급되는 때가 오기를 바라 마지않는다.

개정판 문학 속의 철학

초판 1쇄 펴낸날 1975년 9월 10일
개정판 1쇄 펴낸날 2011년 7월 20일
개정판 3쇄 펴낸날 2018년 3월 27일

지은이 | 박이문
펴낸이 | 김시연

펴낸곳 | ㈜일조각
등록 | 1953년 9월 3일 제300-1953-1호(구 : 제1-298호)
주소 | 03176 서울시 종로구 경희궁길 39
전화 | 02-734-3545 / 02-733-8811(편집부)
02-733-5430 / 02-733-5431(영업부)
팩스 | 02-735-9994(편집부) / 02-738-5857(영업부)
이메일 | ilchokak@hanmail.net
홈페이지 | www.ilchokak.co.kr

ISBN 978-89-337-0613-8 03800

값 12,000원

* 이 도서의 국립중앙도서관 출판예정도서목록(CIP)은
서지정보유통지원시스템 홈페이지(http://seoji.nl.go.kr)와
국가자료공동목록시스템(http://www.nl.go.kr/kolisnet)에서
이용하실 수 있습니다.
(CIP제어번호 : CIP2011002861)